蹴《け》裂《さき》伝説と国づくり

上田　篤
田中充子

鹿島出版会

目次

はじめに　日本の湖はなぜなくなったか？……10
「平地の国」と「山地の国」／国土のスリーサイズ／「海のなかの洲島に絶在」／災害が日本の国土をつくった／和御霊と荒御霊／地中は「生活資源の宝庫」だった／ひょっとすると「怪物」がいたかも／「蹴裂伝説」をかんがえる

1　クマが上川盆地の岩を取りのぞいた　盆地は氾濫原だった……北海道・旭川　24
上川盆地に「平野」はなかった／アイヌ人はサケを獲った／ササが群生しカやアブが来襲する湿地帯／上川盆地に「湖」はあったか？／カムイコタンの「魔神伝説」／「百鬼夜行」の世界／湖というより「沼沢」だった／上川盆地の客土は粘土か？砂か？／「ビショビショの氾濫原」だった／湖は出現したり消滅したりするのだ！

2 カニが小国の沢を拓いた　縄文人と弥生人の争い……山形・最上小国　44

東北は「氷」の形／日本の地形は風水では説明できない／「富士山型」／「ウナギのセナカ型・スキマ型」／なぜウナギのスキマの水が引いたか?／氷の国の「ヘビ・カニ合戦」／岩木山の「オオヒト伝説」／縄文人は山の水を熟知していた／美奈志川の「水争い伝説」／「小国盆地」をたずねて／オオヤマツミの「開削伝説」／ヤマビトは縄文人である

3 ヤマトタケルが沼田の谷を削った　エミシ征伐でなく国土開発だった……群馬・沼田　70

沼田の「蹴裂伝説」／ヤマトタケルは「蹴裂き」をおこなったか?／タケルは各地で祭られている!／もう一つの蹴裂伝説——オオニトリ／「地球戦争時代」の地質学はこれからだ!／群馬県になぜ前方後円墳がおおいか／綾戸渓谷は岩だらけだった

4 カミサマが甲府の盆地を穿った　「穴切り」と「蹴裂き」と「瀬立ち」……山梨・甲府　90

ヤマトタケルは甲府にきた／盆地といっても牧歌的なものではない／信玄の霞堤／「水をもって水を制する」／川除衆→惣村→縄文人?／甲府盆地の「蹴裂伝説」／盆地に湖がなかったという理論に納得できない／いつ、どこで、だれが、なんのために蹴裂いたか?／たびたび「湖」が出現していた

5
ネズミが上田平の崖を咬んだ　ヒナ族とアマ族の闘争か？……長野・上田　114
信濃は「過疎の国」か／「謎の盆地」群／マグマの塊と子餅／「難治の国」／シナは「段階地」か？／シナは種族名だ！／シナザカル・コシ／アマザカル・ヒナ／狩猟民の血が信濃人にうけつがれているか？／むかし湖だった？／上田の「唐猫伝説」／「ヒナ族」「アマ族」「天皇族」／「蹴裂伝説」と国づくり

6
竜の子が松本平の水を落とした　先住民の「母子心中」か？……長野・松本　140
信濃の「蹴裂伝説」／塩田平の「小泉小太郎伝説」／「蹴裂き」は各地でおこなわれた／松本盆地の「犀竜伝説」／縄文人とアマ族は協力した／諏訪大社はなぜ「山」と「木」を祭るか／タケミナカタが出雲から農業をもってきた／諏訪湖はなぜ蹴裂かれなかったか？

7
オオクニヌシが亀岡の山を裂いた　イズモ族が「山の水稲作」をもたらした……京都・亀岡　164
「霧の湖」／水害の町・亀岡／亀岡の水はどこにながれていたか？／古墳の位置が「昔の湖岸線」をしめす／オオクニヌシの「蹴裂伝説」／イズモ族が湖を蹴裂き天皇族が古墳を築く／樫舟がうごく亀岡祭

8

アメノヒボコが津居山を切った　渡来民は鉄器をもちいた……兵庫・出石　184

但馬とは？／但馬の宣伝をしよう／出石の「泥海」／円山川は川ではなく入江だ！／瀬戸の水門を開削して水をながした／瀬戸の切戸は「気比の浜」開削排水路だった！／アメノヒボコはなぜあちこちまわったか？／そこに鉄があったから

9

ウナキヒメと力持ちが由布岳を蹴った　ヒメ・ヒコが国土をつくった……大分・湯布院　204

由布岳と湯布院／「湯布院には雨の日にくるべきです」／瓢箪から駒がでるか／ウナキヒメの「蹴裂伝説」／蹴裂権現から由布岳がのぞまれる／力持ちは蹴裂権現になった／「ウナキヒメという神さまはいません」／ウナキヒメは速津媛か？／ヒメとヒコはいまも対面している

10

タケイワタツが阿蘇の岩を蹴裂いた　自然陥没か？　人間の蹴裂きか？……熊本・阿蘇　222

カルデラ盆地がなぜ乾燥したか？／「火の国」の阿蘇／タケイワタツの「蹴裂き」／古墳の集中する里／阿蘇神社から泉が湧きでる／タケイワタツとは何者か？／タケイワタツは「茂賀の浦」にもあらわれる／景行大王が沼を干あがらせた／湖は自然陥没でなくなったか？／蹴裂いたところはみな岩だった！

むすび　「蹴裂伝説」と国づくり……244
神功皇后の「蹴裂伝説」／火をつかって石を割る／火の根元は太陽にあり／「花綵列島」／自然災害を文化にした／枕詞をかんがえる／なぜ「崩壊地名」や「冠水地名」がおおいか？／古代地名を膠着語から解く／モモソヒメが湖を蹴裂いた／ヒミコはモモソヒメか？／稲作はヤワなものではなかった／アマテラスが稲作をすすめた／四道将軍と国土開発／「国づくり」が日本の政治／「ミッシング・リング」をつなぐ／サムライは土地開発の先頭にたった／日本の国土が引き裂かれた／自然と方言は死に絶えた／鎮守の森はなくならない！

あとがき　281

蹴裂伝説と国づくり

はじめに　日本の湖はなぜなくなったか？

「平地の国」と「山地の国」

世界には「平地の国」と「山地の国」がある。

「平地の国」の代表は、たとえばフランスである。フランスは「山が三〇パーセントで、残りの七〇パーセントが平地だ」といわれる。

その七〇パーセントの平地をみると、一五パーセントほどは宅地、道路、荒地、未開地、平地林などだが、残りの五五パーセントほどは畑や牧草地などの農地である。その農地の面積は約三〇万平方キロメートル（一九九四年時、以下同様）あり、それだけで日本の国土聡面積約三八万平方キロメートルに匹敵する。「平地の国」の偉大さである。

これにたいして「山地の国」の日本はどうか？

日本はよくいわれるように「国土の七〇パーセントが山（山林六六・六パーセント。ほかに樹木をもたない山岳など）」で、残りの三〇パーセントほどが平地である。フランスとはまったく逆だ。

つまりフランスは国土の七〇パーセントが平地だが、日本はそれが三〇パーセントしかない。

しかもその三〇パーセントの平地のうち農地は一四パーセントほどで実面積でいうと約五万平方キロメートル。フランスの農地の六分の一にすぎない。しかも人口はフランスにくらべて日本は倍以上もある、ということをかんがえると、平地のみならずこの農地の少なさはまことに寒心にたえない。「日本の食料自給率が三割とか四割というのもあたりまえだ」とおもわれる。「山地の国」の問題といえる。

それはともかく、このようにフランスと日本とでは、平地と山地の割合がまったく逆である。

ところが、さらに平地だけをくらべてみると、フランスと日本とではまたまた違うところがある。というのは、フランスの国土の七〇パーセントをしめる平地の大部分はいまみたように農地で、残りはさきの宅地や道路などであるが、ほかに水面がある。ところがその水面は、じつはフランスではあまりおおくない。雨が日本のようにふらないせいで、湖沼に乏しいからだ。河川も大きな川が数本あるだけで中小河川というものがあまりない。したがって水面の面積は国土総面積の一パーセントほどにすぎない。

これにたいし「日本は?」というと、国土総面積の三〇パーセントほどの平地は、国土総面積の一四パーセントの農地とフランスとどうようの宅地・道路などであるが、その宅地・道路などの「など」のなかに国土総面積の四パーセントほどをしめる水面がある。つまりフランスより水面が四倍もおおいのである。

それは雨がよくふるからである。ほかに「山地国」のせいで、湖沼や中小河川がおおいことも原因している。地表面に屈曲がおおいために水がたまりやすいのだろう。

したがって「日本の国には三〇パーセントほど平地がある」といっても、じっさいには陸地は二六パーセントほどで、ほかにはいまいった四パーセントほどの水面があるのだ。

国土のスリーサイズ

ここで「国土のスリーサイズ」というものをかんがえる。

「スリーサイズ」とは女性の美容上の身体計測につかわれることばだが、それを国土の形にもあてはめてみる。具体的には一国の国土の「平地」と「水面」と「山地」の面積比をいう。

すると、フランスの国土の「スリーサイズ」すなわち「平地」対「水面」対「山地」の面積比は、以上みてきたところから大雑把にいって「六九：一：三〇」ということになる。「バスト美人」である。

ほかのヨーロッパ諸国をみても、アルプスをかかえるスイスや湖沼のおおいフィンランド、スウェーデン、ノルウエーなどの国々をのぞけば似たりよったりだろう。じっさい、おおくのヨーロッパの国々はフランスとどうよう山がすくないだけでなく、湖沼というものをほとんどもたないのである。

また日本のお向いのチャイナ（中国の英語呼称だが国際化している）をみても平地が五三パーセントをしめる（約五〇〇万平方キロメートル）から、そのスリーサイズもヨーロッパと似たものだろう。チャイナは人口こそ日本の一〇倍あるが、国土は二五倍もあり、農地にいたってはおおかた日本の一〇〇倍もあるのである。

もちろんそれは単純な面積比較で土地の生産性などを考慮したものではないが、しかしいろいろかんがえさせられる数値ではある。

それはともかく、以上あげた国々はいずれもみな「巨大な平地国」である。スリーサイズも似たりよったりだろう、とおもわれる。

ところが、日本はちがう。日本のスリーサイズは、フランスの「六九：一：三〇」にたいして「一一六：

四：七〇」の「ヒップ美人」である。「平地」二六パーセント、「水面」四パーセント、「山地」七〇パーセントなのだ。「山地」と「平地」とが大きくいれかわっているだけでなく、水面の割合がおおい。

日本の国土のスリーサイズは、フランスのものなどとはまったくちがうことがわかるのである。

「海のなかの洲島に絶在」

ところが、問題はこれで終わったのではない。

というのは「かつての日本はそうではなかった」というからである。日本の古い時代、すなわち縄文時代や弥生時代はぜんぜんちがったスリーサイズだったのだ。

そのことは、日本の平地に沖積平野がおおいことをみてもわかる。

沖積平野とは、その名のとおり沖積作用によって、すなわち川がはこんできた岩石・砂・泥などが堆積してできた平地である。関東平野、新潟平野、濃尾平野、大阪平野などの大きな平野はみなそういった沖積平野である。

では「それら沖積平野の以前の姿はどんなものだったか？」というと、そのほとんどが海や湖である。つまり水面だったのだ。その証拠に、これら沖積平野の地下水位は今日もみな非常にたかい。そこに住んでいるわたしたちの家の湿度も、諸外国にくらべて異常にたかいのだ。つまりこれらの大部分は「平野」とはいうもののいまも「準水面」なのである。そしてその「準水面」の大方は田んぼだ。つまり多くの田んぼはその昔みな海や湖だったのである。

さらに沖積平野のほかにも谷底平野、扇状地、盆地などがある。それらも厳密にいうとみな沖積作用によってできた土地である。かつてはみな湖沼などの水面だったが、そのご土石で埋まってしまった。じっさい各地の盆地には「むかし湖盆だった」という伝承がおおくのこされている。

このように「日本の平地の大部分はかつては水面だった」ということをかんがえると、五千年まえ、あるいは二千年まえでさえも、その国土のスリーサイズは現代日本のスリーサイズとはまったく異なったものであったことがわかる。

すなわち、現代日本の「平地」「水面」「山地」のスリーサイズがさきにのべた「二六：四：七〇」だ、とすると、古代のそれは「現在の沖積地の平地の八割が水面だった」とみて「平地と水面がほぼいれかわった」おそらく「五：二五：七〇」ぐらいの「三角形美人」だったとおもわれる。「山地」は両者とも七〇パーセントとかわらないけれど、平地と水面がいれかわって古代には平地が五パーセントぐらいしかなく、かわりに水面が二五パーセントもあった、とおもわれるのである。

以上グダグダと数字をあげつらってきたが、ようするに「古代日本では水面がいかに多かったか！」ということをいいたかったのだ。そのことは、いまから千八百年もまえの三世紀に、中国の史書が端的にのべている。

倭の地を参問するに、海中、洲島の上に絶在し、あるいは絶えあるいは連なり、周旋《しゅうせん》五千余里ばかりなり。（『魏志倭人伝』）

倭の地に平地はなく「海中、洲島の上に絶在し、あるいは絶えあるいは連なり」という。それが古代日本の国土の姿だったのである。

災害が日本の国土をつくった

ではどうして「二五パーセントもあった」とおもわれる古代の水面が、現在の四パーセントにまで小さくなってしまったのか?

それは一口にいって災害である。「災害が今日の日本の国土をつくった」とわたしはかんがえている。というと、たいていの人はびっくりされるだろう。そこで日本列島の地質をかんがえよう。

地質学者の藤田和夫(一九一九―二〇〇八)は「日本列島は砂山である」という。「地質時代に、日本列島をとりまく地底の巨大な皿、すなわちプレート・テクトニクス理論にいうプレートからの圧縮作用によって、プレート上にのっかっている日本の基盤岩がヒマラヤやアルプスあるいはロッキー山脈のように硬くて一体的なものでなくなってしまい、砂山のようにひび割れてしまった」というのだ(『日本列島砂山論』)。

そうだとすると、日本列島の山々に木々のおおいこともわかる。木々の根はよういに「砂山」の割れ目にはいりこむことができるからだ。さらに割れ目にはいりこんだ木々の根は地上の木々を成長させるだけでなく、成長した木々の根がまたふかく岩石に侵入し、岩石を風化させ、地表面の緑をふやしていく。

すると「日本の山々は木々でおおわれた美しい緑であるが、その基盤はいたってもろい」ことがわかる。いわばそれは「緑の砂山」なのだ。

そのうえで、日本列島の山々は急斜面ときている。ために この「緑の砂山」はいっそうもろくなる。じっさい日本列島の各地の渓谷をあるいていると、いまにも落ちてきそうな巨大な崖をしばしばみかけて冷や冷やさせられる。

しかもそういう日本列島には火山や地震、台風や津波などがおおい。さらに雪や雨も情け容赦なくふる。春先には豪雪が下流に大洪水をひきおこし、梅雨どきになると集中豪雨が奔流となって山の斜面をかけくだる。

また非常に大切なことであるのにあまり地質学者や地理学者、気象学者がいわないことがある。それは、その昔のウルム氷期すなわち氷河時代は寒いだけではなくじつは乾燥していた、ということだ。すくなくとも夏に太平洋からやってくる台風や冬にシベリア大陸からやってくる寒気団などがなかった。ために豪雪も豪雨もあまりなく、雨もたいしてふらなかった。したがって川も発達せず、土砂崩れなどもおこらなかった。日本の国土に災害はすくなかったのである。

だが氷河時代がおわる一万三千年ほどまえごろから地球が暖かくなりだすと、雨がおおくふるようになった。すると日本列島の様相が急激に変わりだした。集中豪雨や雪解水がこれら「緑の砂山」をむしばみはじめた。つぎつぎに山崩れ、土砂崩れ、崖崩れなどをひきおこしていったからである。

そうしてくずれた岩石や土砂などは、さらに大量の雨により土石流や泥流となって下流に押しながされていった。押しながされた岩石や土砂などは谷底、湖沼、浅い海などに堆積し、しだいに平地を形づくっていった。そうして、かつては二五パーセントもあった水面を陸化させていった。その結果が、今日の平地二六パーセント、水面四パーセントなのだ。

つまり山崩れ、土砂崩れ、崖崩れなどの災害が、日本列島の形をすっかり変えて現在みるような日本の国土にしてしまったといえる。それは氷河時代の終わったあとの一万年あまりの完新世(沖積世)の時代がもたらしたいわば「自然のドラマ」である。ところがこの自然のドラマのことを地質学者も地理学者もあまりいわないので一般にあまり知られていない。

だがその証拠は歴然としている。新幹線などからながめる日本の国土の風景だ。

その車窓からみる日本の田園地帯はフランスのそれのようになだらかにうねっていない。イギリスやイタリアの田園地帯のようにゴルフ場のように波打ったりなどしていない。それはお椀を伏せたような山がポコッポコッとあるその下に、お盆のように真っ平らにひろがっている。山の斜面の段々畑などをのぞけば、田んぼや畑などがひろがる日本の田園地帯はいずれも真っ平らでヨーロッパのそれのようにうねったり波打ったりなどしていないのである。

わたしたちはそれをべつに不思議ともおもわないが、日本にくるフランス人画家やイギリス人建築家たちはこの日本の国土の風景をいつも不思議がる。そしてその理由をたずねてくる。

そこでわたしはいう。

「かつてはその真っ平らな田園地帯はぜんぶ水面だった。しかし山からながれてきた土砂でみんな埋まってしまった。そのあと、人間が田園地帯につくりかえたのだ」と。

かれらは目を見はる。そして納得する。

和御霊と荒御霊

たしかに現代日本人は、日本の平野の大部分が沖積平野であることを知っている。盆地も湖盆といわれるように昔はたいてい湖だったことを話にきいている。谷底平野もその底はみな丸いことを学校でならっている。

だが「そういう変化がどうしておきたのか?」というと、そういうことはあまりかんがえていない、というより、ほとんど学校でおしえられていないのである。

しかし、この一万三千年のあいだに「あるとき水面がそっと平地になった」なんてことがかんがえられるだろうか?

国土の二五パーセントもあった水面が今日のようにほとんど埋めたてられて平地になるためには、それこそ何千回、何万回という地震や火山が発生し、毎年の春夏には天地がくずれんばかりに雪解水や豪雨が暴れ狂い、つぎつぎに山の斜面を崩落させ、岩石を滑りおとし、土砂を下流に押しながしていったからではなかったか？

つまりそれは「自然の阿鼻叫喚するような事件の結果」なのである。いいかえると、さきにのべたように災害が国土をつくったのである。そしてわたしたちの祖先は、そういう災害のなかを生きぬいてきたのであった。

そういうことを学校でもっとおしえられるべきである。生徒たちも、そういう災害をくぐりぬけてきた祖先のたくましさや叡智をまなぶべきである。

すると「そういったことがなぜおしえられないのか？」と問われるだろう。それは残念ながら「日本の学問が欧米偏重であることと、縦割り社会のせい」としかいいようがない。

たとえば地学や地理の教科書をみても、褶曲山脈や氷河の成因についてはいろいろかかれているが、日本の国土の大問題である山崩れや地滑りのことなどはあまりおしえられない。恐竜が活動する中生代や哺乳類があらわれる新生代第三期のことはくわしくおしえられても、縄文人が活躍する完新世のことはあまりしらされないのである。

また地質学者や気象学者の常識が、歴史学者や地理学者のあいだであまり真剣にかんがえられていないこともある。じっさい地質学者はこともなげに「盆地には沖積層が六〇メートルもたまる」などというが、歴史学者や地理学者にとって「盆地に泥土が六〇メートルあって」ということはたまげるような話である。泥土が六〇メートルもたまるあいだ、人々はどうして生活したのだろうか？　しかしそういうことについて歴史学者や地理学者はあまり真剣にかんがえない。両者のあいだにコミュニケーションが欠如しているからである。

その結果「地質学者、気象学者、歴史学者、地理学者がいっしょになって日本の国土の生成の歴史をかんがえる姿勢」がない。「災害が日本の国土をつくった」などということがおしえられないのも、そういった姿勢の欠如が教育にも反映された結果なのである。

これにたいして伝統的な日本文化は、じつはそのことをわたしたちにおしえてくれている。たとえば神道では「日本の神さまは和御霊《にぎみたま》と荒御霊《あらみたま》がある」という。つまり「日本の神さまはいつも優しいとはかぎらない。ときには荒々しくなり、そういう神さまとのつきあい方も大切だ」とおしえる。じっさい伊勢神宮の内宮には天照《あまてらす》大神のニギミタマがまつられているが、別宮の荒祭宮《あらまつりのみや》にはアマテラスのアラミタマがまつられているのである。

しかしかんがえてみると、それは日本列島の自然とおなじではないか？ 自然はいつも優しいとはかぎらない。ときには荒れ狂う。そういう荒れ狂ったときすなわち「災害」もまた自然の一部であることをもっと知るべきではないか？

そのような認識にたつと、災害を悪とする見方はとれない。神道とどうようそれを「〈アラミタマの神さま〉とみ、たえず観察し、忘れることのないようにつねに祭り、共生していく、という生き方をかんがえなければならないのではないか？」とおもわれるのだがどうだろうか？

地中は「生活資源の宝庫」だった

じっさい、神社は意外なことに災害がよくおきるところに立地している。

たとえばヤシロはいっぱんに山麓におおい。そこは崖崩れなどをひきおこしやすいところだ。また谷あいにもよく立地する。大風などの風道となるところである。ために、台風などでヤシロの境内の樹木がよくたおれる。信濃の諏訪大社の神楽歌にも、

大明神《おおみわ》は岩の御座《ごさつ》に降りたもう　御簾《みす》吹きあげの風の進みに

などとある。

ときにヤシロが川の中州に建つことさえある。まさに洪水危険地だ。さらには活断層がとおっているところにもヤシロはしばしば立地する。

「ヤシロがなぜそういう危険なところに立地するのか?」というと、そこはしばしばアラミタマの神さまが降臨なさるところだからである。はっきりいえば災害がやってくるところだ。

つまりヤシロがそこに建つのはアラミタマの神さまの鎮魂であるとどうじに、災害の危険をしらせる目印でもあった。だからむかしのヤシロに建物はなく、岩石をならべたような簡単なものだったのだ。

またむかしの人々は「アラミタマの神さますなわち災害がやってきて国土をつくってくださることを知っていた」とおもわれる。たしかに災害がくると一時は大変である。だがながい目でみると、災害すなわちアラミタマが平地をつくってくれることを人々は永年の体験で肌身に感じていたのだろう。

そこで災害常襲地をアラミタマとしてまつって災害とともに生きていくうちに、むかしの人々はこの国土の自然とその変化を知悉するようになった。だからむかしは、なんど災害に見舞われてもヤシロの立地を変えることはなかったのである。

さらに災害によって平地がつくられることを知っていただけでなく、土砂崩れなどがおきると、しばしば地中から珍しい岩石がでてくることにも注目していた。しかもそれらはたいてい生活に有用な

ものだった。たとえばいろいろな形の安山岩や御影石、サヌカイトのような鋭い石、蛇紋岩のような美しい石、天然アスファルトのように有用なもの、黒曜石やヒスイのような貴重なものなどいろいろある。ときに辰砂すなわち水銀などの貴金属がみつかることもある。さらに土器の材料になる各種粘土の出土もばかにならない。

つまり縄文人や弥生人にとって地中はいわば「生活資源の宝庫」なのだ。その宝庫が「パックリ蓋をあける」というのだから「災害」もすてたものではなかったかもしれない。

土木機械をもたなかった人々が「災害をアラミタマとしてまつるわけもわかろう」というものである。

ひょっとすると「怪物」がいたかも

このようにわが国の平地はほとんど自然の沖積作用によってできたものであり、もっとはっきりいえば今日わたしたちが災害とよんでいるものによってつくられたものなのである。

ところがそういった災害あるいは自然の沖積作用のほかに、じつはここにもう一つおもいがけないことがある。それは、民俗学者が「蹴裂《けさき》伝説」と名づける説話が日本列島の各地に存在することだ。

それは「神・仏・鬼・龍・大蛇・巨獣・巨魚・巨人・異人・貴人・巫女などといったおどろおどろしいいわば〈怪物〉たちが、その超能力によって湖を蹴ったり裂いたりして沃野をつくった」とする話である。

そういった伝説が北海道から九州まで日本列島各地にひろく分布している。そして「もしそれが本当だ」とすると「古代日本の水辺をなくしたのは自然の沖積作用だけでなく、あるいは災害だけでなく、これら〈怪物たち〉も力があったのでは？」ということになる。

もちろん、自然の沖積作用ないし災害そのものを〈怪物〉とみた可能性もある。「それを伝説に仕立てた」という推測もなりたつだろう。しかしそれらの伝説のなかにはかなり現実的な話があり、さらに具体的な歴史上の人物も登場したりする。

そこで「ひょっとするとほんとうに〈怪物〉がいたのかもしれない」などとおもうと胸がドキドキする。ましてそれを「〈怪物〉に仮託した人間だったのでは？」などとかんがえると、これはもう見過ごせない歴史的事件なのだ。

「蹴裂伝説」をかんがえる

この一風かわった日本の伝説は、第二次世界大戦のまえまでは民俗学者の中山太郎、高木敏雄、野村純一らがとりあげたが、実証にこだわる学問が幅をきかせるようになった戦後にはほとんどかえりみられなくなった。

であるから今日、一般の人々はもちろん、おおくの歴史学者や地理学者、あるいは土木学者でさえも「蹴裂伝説」という名前すら知らなくなったのである。

しかし日本の正史である『古事記』や『日本書紀』いわゆる『記紀』などをよむと、人間が国土を改変するという「蹴裂伝説」に似た史実がいろいろあることに気づく。

たとえば『日本書紀』に仁徳大王（一般には「天皇」といわれる。）の時代というから四世紀末ごろのこと「大阪平野の東にある茅渟《ちぬ》の海といわれた一大湖沼がしばしば氾濫をおこすので、西にある上町台地を切ってそれらの水を大阪湾にながした」という記述がある。その切られた人工水路は「難波の堀江」とよばれたが、それは現在、大阪市内をながれる大川である。つまり史実がいまに生きている。

すると、仁徳の古代でもそういう大土木事業がおこなわれたのだから「これらの蹴裂伝説もあながち無視できないだろう」とわたしは前々からかんがえていた。

そこで大学教授になって比較的自由がえられるようになった三十年ほどまえから、わたしはこの「蹴裂伝説」にとりくんだ。その視点から奈良盆地の形成を論じて雑誌や書物などに発表した（『空間の演出力』一九八五年、筑摩書房など）。そしていずれは「日本全国のケースをとりあげたい」などとおもっていた。しかし「光陰矢のごとく」あっというまに大学定年となり、組織的な調査費がえられない身となってわたしの夢はかなわなくなった。

ところが大学の講座の後任・田中充子教授がその問題をとりあげ、各地におもむいて調査をおこなってくれた（「京都精華大学紀要」二〇〇五〜二〇一〇年）。その結果、三十年の歳月をへてここに一書が成ることとなったのである。

以下は各地の「蹴裂伝説」をしらべた田中の報告である。またその報告をふまえてわたしがかいた「日本の国づくり論」である。

あわせてお読みいただいて、この特異な日本の伝説とそれにつづく日本の国づくりの方向を知っていただき、ご批判などいただければこれにまさる喜びはない。

1

クマが上川盆地の岩を取りのぞいた

盆地は氾濫原だった

北海道・旭川

上川盆地に「平野」はなかった

北海道というと、人は広大な大地をイメージする。本州や四国、九州にはない大平野である。たしかにそうだ。わたしも学生時代にその広大な大地にあこがれて、三週間ほど旅をしたことがある。「カニ族」だ。リュックを背負って満員列車のなかを横滑りにあるく。

その北海道の中央に道内一の大雪山がある（図1）。いまも活動をつづける活火山だ。その麓に上川盆地がある。盆地とはいうものの本州からきた人間にとっては「一大平野」である。そこに旭川の街がある（図2）。

その旭川市には全国に名の知られたものがある。市の中心部の平和通りにある「買物公園」だ。日本最初の「歩行者天国」である。

数年前のこと「旭川買物公園」が建設三十周年をむかえたのを機にわたしは記念講演をたのまれた。そこで、講演の前々日に旭川市に出かけてこの街のことをいろいろしらべた。

「旭川買物公園」はいまから四十年まえに、当時の五十嵐広三市長と京大助教授の上田篤が協力して「一日一万二千台もの車が通過する自動車道路を歩行者専用の商店街にかえる」という革命的なことをやり、日本の「歩行者天国」の嚆矢《こうし》となったものである。

その歩行者天国になった自動車道路には、じつはいろいろの歴史があった。まず自動車道路になるまえの昭和の初めは、旭川にあった日本陸軍第七師団の「師団道路」だった。またもう一つまえの明治には、北辺の防備と農業開拓をかねる屯田兵の通う道だった。さらに江戸時代には、アイヌの人々がくらす居住地域だったのである（上田篤『人間の土地』一九六九年、鹿島出版会）。

問題はそのアイヌの時代の話である。というのは、そのころ旭川には道路というものがなかった。あたり一帯は笹の群生する水面だった。水が浅くたまっていて草などが生えている湿地だった。沢といってもいい。アイヌ人はそういう沢を舟で自由に通交していたのだった。

そんなことをいろいろしらべていて、わたしは、おどろくべき結論に到達してしまった。

「この旭川一帯の広大な上川盆地、本州にすむ人間にとっては一大平野のようにみえるこの土地には、そもそも〈平野〉というものがこれっぽっちもなかったのだ?」と。

図1　上川盆地と旭川

アイヌ人はサケを獲った

では、アイヌ人たちはどこに住んでいたのか?

先土器時代から縄文時代までの遺跡をみると、人々は上川盆地を取りかこんでいる近文《ちかぶみ》台、雨粉《うぶん》台といった丘陵の先端や、河岸段丘の比較的たかい段丘面に住んでいた。人々の集落はそれらの高みにあって、湧水のあるところを囲むようにつくられていた。

そのような縄文遺跡が盆地一面にみられるのにたいして、旭川の考古学者の一人は「かれらはサケに執着をもっていなかったし、日常的に丸木舟をつかっていたわけでもなかったから、高みに集落をかまえたのだろう」という。

しかし、それはどうか？「高みに住んでいたから丸木舟をつかわずサケも獲らなかった」というのは本土の縄文人の生活からはかんがえにくい。七千年前以降、縄文人が東日本で急激に増加したわけは、東日本各地でサケ・マス漁が可能になったからである。だからここ旭川で「高みに住んでいたのは、サケや丸木舟の必要がないから云々」というのは遺物がみつからないだけではないか。やはり食料が人口を決定しただろう。もし「上川盆地のアイヌ人がサケを獲らなかった」としたら、いったいかれらはなにを食べていたのか？

高みに住んでいたのはサケを獲らなかったためではなく、健康上そのほかの理由があったからとみられる。そのことはのちにおいおいわかってくる。

ついで擦文時代である。

擦文時代は本州の歴史にてらすと、奈良・平安・鎌倉時代にあたる。その時代に発掘される土器は、その表面に擦った跡がある変わったものが使用されたが、石器はつかわれなくなり、金属器とりわけ鉄が使用されるようになった。しかし生活様式はあいかわらず縄文時代のままである。頑として農耕をおこなわなかったからだ。

その擦文時代に、それまで盆地の高みに分散してくらしていた人々が、丘をおりて石狩川岸の狭い地域に移住してきた。なぜか？

じつは近世になるとそれがもっと徹底する。上川アイヌの集落が、旭川市内を縦横断する石狩川と忠別川筋の三つの地域に集中するからである。

たしかに、サケはきれいな湧水のあるところでなければ産卵しない。そして、それら川筋には多数の湧水がある。とりわけ石狩川上流の扇頂と、石狩川と忠別川がつくりだす扇状地の末端には湧水がおおかった。

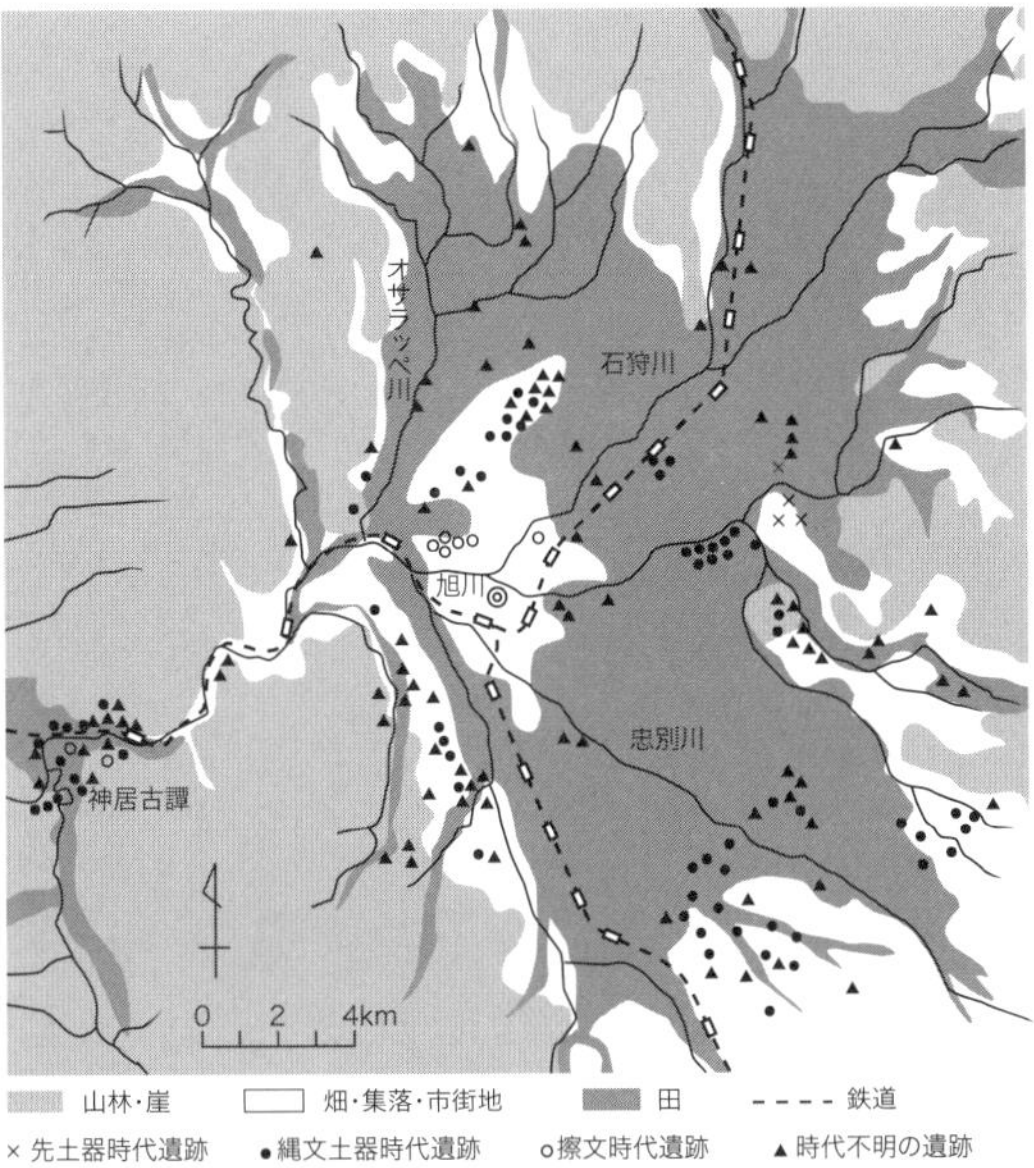

図２　上川盆地の土地利用と遺跡の分布（国土地理院二万五千分の一の地図より作成。以下、土地利用図は同様）

しかしそこはまた、つねに洪水の危険のともなう湿地でもあった。洪水に襲われれば「あっ」というまに、人間は家もろとも流されてしまう。

そんな危険をおかしてまでなぜアイヌ人はサケを獲らなければならなかったのか？ そしてまたそこに住まなければならなかったのだろう？

それは、サケ漁が近世アイヌの基本的な生業になったからだ。つまり本州からもたらされる鉄製品、須恵器、贅沢品のコメなどにたいして、見返りの交易品としてクマの毛皮のほかに大量のサケがあてられたからである。

そこで食糧にするだけのサケを細々とるなら

安全な丘の上に住んでいたって可能だったろう。しかしかれらは、サケが産卵のために遡上してきたところに堰をつくって一挙に捕獲したのだ。

明治五年の調査によると「上川アイヌは年間九万尾ものサケを獲った」という。そしてそのほとんどがかれらの交易品になったのである。アイヌの生活空間とサケ漁とはきってもきれない関係にあった、というほかない。

といっても、幕末の上川アイヌの人口は一五〇人から三〇〇人ぐらいで、集落も一〇から一五を数えるぐらいだった。農耕をしないアイヌ人は小さな集団でしかありえず、交通もあたり一面が湿地であったから歩行は困難で、みな丸木舟をつかって移動したのである。つまり平野がなかったのだ。

そういうかれらは、洪水によって千変万化する水面をいつも目のあたりにしていたからだろう。それらの様子をいろいろな水辺の伝説として語りついできている。

もっともそれらすべてはいい伝えであって文字記録はない。アイヌ文化はついに文字をもたなかった。といっても、本州の縄文人も文字をもたなかったのだからかくべつ不思議なことではない。

ササが群生しカやアブが来襲する湿地帯

以上のように、むかしの日本列島に大きな平野がないことは知っていたが、それは北海道の旭川でも例外ではなかった。そこにあるのは一面の水辺だったのだ。

そこで「そのあたりのことをもっとくわしく知りたい」とおもって、かつて北海道を旅した人物の記録をしらべてみた。

そこに松浦武四郎（一八一八―一八八八）の名がある。江戸時代の終わりの安政四年（一八五八）に松浦は丸木舟で石狩川をさかのぼり、現在の旭川市とその周辺の忠別、大雪山、空知川、雨流川などを探査しているのだ（図3）。

そのとき、忠別川をさかのぼった様子をしるした『石狩日誌』によると、

これから上流は流木があって舟がとおらないというので、川岸にそって陸行する。ササがびっしりと生えているなかをゆくのでたいへんに苦労をする。

松浦は身の丈をこえるようなササやアシの原をかきわけ、大きな滝をこえ、また目もくらむような急流をときには舟でくだっている。それは、おそるべきカやアブと戦いながらの調査行だった。

オオコツナイ、イヌヌシナイなどの滝をみて、エハンベツフトの江丹別川が合流しているあたりにくると、ようよう流れがすこし穏やかになってひとまずほっとする。まもなくチカブニ（近文《ちかぶみ》）という丘の麓にきてここで野宿するつもりだったが、カがひどいので眠ることができず、夜中に起きだして舟を川の流水につなぎ舟の上で眠った。

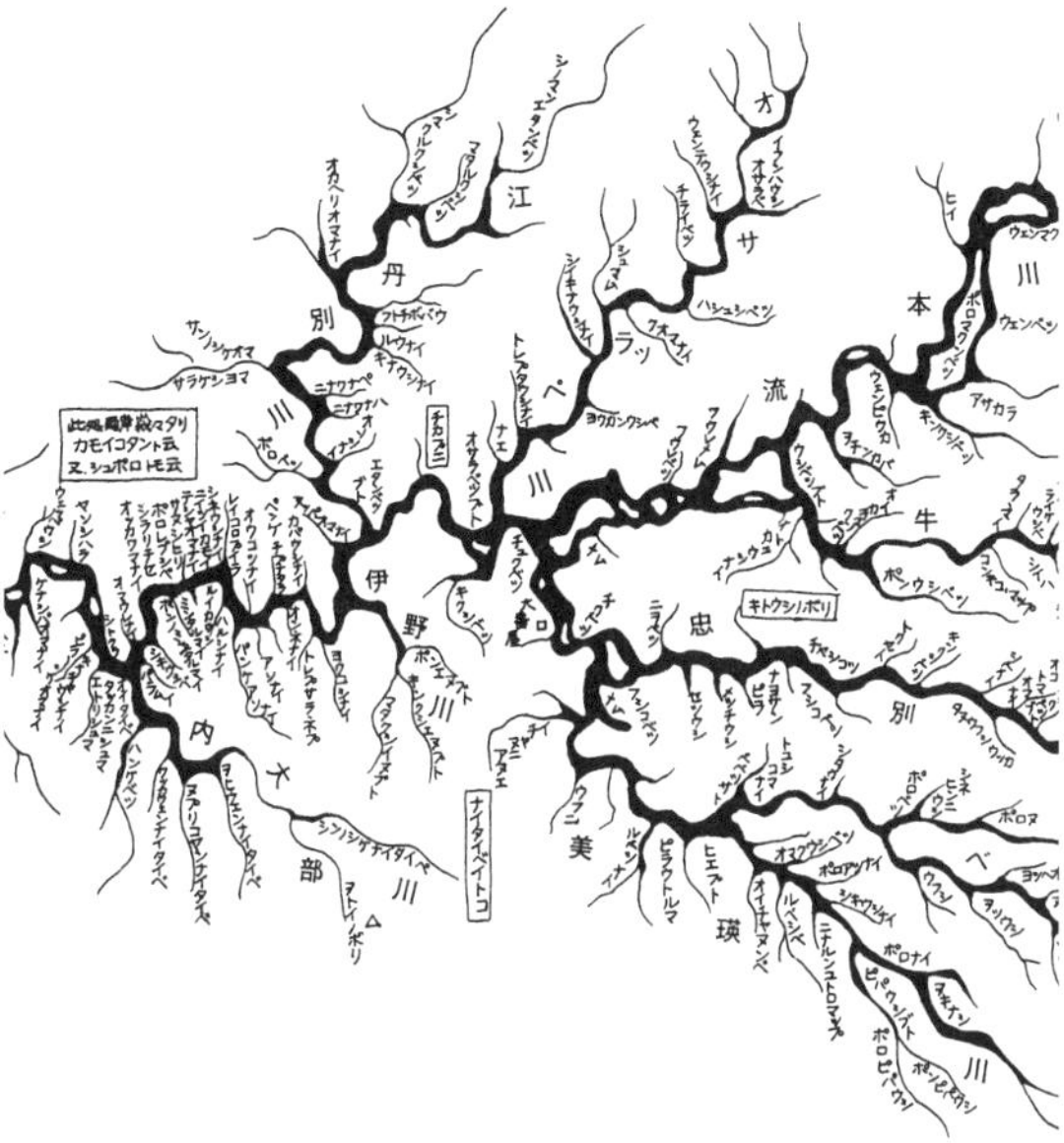

図３　江戸時代の旭川盆地の河川図（松浦武四郎『東西蝦夷山川地理図』の一部）

人がとおる道はなく、川がいわば「道」だったので、松浦はやむをえず舟の上で野宿をしたが、じつはそこは並たいていの世界ではなかった。ササの群生する水面上に、カの大群がまちうけていたからである。

さらに宇園別川と忠別川の合流する旭川の奥の愛別のあたりのサンゲソマナイというところでは、この山中にはキリリすなわちカやアブの類が非常におおく、どうかすると目をあけていられないくらいである。アイヌのつれていた犬もこまってしまい、じきに川にとびこんで虫から逃げる。樺太ではこうしたアブの大群で犬が刺し殺されたと聞いたことがある。

と書いている。さらに上川盆地の北部にある天塩《てしお》の中川町で野宿をしたときも、天塩川筋はカやアブがおおいことで知られており、石狩で友人の藩士から贈られたカラフト渡来の油紙でできた蚊帳《かや》を持参した。しかし露天に寝ていた四人のアイヌ人はカにかまれて眠れない。そこで、自分だけが蚊帳にはいるのも気がひけて、みんなで頭だけ蚊帳にいれて寝た。翌朝、目をさますとカこそいなくなっていたが、アブが五人の足の血をすって動くこともできずにころがっていた。

このように旭川一帯は、ササが群生しカやアブが来襲する、およそ人の住めないような湿地帯だったのである。

上川盆地に「湖」はあったか？

かつての旭川は、どこもかしこもこのようにササが群生しカやアブが来襲する水面で、およそ人間が住めるような土地ではなかったことがこの松浦の報告からわかる。

だからこそ、がんらいのアイヌ人は丘陵や台地の高みに住んでいたのだ。しかしさきほどのべた文明摂取の誘惑に負けてしだいに高みから下り、危険な川っぷちでサケを獲って文明品との交易物とするようになった。

そういうときに、たまたま松浦は旅したのだ。

ではそれら湿地帯が、どうして今日のような沃野になったのだろうか？

わたしは上川盆地の歴史をもっとくわしく知りたいとおもって、旭川市立図書館にでかけた。

すると「いまから数千年前、旭川をふくむこの上川盆地は、神居古譚《かむいこたん》系の古生層が自然の堰堤《えんてい》となった深さ百メートル以上の一大湖水であった」（『旭川市史』昭和四十六年）という記述に遭遇した。さらに読みつづけると「周囲の丘陵地にみられる砂礫《されき》層や粘土層は湖盆形成当時の堆積物だから、その湖岸線は現在の等高線二〇〇メートル付近だった」という。

上川盆地は北海道最大の盆地である。その規模は南北三〇キロメートル、東西二〇キロメートル。面積約四四〇平方キロメートルにおよぶ。本州でいえば、のちにのべる甲府盆地の一・六倍にあたる。「その上川盆地が湖面だった」とすると、その大きさは琵琶湖にはおよばないけれど、そのほかの日本に現存する湖のいずれよりも大きかっただろう。現在の旭川市街はもちろん周辺の丘陵地帯の大部分が、湖が形成されていた当時は湖面下にあったからだ。

ところが、である。

それから三十数年後に編纂された『新編旭川市史』（平成十四年）には「盆地下部の堆積物を検討してみると、湖があったとされる積極的理由は見あたらない」と書かれているのだ。それは上川盆地に粘土層がみつからないからである。「粘土層がないから湖はなかった」というのである。

するど、古いほうの市史には「湖があった」といい、新しいほうの市史には「湖はなかった」という。

しかし、この二つの「市史」の記述の違いをいったいどうかんがえたらいいのだろうか？

このような重大なこと、つまり「上川盆地にかつて湖があったかどうか」ということについて、現在、旭川市や北海道の学者はみな口をとざしている。

なかには大陸移動説で有名なプレート・テクトニクス理論をもちだして「湖がなかった」と湖の存在を否定する学者もいる（『新編旭川市史』）が、スケールも時代もかけはなれていて素人のわたしにも納得できない。

じっさい、湖といったってそんなに古い時代の話ではない。たかだか二千年まえのことであるのに学者はなにもいわない。

「いったいこの国の学問はなんだろうか？」とかんがえこんでしまう。

カムイコタンの「魔神伝説」

さて、では上川盆地に湖があったのか？　それともなかったのだろうか？

そこでわたしは「それを解く鍵は石狩川の伝説にあるのではないか？」とおもって、図書館にいって学芸員にたずねた。

するとわかい学芸員は、旭川のさまざまな伝説の本をもってきてわたしに手渡しながら「これらの伝説は伝説であって学問の足しにはなりません。くれぐれも信用なさらないように」と釘をさされたのである。

わたしは唖然とした。

それなら、伝説を学問の対象とする民俗学はいったいどうなるのだろう。「まあしかし、ここで議論してもしょうがない」とおもい、わたしは手渡されたくだんの伝説本を有難く手にとった。

そのなかに「カムイコタンの魔神伝説」なるものがあった。

「これだ！」とおもった。というのも、カムイはアイヌ語で「神さま」、コタンは「場所」のことだからである。するとカムイコタンは「神さまのいらっしゃるところ」つまり「聖地」ではないか。しかも有名な渓谷である。「その聖地の渓谷に秘密がかくされているのでは？」と興奮した。

そこで「カムイコタンの魔神伝説」を読みふけった。そのさわりはこうである。

神居古譚《かむいこたん》の川中に突きでたエモシケシという岩がある。

昔この地方が泥沼であったころ、近くの山にニッネカムイという名の「魔神」がいた。その魔神は人間をみな殺しにしようとして、神居古譚の山の上から大岩をころがして水を堰きとめてしまった。

これをみていた「山の神さま」であるクマが、魔神のころがした岩を爪で引っかいてこわし、水が流れるようにした。

山にもどった魔神は「いまごろ人間は水に溺れているだろう」と見おろすと、せっかく川の水を堰きとめた大岩をクマが壊しているではないか。そこで魔神は真黒になって怒り、クマにおそいかかった。

これをみていたサマイクルカムイという名の「天地創造の神さま」がかけつけてクマに加勢した。魔神はたまりかねて逃げだしたが泥に足がぬかって逃げることができず、つかまって、とうとう首をはねられてしまった。その首はニッネシャパ（鬼の頭）という大きな岩になっていまも水ぎわ

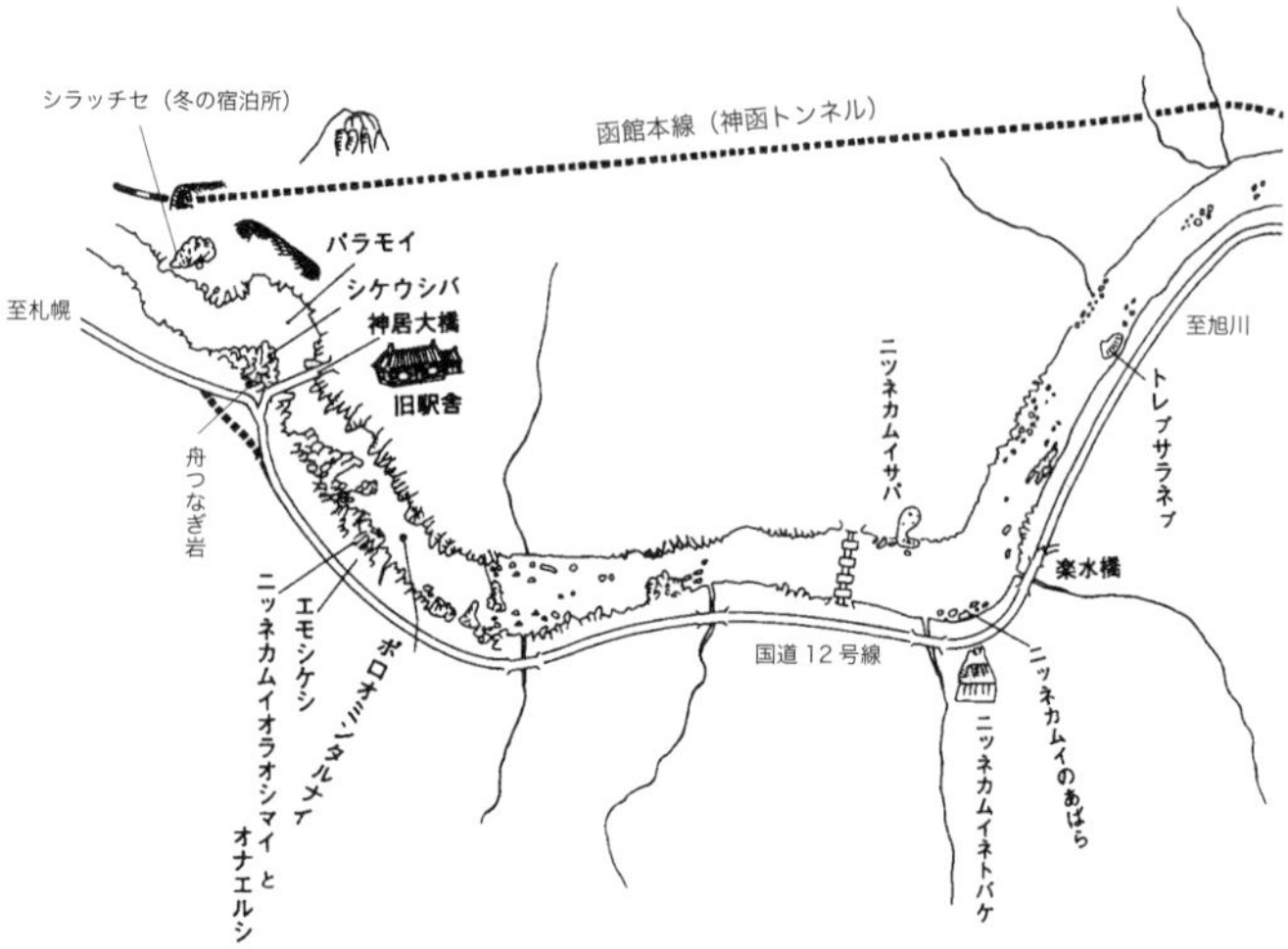

図４　石狩川のカムイコタン附近（由良勇『アイヌ語地名と伝説の岩』をもとに作成）

に立っている。胴体はニッネ（鬼）という七、八丈の岩である。そのとき魔神を切ったという太刀がそばの岩にあたって岩を割ってしまった。その岩がエモシケシとされる。なおトレップ・サラネップという岩があるが、これは魔神がトレップ（姥百合）をいれるためにもっていたサラネップ（篭）が石になったものだという。

そこでアイヌ人たちはニッネシャパに、木を削った木幣をささげ舟旅の安全をいのったという。

（松浦武四郎日記・近江正一『伝説の旭川及びその附近』）

これは「水を堰《せ》きとめて人間を殺そうとした魔神を、クマと神さまとがやっつけて水を流し、人間を助けた」という伝説である。

それを推しはかると、川には「土石で水を堰きとめる魔神」と「土石を取除いて水を流す神さま」とがいて「川のダイナミズムはその両者の戦い」ということになる。

そこでこれは「大雨や洪水などによって土砂が押し流され、水面が上下するのを、アイヌ人が〈神さまの行為〉とみた神話ではないか?」とわたしはかんがえた。

しかしわたしはこれを、神さまの行為あるいは自然の営為とはみるが「人間の行為」とはみない。というのも、アイヌ人は農耕をやらなかったからである。「湖をなくして沃野をつくり農耕する」という意志も情熱もなかったのだから、この伝説をかれらは「自分たちの祖先の仕事、つまり人間の行為と見なかっただろう」とわたしはおもった。

そんなことをかんがえつつ、しかし胸をわくわくさせながら、わたしはカムイコタンにむかった。

「百鬼夜行」の世界

ともかく「この目で石狩川のカムイコタンをみたい」とおもったわたしは、旭川から札幌にむかう国道十二号線をレンタカーで走った。

春志内《はるしない》からカムイコタン渓谷にはいってトンネルをぬけると、右手に石狩川の渓谷がみえる。左岸は、岩が帯のように連続する急斜面になって、そのまま川におちこんでいる（図4）。

そのなかにミンタルナ（奇石）やナエルシア（上がってくる魚を待つ岩）などとよばれる奇岩や巨岩がニョキニョキと突きでている（写真1）。「百鬼夜行」だ。そういう百鬼夜行の世界で「上川アイヌは岩のうえから遡上するサケを銛《もり》で突いた」という。そういうあたりに「ニッネカムイの魔神伝説」にまつ

写真1　カムイコタンの巨岩

写真２　ニッネカムイの足跡
（出典：由良勇『アイヌ語地名と伝説の岩』）

写真３　エモシケシ（刀傷の跡）
（出典：由良勇『アイヌ語地名と伝説の岩』）

わる岩々が点在しているのだ。

たとえば「ニッネカムイの足跡」（写真2）は深さ三メートルをこえる大きな穴とされる。そばにエモシケシという岩がある。その表面には、たしかに刀で切りつけたような跡が三つも四つもある（写真3）。

また渓谷をながれてきた急流がいったん淀んで静かな水面となる広い淵をパラモイというが、ここには、むかし「巨大なチョウザメなどが棲んでいた」という。昭和六十三年の測定によると、その深さは「一八メートルあまりあった」というから、かつては滝壺だったかもしれない。

パラモイには白い吊橋がかかっている。神居《かむい》大橋という。むかし「日本の橋」の調査をおこなったとき写真をとりにきたことがある。しかし今回は撮影にきたのではなく、伝説を探りにきたのだ。あまりノンビリできない。

そこでその橋詰を観察する。

そのあたりをシケウシバといい、石狩川を丸木舟でさかのぼってきたアイヌ人が舟をつなぎとめる荷揚げ場だった。対岸にシュマチセ（岩の家）と洞穴があり、雪のなかを旅するアイヌ人の泊まり場になっていた。アイヌ人たちはここで一夜をすごしたのち、荷物を背おって上流のハルシナイまでゆき、そこからふたたび丸木舟で石狩川をさかのぼったのである。

さきの松浦も石狩川を舟でさかのぼったとき、神居大橋附近からハルシナイまで陸行し、ふたたび舟で忠別川へむかっている。

そのとき、荷揚げ場から上流の様子をつぎのように記録している。

両岸が高く切りたった崖と苔むした奇岩怪石がある景色のよいところで、近くの岩間にはさまざまなめずらしい草が生えている。「急流が岩にあたって水しぶきをあげ、水は怒り、音は谷にひびきわたり、水底には竜蛇でもひそんでいる」というふうなところであるが、べつに怪しいものがいるわけでもない。

石狩川は、明治になって道路が開通するまでは上川盆地と石狩地方をむすぶ唯一の交通路だった。しかし古くから交通難所でたびたび舟が転覆したといわれる。

そのために、幕末ごろから交易や内陸調査のために上川をおとずれるようになった和人たちも、上川アイヌの先導なしには、この「百鬼夜行」ともいうべきカムイコタン渓谷から先へはすすめなかったそうである。

そういうところに「魔神伝説」があったのだ。

湖というより「沼沢」だった

では「カムイコタンの魔神伝説」にある湖の生成と消滅が、上川盆地にかつて湖があったことを証拠だてるものだろうか？

このアイヌ伝説で面白いのは「魔神が川を堰きとめたら、神さまたちがその川を開いた」ということである。さきほどのべたように「川には土石で水を堰きとめる魔神と土石を取除いて水を流す神さまがいる」のであるが、石狩川にかぎらず、わたしがいままで見てきた日本各地の川は、どこでもこの両者を無視しては論ぜられないのだ。すると「川は二つの神さまの争いである」というこの神話は、日本の川の生態の本質をいいあらわしているのではないか、とおもう。

じっさい、山崩れや土砂崩れの絶え間ない峡谷のなかを流れなければならない日本の川であってみれば、ときには土石が崩れて川を堰きとめたり、ときには土石流や泥流が発生してその土砂を流したりすることを間断なくおこなったのは当然のことだろう。

と、そんなことをかんがえているうちに、突然、わたしの頭のなかで衝撃的な一つの結論がひらめいた。「ひょっとしたら川だけでなく、湖もまた出現したり消滅したりしたのではなかったか？」と。

つまり何万年前のことはいざ知らず、人間がこのあたりに住むようになってからは上川盆地には恒常的な湖はなく、そこにあるのは気象条件等によってたえず変化する湿地帯、つまり沼や沢などをともなった氾濫原ではなかったか？

たしかに湖というと、人は琵琶湖のように水を満々とたたえた姿をイメージする。

だが上川盆地には琵琶湖のような恒常的な湖はなく、そこにあるのはときによって沼になったり、沢になったり、湿地になったりするような氾濫原、湖というよりは「沼沢地」とでもいうべきものではなかったか？　とおもわれたのである。

そうかんがえるとさきの「二つの市史」の違いもわからぬではない。

上川盆地の客土は粘土か？　砂か？

そこで、上川盆地の地質をしらべてみた。

地質学的にみると上川盆地の形成は、約三万年前に、近くの旭岳付近で大噴火がおこって大量の火砕流や軽石などがながれだしたことに起因する。それらの土石が石狩川や忠別川を堰きとめて「古大雪湖」すなわち「上川湖」をつくったのである。

そのご、さらにそれらの堆積物を河川が浸食して、大雪山の西側では石狩川が深さ三〇〇メートルにおよぶ層雲峡という名の渓谷を、南側では忠別川がやはり天人峡という名の渓谷をつくりだした。さらに西側の幌内山地と、南側の百七十万年前の美瑛《びえい》噴火による火砕流堆積地の神楽丘台地とが壁になって、石狩川と忠別川の二本の川がはこんでくる堆積物がこの上川盆地一帯にふかい礫《れき》層の扇状地をつくりだした。そのあと、この二本の川のあいだにある牛朱別《うしゅべつ》川流域の火砕流礫層もくわわって、とうとう深さ六〇メートルにもおよぶ礫層の一大盆地ができあがったのである。

その結果、北海道立地下資源調査所のボーリング調査（一九六七年）によると、上川盆地を北から南へ流れるオサラッペ川流域をのぞく全域は「河川氾濫原堆積物（礫質相）」によって、オサラッペ川流域は「湿地堆積物（泥炭や泥質相）」によってそれぞれおおわれている、というのだ。

しかし、このように上川盆地に砂礫が堆積し、それらが山地や台地などによって遮断されたとなると、そのような砂礫の盆地では保水力がないから、雨水はすべて地下水となって流れだしてしまうのではないか？　盆地全体がいわば扇状地帯のようなもので、地表水はなくすべて伏流水となる。そうなると湖もあるはずがない。

ところがここにはおおくの川がある。さらに現在では見わたすかぎり肥沃な穀倉地帯がひろがっている。

いうまでもなく沃野つまり田んぼは泥がなければ成立しない。「上川盆地の大半が礫層でおおわれていた」のなら「どうして今日、そこが穀倉地帯になったのか？」これは不思議なことである。

そういう疑問を北海道立地質研究所の技師にぶっつけてみると答はこうだった。「上川盆地は砂礫層におおわれていて、したがって湖はなく、田んぼはみな客土によってつくられたのです」と。

ではあの広大な沃野をつくるのに「だれがどうやって土をはこんだ」というのだろうか？

北海道で水田の試作が成功したのは元禄五年（一六九二）とされる。しかし本格的に北海道で水田稲作がおこなわれたのは明治になってからである。そしてこの上川盆地で水田稲作がはじまったのは明治二十五年（一八九二）のことであり、その跡がいまも旭川の永山《ながやま》神社の近くにのこされている。

では、これらの稲作のための田んぼはどのようにしてつくられたのか？

そこで『北海道農業土木史』（昭和五十九年）をみる。すると「上川一帯は重粘土という特殊土壌で、農業をおこなうには暗渠《あんきょ》排水、心土破砕、砂客土《きゃくど》、有機物施用、酸性矯正などおおくの土地改良事業が必要になる」と書かれていたのだ。なんとここでは、客土は「粘土でなく砂だ」というのである。

つまり、さきの専門家は「砂礫だらけで粘土がないからここには湖はない」といい、あとの専門家は「ここは重粘土だらけだから農地にするには砂がいる」という。

すると、専門家のあいだでまったくちがう意見を、いったいどうかんがえたらいいのか？

「ビショビショの氾濫原」だった

「広大な沼沢地の盆地がどうやって今日みるような沃野になったのか？」すなわち「人々が大量の客土をはこんできたのか？」しかも「それは粘土か？」それとも「砂なのか？」というのは大いなる疑問である。

がしかし、見ようによっては「そのどちらも正しい」といえるのかもしれない。あるいは「どちらも誤っている」ともいうべきか。

というのは上川盆地では、幾筋もの川筋や何十という土砂の溜り場、すなわち川の洲ないし自然堤防が洪水のたびに移動した、とおもわれるからである。

すると「あるところには重粘土が堆積し、べつなところには砂礫しかない」というマダラ状況がおきてきたとしても不思議ではない。それは異常現象ではなく、まぎれもない自然現象なのである。

こういう自然現象が上川盆地のなかでくりかえしおこったのだろう。それをまぬがれたのは、ごくわずかな小島や洪積台地ぐらいしかなかったのだろう、とおもわれるのだが、どうだろうか？

つまり上川盆地はさきほどものべたように、湖というよりは「沼や沢をともなった土砂の堆積地」いわば「ビショビショの氾濫原」だったのである。したがってそのなかには沼も沢も洲も島もあるから、部分的にみると、上川盆地が湖に見えたり、あるいは砂礫層に見えたりしたのではなかったか？

現在この盆地には、石狩川をはじめとする一三〇本もの川が流れこんでいて、七四〇基もの橋がかかっている。そのようにおおくの川がある、ということは、それらが「かつてのたうちまわった無数の河川の痕跡」なのではないか？　それこそ、この辺りがむかし「ビショビショの氾濫原」だったことのなによりの証拠だ、とおもわれるのである。

とすると、わたしは恐れながら、今日の日本の学問世界の、もちろんすべてではないがその一部の人たちに申しあげたい。「群盲は象を撫でないことです」と。

湖は出現したり消滅したりするのだ！

今日、われわれが目にする上川盆地の広大な田園風景と四通八達した道路網は、かつてのアイヌの時代にはまったくみられなかったものである。

またそういう姿は、かならずしも上川盆地にかぎらない。つい百年前までの北海道の大地は、いずこもたいていそういう「ビショビショの氾濫原」だったにちがいない。じっさい、松浦が調査した各地の地図にも、何本もの川筋が克明に書きこまれている。

そんないわば「ビショビショの氾濫原」のなかでアイヌ人たちは暮らしていたのだった。

それはアイヌ人だけではない。北海道にかぎらず、火山がおおく、かつ、山体がもろい日本列島では、縄文時代の各地の姿もみなそうだったろう。であるから、縄文人たちもまた、その「ビショビショの氾濫原」のなかの安全で健康な小島や台地などに住んでいたのではなかったか？

たしかに、本州の関東平野、中部平野、大阪平野などには、ここ千八百年来もはやそんな氾濫原つまり「湖」はない。しかしいちど大雨がふると、つい半世紀前に伊勢湾台風がおそった濃尾平野は元の海にもどってしまったではないか？　それは、そこがかつて「ビショビショの氾濫原」だったことをしめすなによりの証拠である。

そうしてさきにのべたように、明治になってから北海道のその「ビショビショの氾濫原」で本格的な稲作がはじまったのだ。

そこで、またまたわたしの空想が羽ばたく。

本州では千八百年まえぐらいから、つまり古墳時代ごろから、積極的にこれら「ビショビショの氾濫原」を稲作地帯にかえてきた。「このようなビショビショの氾濫原を田んぼにかえてきた歴史が日本歴史だった」とさえいえる。いっぽう、本州とちがってアイヌ人はながらく稲作を拒否してきた。明治になって日本政府は、このようなアイヌ人の意向を無視して水田開発をはじめた。そうして「ビショビショの氾濫原」を開拓して今日の北海道の田園風景をうみだした。すると「それまでの北海道は縄文風景そのものだった」のではないか？　松浦が見たのもそういう縄文風景だったろう、と。

話を元にもどす。上川盆地が「ビショビショの氾濫原」だったとすると、あらためて「水が流れでていったのはどこか？」とおもう。

それは上川盆地をゆるやかにながれる石狩川がカムイコタン渓谷にいたって急流に変じるから、だれがみてもカムイコタン渓谷であることが了解される。

では、どうやってカムイコタン渓谷で上川氾濫原の水が排出されたのだろうか？

それは、さきほどからのべている「カムイコタンの魔神伝説」が暗示する「川を土石で堰きとめる神」と「土石をのぞいて元の川にする神」である。つまり「一つの大雨が洪積台地などを削りとって土石を堆積して〈湖〉をつくり、またもう一つの大雨がその堆積した土石を流してその〈湖〉を消す」という自然現象が繰りかえされた。その結果、湖が出現したり、消滅したりする。

すると、何度もいうようだが「それは上川盆地だけにかぎるまい。そういう現象、つまり〈湖の生成と消滅〉ということは、日本列島すべてにいえることではないか？」

そういった思いを断ちきることができず、わたしはここ旭川で「それなら、本州にわたって日本列島各地を見てあるきたい」とおもったのだった。

2

カニが小国の沢を拓いた

縄文人と弥生人の争い

山形・最上小国

東北は「氷」の形

函館から津軽海峡線にのって、青函トンネルをぬける。そこは本州最北端の青森だ。もちろん東北の最北端でもある。

東北という地方は、関西人のわたしにはあまり馴染みがない。そこで青函トンネルのなかで地図をとりだしてながめる。

しばらくながめているうちに、突然、東北の形がなんとなく「氷」の字にみえてきた。

なぜなら、まず「氷」という字の真ん中の「刎ね棒」は、八甲田山を最北端とし、南に八幡平、栗駒山、蔵王山、磐梯山とつづき、さいごに左に刎ねて飯豊山となる奥羽山脈だ（図1）。また左上の「点」は、西側の岩木山をふくむ白神山地である。その下の「払い棒」は、左から右へ鳥海山、神室《かむろ》山地、転じて月山へのハネだ。いっぽう右上、つまり東側には二つのハライ、すなわち北上高地と阿武隈高地がある。

「北海道はこのごろ〈札幌の雪まつり〉により雪で有名になってしまったが、東北はひょっとしたらこれからは〈氷〉で有名になるかもしれない」などと勝手なことをかんがえているうちに、列車は青函トンネルをぬけて青森についてしまった。

さて、いまからむかう山形県最上《もがみ》町はじつはその「氷」のど真ん中にある。奥羽山脈の中央にあって、神室山と栗駒山とが接する真下の盆地である。いわば「氷」という字の要に位置しているのだ（図1、2）。

その最上町はふるく小国郷とよばれ、藩政のころは「小国郷八千石」といわれる穀倉地帯だった。

その小国について、地元では「鬼国《おにぐに》の訛りだ」という説がある。

むかしこのあたりに大鬼がすんでいた。ためにオニグニとよばれた。だが坂上田村麻呂がその鬼を征伐した。そのときに刎ねた首が東の山にとんでいって鬼頭《おにこうべ》となった。いま鬼頭温泉がある。

そしてのこった胴が胴国となった。

（『羽前小国郷の伝承』民俗民芸双書）

そのドオグニあるいはオニグニがなまってオグニになった、という。たしかに鬼頭（鬼首とも書く）と小国とは山一つへだてて向かいあっている。頭と胴が二つに裂けた、ということもあったかもしれない。

しかし「鬼が住んでいた」というのは、縄文人のルーツが気

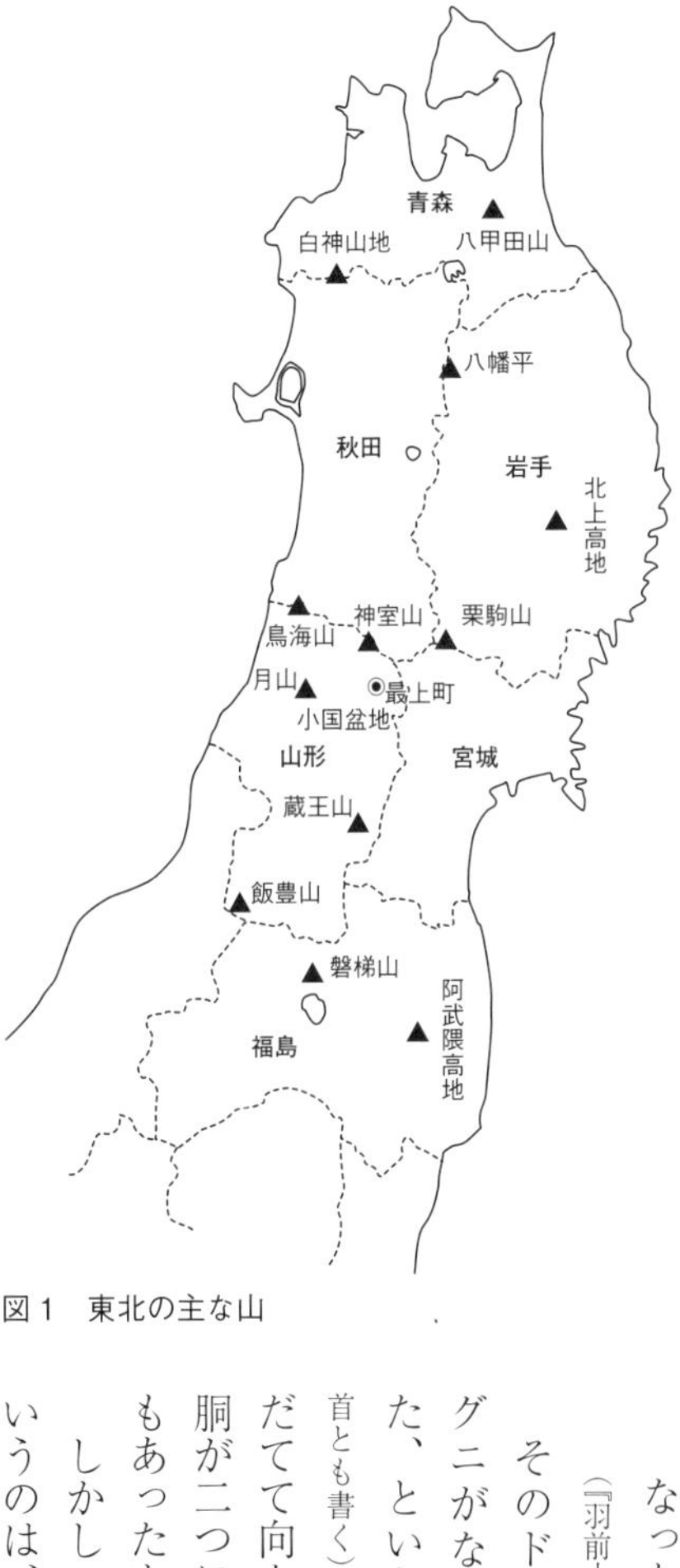

図1　東北の主な山

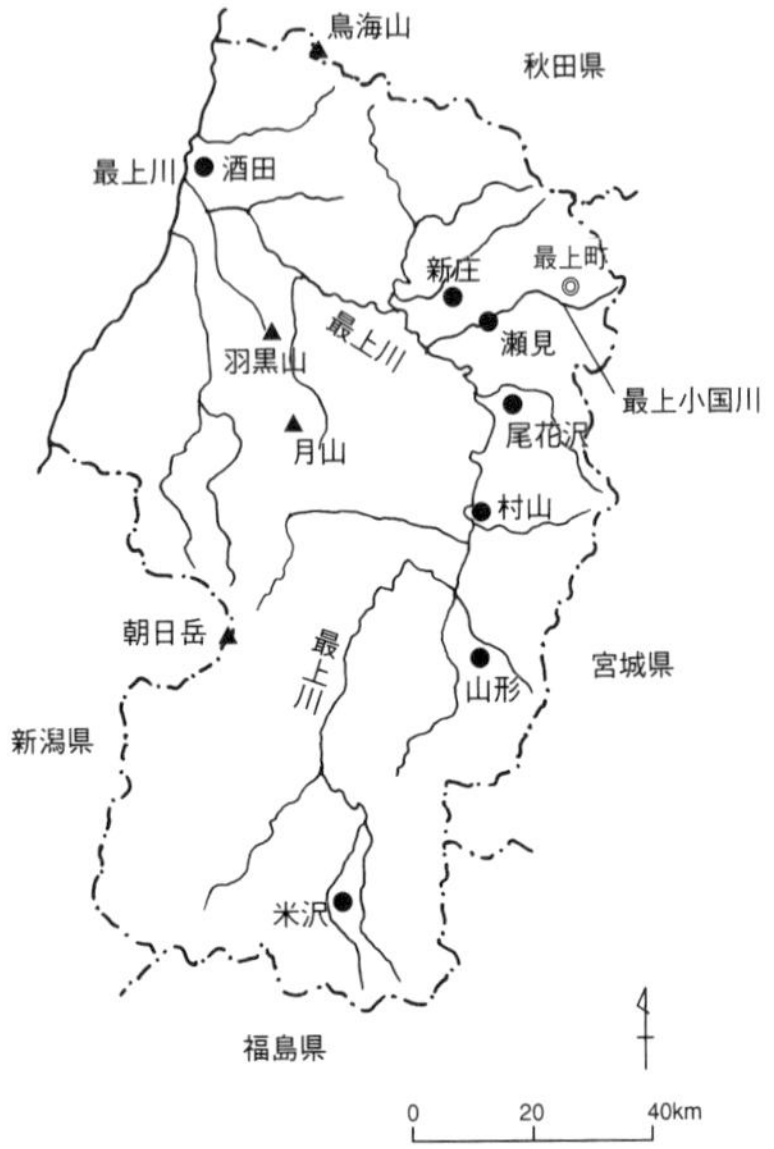

図２　山形県と最上町

になるわたしにとってはたいへん興味深いが、いまは、その「小さい国」という小国をかんがえる。「小さい国」というのは盆地にぴったりの名だからだ。

日本の地形は風水では説明できない

たしかに日本の国には盆地がおおい。この国の地形をかんがえるとき盆地を無視しては論ぜられない。

そこであらためて日本の国の地形をかんがえる。それも地形の根源をかんがえたいのだ。

すると、専門家はすぐに「風水」ということをもちだす。「盆地都市などは風水思想でつくられているのではないか？」とおっしゃる。

しかし「それはぜんぜん違う」とわたしはおもう。なぜなら風水はシナ、といってよくなければ漢大陸の思想からきているからである。それは漢大陸という国土に見あった空間の捉え方なのだ。たとえば「東西南北を青龍・白虎・朱雀・玄武とし、これを〈四神相応〉などと称して、北に山を背負い、南に沃野が開け、東北から西南に大河がながれる土地がよい」などというのは、一望千里の漢大陸にはあてはまっても、島国日本ではかならずしもそうはいかない。

じっさい、日本列島の太平洋岸なら「四神相応」もいいかもしれないが、日本海側の土地となるとたいてい南に山があり北に海をひかえているので、そこがどうして「四神相応」なのか？「南から北へながれる川を、逆に北から南へもどせ」とでもいうのだろうか？

国土の地形や風土などというと二言目には「風水」などをもちだすのは「なんでも外国のものをよしとするこの国のインテリの愚想の典型」ではないか？とわたしはおもう。

わたしたち、つまり上田篤とわたしは「日本列島の地形や風土は風水思想では説明できない」とかんがえている。

そのことはいまいった国土の違いをみればあきらかだが、こどものころの十五年間、漢大陸でそだった上田などは漢大陸には大いなる愛着をもつとどうじに、非我の違いをものすごく意識しているからなおさらだろう。

そこで「風水」によらずに日本の地形の根源をかんがえるのであるが、それは「この火山列島が生みだした形に大きく依存する」ことを申しあげなければならない。

「火山列島」などというと「なにをいまさら」といわれるかもしれないが、しかしここで念のためにいっておかなければならないことがある。それは「漢大陸には火山など絶えてない」ということだ。だからこそ風水思想などといったものが生まれてきたのである。「火山」なんてものは、四千年の漢人の歴史においてかんがえられたこともなかったのだ。

では、その火山列島がいったいどういう形を生みだしたのだろうか？

「富士山型」

その典型は富士山である。

富士山こそ火山列島日本のシンボルといっていい。漢大陸の中心にひろがるチャイナという国は日本の国の二十五倍の面積があるそうだが、奥地にいけば天山・昆崙などという山岳地帯がひろがるものの、そこには富士山に類するような火山など絶えてない。

富士山は、太平洋をとりまく環太平洋造山帯と、そこに突きささっているインド＝オーストラリア・プレート（通称「フィリッピン海プレート」）がもたらす富士火山帯とが衝突するなかにある。まさに地球のプレートどうしが激突するホット地点だ。であるからこそ富士山は、火山列島日本のシンボルといっていい。

しかし、そういうシンボルは富士山だけではない。各地に数多くの「〇〇富士」があるように、この火山列島では地中のマグマが噴出したところにはおおく富士山のような独立峰があり、まわりに火砕流がながれだしてひろい山裾を形成しているのだ。

その典型は伊豆の大島である。大島の真ん中には三原山がただ一つあって、周囲は海である。すると島のどこからでも三原山が見える。人々は朝な夕なに三原山をながめ、三原山にかかる日月・星辰、雲・霧などを観察し、三原山から流れでてくる水で田畑をうるおしている。三原山は島の生産と生活の中心である（上田『鎮守の森の物語』）。

そういう形はさきの北海道にもある。大雪山だ。「道内の水の七割が大雪山から流れてくる」といわれるからである。大雪山も三原山と異ならないのだ。

また加賀の白山もそうだ。それは越前・越中・飛騨・美濃などの国の中心にある。そしてそれぞれの国に水を分配している。だから白山の山麓にはあちこちに白山神社があり、白山登山道がある。とするとこれら火山が日本列島の空間の基本的な形の一つであることにだれしも異存がないであろう。

そこでそれを「富士山型」と名づけよう。

「ウナギのセナカ型・スキマ型」

しかしこの火山列島の日本には「富士山型」の火山のほかにもおおくの山々がある。というのはプレートの衝突によっておきたのは火山だけではない。その衝突によって日本の地層が各地で断ち切られたからだ。断層である。日本の山々のおおくはその断層によって生まれたのである。その結果、日本の国土に無数の山々ができた。さらにそこから発する無数の尾根が発達した。これらもすべて断層活動によって生じたものである。

そしてそれら無数の尾根が交錯する隙間に、これまた無数といっていい谷がある。「断層線谷」である。そういった光景を実感したければ、飛行機にのって日本列島を空から見おろしてみるとよい。茫漠千里の漢大陸の平原などとちがって、空からみる日本の国土はどこをむいても山、山、山の連続であるが、よくみるとそれらの山々は、まるで大ザルのなかにうごめく何百匹ものウナギのようだ。というのも、点という山より、尾根という線の密集が目立つからである。飛行機の窓から見るそれは、ウナギの群が次から次へとあらわれては消えていく連写である。そのウナギの背中が尾根であり、ウナギとウナギのあいだの隙間が谷なのである。とりわけ奥羽山脈は、このウナギの重畳するさまが何百キロメートルもつづいて圧巻だ。平地などなきに等しい。

それを見ていてわたしはおもった。「日本列島の地形は、ようするにウナギのセナカとスキマではないか?」

いっぽう、漢大陸やヨーロッパ大陸を空からみると、起伏のゆるやかな大地のなかに大河が巨大な龍のように屈曲している。

あるときそれをみていてわたしはおもった。つまり彼我の国土の違いは「巨大な一匹の龍と、無数のウナギの群の違いではないか」と。

その無数のウナギの織りなす地形はよくみると「ウナギのセナカ型」と「ウナギのスキマ型」とがある。日本列島の国土はおおかたその二つによって構成されている。むかしの人もそれを「七内八《しちないや》崎《さき》」といっている。内はスキマで崎は背中である。「漢大陸に発達した風水などではなく、こういう日本の現実から出発しなければこの国の国土のことなど何もわからないのではないか？」とわたしはおもう。

なぜウナギのスキマの水が引いたか？

このように日本の地形には「富士山」型と「ウナギのセナカ・スキマ」型の二つの型がある、とわたしはかんがえる。

じっさい「富士山型」の地形も、その裾野がどんどんひろがって複雑になっていくと「どこからでも富士山が見える」というわけにはいかなくなる。富士山があたりの中心でなくなってしまう。つまりそこは、もはやウナギのセナカやスキマの群の中なのだ。

そして、そういうスキマのなかの大きなスキマが盆地である。日本人の重要な生活空間となっている。

しかしながらそのような盆地は、じつは日本歴史においてはかならずしも普遍的な舞台ではなかった。というのも谷や盆地は昔からあったが、そこはいっぱんに湿潤で、ためにカやアブがおおく、各種黴菌《ばいきん》がはびこっていて、とうてい人間の住めるような土地ではなかったからである。

であるから、渓谷はもちろん盆地もまたながらく人間の住む生活空間にはならなかった。

「では人々はどこに住んだのか？」というと、旭川でものべたようにそれは山の尾根やその先端である。あるいは河岸段丘面や洪積台地面などである。ようするにウナギのセナカである。むかしおおくの人々はウナギのセナカに住んでいたのである。

であるから日本人の祖先すなわち縄文人たちのすまいは、建築学者で縄文文化探求者である上田にいわせるとほとんどそういうウナギのセナカだったのである。

それが時代がすすむと、さきの上川アイヌのように、繁茂する樹林を伐りひらきながらウナギのスキマにおりていく。それも上川アイヌのようにサケを大量に獲る必要性からであるが、ほかにウナギのスキマの水が引いて害虫が跋扈したり伝染病が蔓延したりする危険性が去っていったこともあっただろう。

そうしてしだいに人間のすむ盆地になっていった。人類学者の米山俊直（一九三〇—二〇〇六）のいう「小盆地宇宙」が形成されていった、とおもわれるのである。

では、どうしてウナギのスキマから水が引いたのだろうか？

それが本書の課題であり、本章のテーマである。

氷の国の「ヘビ・カニ合戦」

盆地のおおくはかつて湖盆といわれた。つまり湖である。というのも、盆地は「むかし湖だった」という伝承をもつところがおおいからだ。

もっともそれは、前章でみてきたように湖というよりは沼沢地がおおかったかもしれない。

いずれにせよ水と関係がある。ために海のついた地名がある。たとえば長野県の佐久平には小海《こうみ》線という名のJR線が通っていてだれでもびっくりする。海のない長野県になぜ「小海」か？

じつはウミは古代の人々にとっては「大きな水」であった。ウ（大）ミ（水）である（松岡静雄）。したがって「小海」は、湖あるいは沼沢を意味している。その詳細はのちにのべるが、それにしてもこんな山の高いところに湖や沼沢があったのだ。それがどうして今日みるような「田の国」つまりタグニに変わってしまったのか？

そこでわたしは「全国各地にある〈蹴裂伝説〉が、そのヒントをあたえてくれるのではないか？」とおもって、東北は山形県最上町にむかったのである。

そこで小国盆地をみよう。小国盆地はどうして生まれたのか？（図3）

もっとも、小国盆地というものは今日ない。小国盆地の属する最上町のほとんどは山岳地帯で、その山岳地帯のなかにあるこの小さな盆地を今日では向町盆地という。しかしわたしはかつての小国郷を尊重し、あえて「小国盆地」とよんで話をすすめる。

この小国盆地に一つの伝説（『月楯弁財天縁起』）がある。

大昔、小国郷は周囲の峰々のなかに満々の水をたたえる一大湖水であった。そこに「湖の主」という年をへた三ツ頭《がしら》の大へビがすんでいた。

あるときその大へビが雲を呼び風を呼んで竜巻をつくりだし、それにのって昇天して龍になろうとした。

ところが不意に湖底から大カニがあらわれて大へビの尻尾をしっかとはさんだ。そこで両者のすさまじい戦いとなり、天地がぐらぐらゆれ、ついに西山の端っこが落っこちて、そこから湖水が

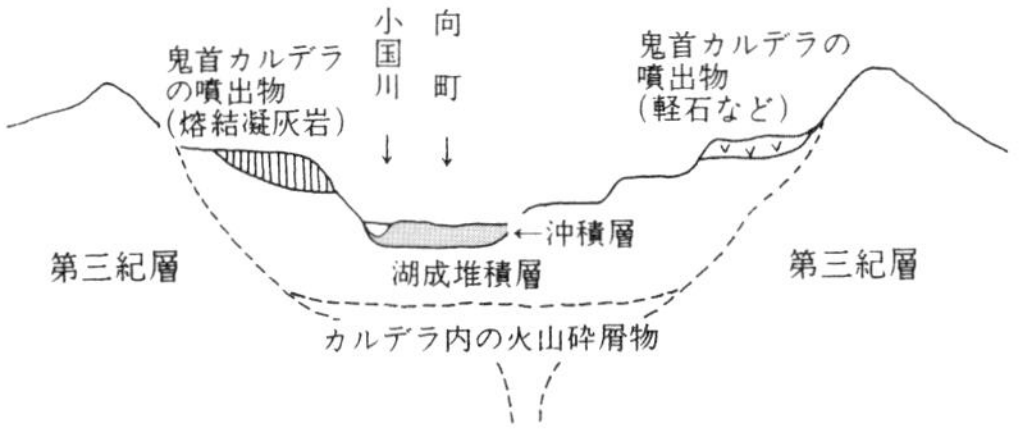

図３　小国盆地の断面（『最上町史』の資料を一部修正）

大量に流れだし、そのあとに小国盆地がうまれた。大カニが山を割った蟹割《かにわり》山は、いまは亀割山とあやまってよびならわされている。のちに大ヘビは弁財天、大カニは蟹ノ股観音にまつられ、いまにいたっている。

小国湖にすんでいた大ヘビが、どこからかやってきた大カニと壮絶な戦いを演じ、あげくのはて「湖盆の水が流れでて小国盆地ができた」というのだ。

さらにこの伝説のつづきとおもわれる地名伝説（『山形県伝説集・総合編』）にはこうある。

大ヘビと大カニが合戦したところを「戦沢《たたかいざわ》」といい、のちに、村人がそこに落ちていた大ヘビのウロコをひろって祭ったのが「戦沢観音」である。大カニのハサミで断ち切られた大ヘビは三つにわかれて、頭は野頭に、胴は仲神に流れつき、尾は湖水とともに流れくだって長尾（舟形町）にひっかかったという。

これもさきの坂上田村麻呂の大鬼退治と話が似ている。

この伝説だけではなく、ほかにも似たような話がいろいろあるが、いずれも「ヘビとカニが戦って、勝ったカニは山を割って湖を干しあげた」とする話である。ときにカニがカメになったりするが、共通しているのは主人公がたいてい動物であることだ。

しかしそれら動物たちが山を「蹴裂く」はずもなく、それは「自然の営為」か、さもなければ坂上田村麻呂が登場するように人間が蹴裂いたものを動物に仮託したものだろう。ただし『記紀』等には坂上田村麻呂が「湖を干あげた」という話はない。

そこでわたしは庶民が「ヘビとカニを縄文人と弥生人になぞらえて語りついだものではなかったか？」とかんがえた。

ヘビは日本の伝説ではしばしば川にたとえられる。さらに縄文人はしばしばその土器にヘビの形を刻印したりする。すると、川の流域や湖の岸辺などで魚をとっていた縄文人がヘビにされたのではないか？

これにたいし湖を沃野に変換しようとした「弥生人」はカニだろう。おそらく西からやってきた海《あ》人族《ま》だ。アマ族は進取の気性に富んでいて、漁業のみならず内陸にはいりこんであちこちで農業をはじめているからである。

そうして両者は争い、さいごにアマ族であるカニが勝って湖が蹴裂かれた。そして田畑がひらかれたのだ。戦いに敗れた縄文人は、スミカを追いだされてちりじりばらばらになってしまう。その死骸があちこちの地名になっている、という。

東北の湖水伝説はこの山形県にあるだけではない。岩手県遠野を調査した民俗学者の柳田國男も、

遠野郷はすべて一円の湖なりしに、その水、猿ケ石川となりて人界に流れ出てしより、自然のかくのごとき邑落をなせしなり。

（『遠野物語』）


と書いている。

しかし小国にしても遠野にしても「だれが水を干しあげたのか？」というところまではわかっていない。

だがわたしは以上の伝説から推察して、人間が開発したものとおもう。上川盆地のように「自然の

営み」ということもかんがえられるが、ここ小国盆地では「古くから沃野がひらかれた」ということがおおきい。そこに「沃野をひらく人間の意思があった」と見られるからである。

「しかし意思があっても技術がともなっていたか？」といわれるかもしれないが、じつは、昔の人をあまり馬鹿にできないいろいろの説話があるのだ。

岩木山の「オオヒト伝説」

津軽の岩木山に「自然営為説」をくつがえすような伝説がある。「大人《おおひと》伝説」という。わたしはそれをたしかめるためにふたたび岩木山へとってかえした。

津軽の人々は、むかしから岩木山を神さまとしてまつってきた。いまもときどき火をふく活火山だからだ。現在は火山活動を休止しているが、江戸時代には二十回の噴火を記録している。

その岩木山の雄大な姿は「津軽富士」とよばれ、津軽平野のどこからでも眺めることができる。人々はその山容につくられるさまざまな残雪の形をみて、豆まきや田植などをはじめる。

その岩木山の赤倉沢に「むかし鬼がすんでいた」という伝説がある。

鬼の名前をオオヒトという。そのオオヒトは仲のよい里人にたのまれて、水のない里人の土地に岩木山から水を引いてきて沃野にしたのである。その話とはこうだ。

百姓の弥十郎は、岩木山にすんでいるオオヒトといつも角力《すもう》をとって遊んでいた。

ある日、弥十郎は「新しく田畑を開墾したが水がない。とくに夏にはこまっている。なにかいい方法はないか」とオオヒトに訴えた。オオヒトは「それでは俺が水をひいてやろう」といった。

あくる朝、弥十郎が目をさますと、沢の谷にあふれんばかりの水が流れて田畑をうるおしていた。

写真１　鬼沢村の前堰

おどろいた弥十郎が水源をたずねると、赤倉の谷のなかにある大石がこなごなに砕かれていて、そこから一すじの水路が走りでていた。その長さはおよそ八キロあまり。弥十郎はオオヒトに心から感謝し、酒肴をととのえてもてなした。いご弥十郎は開墾にはげみ、オオヒトも大きな鍬で開墾を手伝った。

ところが弥十郎の妻が、夫がいつも隠れるように人に会ったり一夜にして水路がひかれたりするのを不審におもい、赤倉堰にでかけてようすをうかがった。

それを知ったオオヒトは「お前の妻にみられては神さまにとがめられる。もうここへはこない。しかし仲良くつきあったから、わたしの鍬や蓑、笠などはおいていく」といって山へかえってしまった。

その鍬は三尺ぐらいもあって、いまも鬼沢村の藤田喜三郎の家にある。蓑と笠はその地の鬼神社にのこされている。

オオヒトは山へかえるとき「今後とも村をまもってやるから、節分に豆をまいたり、端午に菖蒲を葺いたりするな」といったそうだ。

（『弘藩明治一統志』）

村ではいまもそのことばを忠実にまもっている。

オオヒトのつくった水路は地元では「逆堰《さかさぜき》」とよばれている。そしておどろくべきことに、その一部はいまもりっぱにつかわれている（写真１、図４）。

じつはそれだけではない。この「逆堰」の構造が地元ではいまも謎とされているのだ。というのは

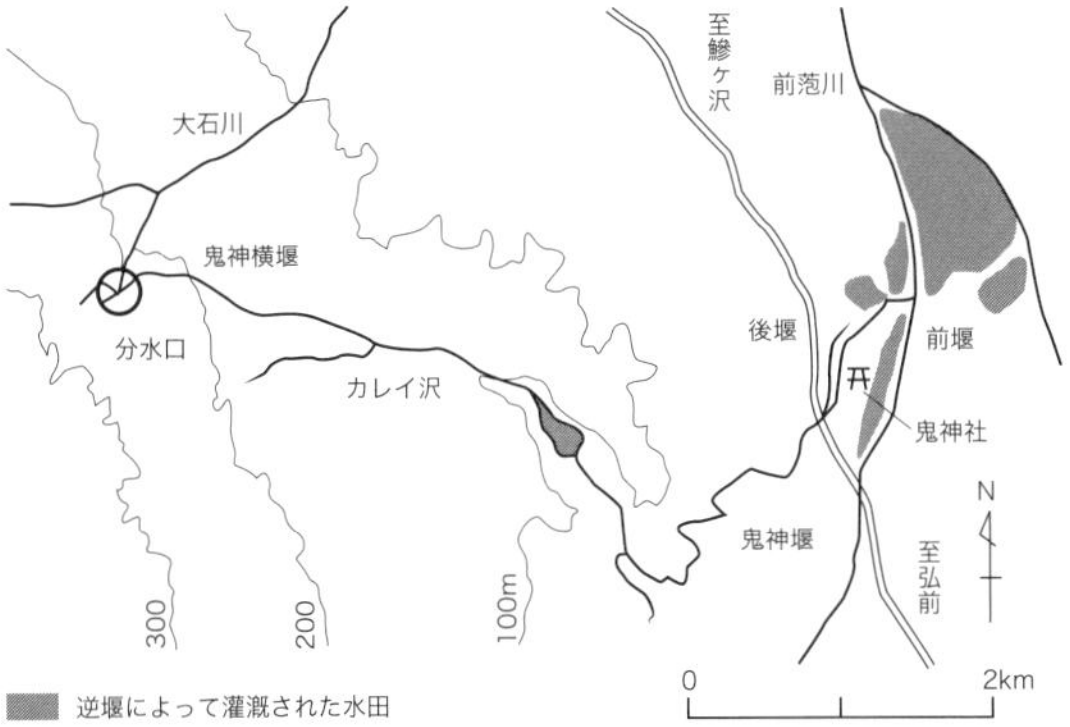

図4　鬼沢村の逆堰（鬼神横堰・鬼神堰・前堰・後堰）

「水が低いところから高いところへ流れる」というからである。

そんなことはない。水が高いところから低いところへ流れるのは子どもだって知っている。そこで弘前の図書館でしらべてみると、わたしとおなじ疑問をもった東奥日報社の品川弥千江女史は「逆堰は、岩木山赤倉大渓谷より分かれた王余魚沢《かれいざわ》を水源にし、サイフォンによって谷川をいったん登らせ、そしてとうじ開墾したばかりという三・三ヘクタールの低い土地へ灌水したものである」（『岩木山』）と説明している。

しかし「サイフォンがある」という「逆堰」の構造がわからないので、わたしは地元の区長さんに赤倉沢の水源へ案内してもらった。リンゴ畑のひろがる山道をしばらくのぼると「鬼神堰《きじんぜき》」という水路にぶつかる。水路の幅は約六〇センチメートル、深さが約三〇センチメートルあり、水の流れははやい。そして沢で折れまがって向かい側の山へとつづいている。

区長さんはその山を指さして「あそこに水路があるがそれがだんだん右のほうにあがっているでしょ。低いところから高いところへ流れているでしょ。あれが逆堰です」という。「錯視ではありませんか？」とわたしはいったが答えはなかった。

そこでわたしは山を管理している鬼沢樒木土地改良区事務所をたずねた。はたせるかな、逆堰の構造はサイフォンではなかった。十年ほどまえに測量したところ、水路はわずかな勾配をたもちながら

写真２　オオヒトの逆堰（分水口）

沢をわたり、山から山へと流れていたことがわかった。
　わたしはその所長さんと逆堰へむかった（写真２）。かれはある場所にきて立ちどまり「ほかではそうではないが、ここからみると水は高いところへ流れているようにみえるでしょう」といった。なるほど数メートル位置を変えただけで水が上方へ流れているようにみえる。つまり「逆堰」は地形の変化がもたらす「錯視」だったのだ。微妙な勾配を計算して水路をつくった灌漑技術を、とうじの人々は神業としてうけとめ「鬼の仕事」とおもったのだろう（写真３）。
　ますます「オオヒトとはだれか」を知りたくなった。

縄文人は山の水を熟知していた

　地元の人は「オオヒトは鬼だから、髪のあかいロシア人だったかもしれない」などという。

　じっさい郷土史家の船水清は「大陸からきた異人ではないか」（『わがふるさと』）とする。さらに地方史研究者の沢史生は「陸奥《みちのく》の首長アテルイの一族だ」（『大人の逆水』）ともいう。

　ロシア人はともかく、アテルイといえば岩手県胆沢《いざわ》に本拠をおき、坂上田村麻呂とたたかった蝦夷《えみし》の英雄である。そのエミシは狩猟民として生きた長い歴史をもつ。すると「水陸万頃《すいりくばんけい》といわれた胆沢《いざわ》の水郷地帯を本拠としていたアテルイたちが灌漑技術を身につけ、のち坂上田村麻呂に追われて岩木山の鬼沢にきた」こともかんがえられる。

　また、東北史研究者の新野直吉は、

エミシとよばれた人々には山夷《さんい》と田夷《たい》がいた。田夷は、あたえられたにせよ、効用を認識してもとめたにせよ水田耕作をいとなんだ。だからエミシはもっぱら狩猟をやっていたというのではなく、中央の力が東北におよぶにつれ水田稲作をいとなむ人々もでてきた。やがて柵戸《きのへ》（屯田兵）などとくんで班田農民になるまで農民化した。農民化した地域が田夷になると、族長は郡領にさえ任じられた。（『蝦夷の世界』）

とのべている。

東北はエミシの国である。エミシはしばしば縄文人の生き残りとされる。縄文人と弥生人はたいてい対立関係にあるが、この伝説のオオヒトと弥十郎のように、なかには友好関係をつくることもあったのだ。すると「縄文人と弥生人が灌漑技術をとおして交流した」ということもかんがえられるのである。

写真３　オオヒトの逆堰（鬼神横堰）

鬼沢《おにざわ》集落にいまもある「鬼《き》神社」の産土神は鬼である。

しかし神社の鳥居の扁額には鬼の字の画の「ノ」がない。「オオヒトは人間をたすけてくれた鬼だから角《つの》をとった」という。このように地元の人はいまもオオヒトが助けてくれたことを信じているし、その恩をわすれない。

それはいいとしても「もしオオヒトが縄文人だとしたら、どうして弥生人をおどろかせるような高等水利技術をもっていたのか？」と問われるだろう。

たしかに「弥生人」は農地を開拓した。しかし初期の弥生農業は揚子江の南、すなわち江南農業の影響をうけたものである。それは一望千里の沃野に発達したものだった。

ところが小国盆地も岩木山も、そこらあたりは山である。水は山から引いてこなければならない。その山から水を引く技術は「弥生人」にはさっぱり分からない世界だったろう。江南文化をうけつぐ「弥生人」は平地で水を引く技術しか知らなかった、とおもわれるからだ。

ところが「縄文人」は、農業をやらなかったかもしれないが、山間の川で漁業をやっていた。梁《やな》・筌《うけ》などを仕掛けるために各種の水路をつくっていた。であるから山の水のあり方、そこをさかのぼってくる魚の生態などを熟知していたのだろう。

そういうことを暗示する神話がある。

美奈志川の「水争い伝説」

『播磨国風土記』にでてくるもので、美奈志川《みなしがわ》という名の川をめぐる「水争い」の話である。

播磨国の山の上から水を引くときに岩が障害になった。そのとき男女二人の神がたがいに水を争った。

男神は山の頂上を踏みつけて北の越部村に水を流した。これをみた女神は挿櫛《さしぐし》をもってその流れを堰きとめ、頂上附近から溝をひいて南の泉村に流した。そこで男神は泉村の川下にきて水路の方向を西の桑原村につけかえた。するとまた女神が地下水をつくって泉村の田へ流した。そのためにとうとう川の水はなくなってしまい、いご、美奈志川《みなしがわ》とよばれるようになった。

男神はともかく、女神は山にくらす縄文人だったろう。それぞれがみずからの要求か、あるいは里にすむ弥生人にたのまれたのか、はともかく、水路を自分のほうに有利につけようとして激しいバトルをくりかえした。ということは、はからずもこの神話が「縄文人が水を動かす技術をもっていた」ことをしめすものではないか?

オオヒトの逆堰もこの美奈志川も、自然に流れる沢水を本来の流れとはべつにつけかえている。その結果、ごくわずかな勾配をもつ水路を岩を砕くなどして新たにつくりあげ、水をあちこち引きまわしたのではないか? 挿櫛のクシは串に通じ、串は「土地占拠の標示としての呪力をもつ木」とされ、地下水も岩石を割って水をとおしたことがかんがえられる。ここでも縄文人の自然地形を熟知するさまがうかがえる。

いっぽう「弥生人」は、山の水を引く技術を「縄文人」にたのんだ節がある。あるいは縄文人が弥生人化したか? このあたり「縄文人と弥生人は対立した」という通りいっぺんの解釈では説明できないようにおもわれる。

土木にかぎらずおおくの分野でこういう技術開発があると、すぐに「大陸からすすんだ技術がはいってきて日本人はそれを学んで進歩した」というが、たしかに大陸の技術が日本にはいってきたことを否定しないが、しかし大平原の大陸の技術ではときに間尺にあわず、日本人が日本の地形に見あった技術をつくりだしたこともあったのではなかったか?

わたしは「大陸の技術と日本人の永年の自然観察力とがあいまっておおくの日本の土木技術ができあがった」とおもっている。

「小国盆地」をたずねて

さて、いよいよ本題にはいる。

写真４　瀬見渓谷

小国の湖盆を干しあげたのはいったいだれか？
「小国郷」にゆくためには、山形新幹線の終点の新庄駅で鳴子方面行きの陸羽東線にのりかえなければならない。数時間に一本という過疎のダイヤである。クルマ社会の今日、田舎では列車はほとんど通学生のためにだけはしっている。ここもそうである。

新庄駅を出発した列車は最上小国川にそって山間部をぬって東へはしる。五つ目の瀬見温泉駅でおりた。無人駅だ。山峡がすこしひらけ、川沿いに温泉街がみえる。新庄駅で「義経ゆかりの温泉」という大きな看板の広告をみていたのでちょっと拍子ぬけがした。

橋をわたると清流にそって旅館が十軒ばかりならんでいる。人影もなくひっそりしている。わたしは瀬見温泉でいちばん古い旅館に投宿することにした。

山の斜面にはりついた旅館の内部はおもったよりひろい。長い廊下と階段をおりると、いくつも風呂があり、湯があふれていた。しかし、客はわたしをふくめて三人だけだった。

宿をでて温泉街のはずれの小国川にでる。江戸時代

写真５　小国盆地（最上町）

には流域の年貢米や材木がこの川をくだったのである。そこから「大へビと大カニの合戦伝説」のある標高六〇〇メートルの亀割山をのぞむ。「三角おむすび型」の頂上がみえる。ひとしおの感がする。

地図をみると、小国川沿いの国道四七号線を東にすすめば小国盆地にでる。そして宮城県との県境の奥羽山脈の翁峠にいたる。最上小国川の水源である。

そこで、旅館で自転車を借りて小国郷をめざす。登り一方の坂道で峡谷の紅葉が晩秋をつげる。しかしそのとき、翌日に雪がふってまっ白の銀世界に一変するなどということは夢にもおもわなかった。

一キロ半ほどゆくと小さな発電所がある。瀬見渓谷のもっとも狭いところだ。「一瞬、蹴裂いた場所ではないか？」とおもう。川のなかにゴツゴツした巨大な岩がそこここにみえる（写真４）。

さらに一時間ばかりゆくと、渓谷がとぎれて突如、視界がひらけた。小国盆地だ（写真５）。直径一三キロメートルほどのカルデラである（図３）。周囲を千メートル級の山々にかこまれたなかに田んぼがひろがっている。

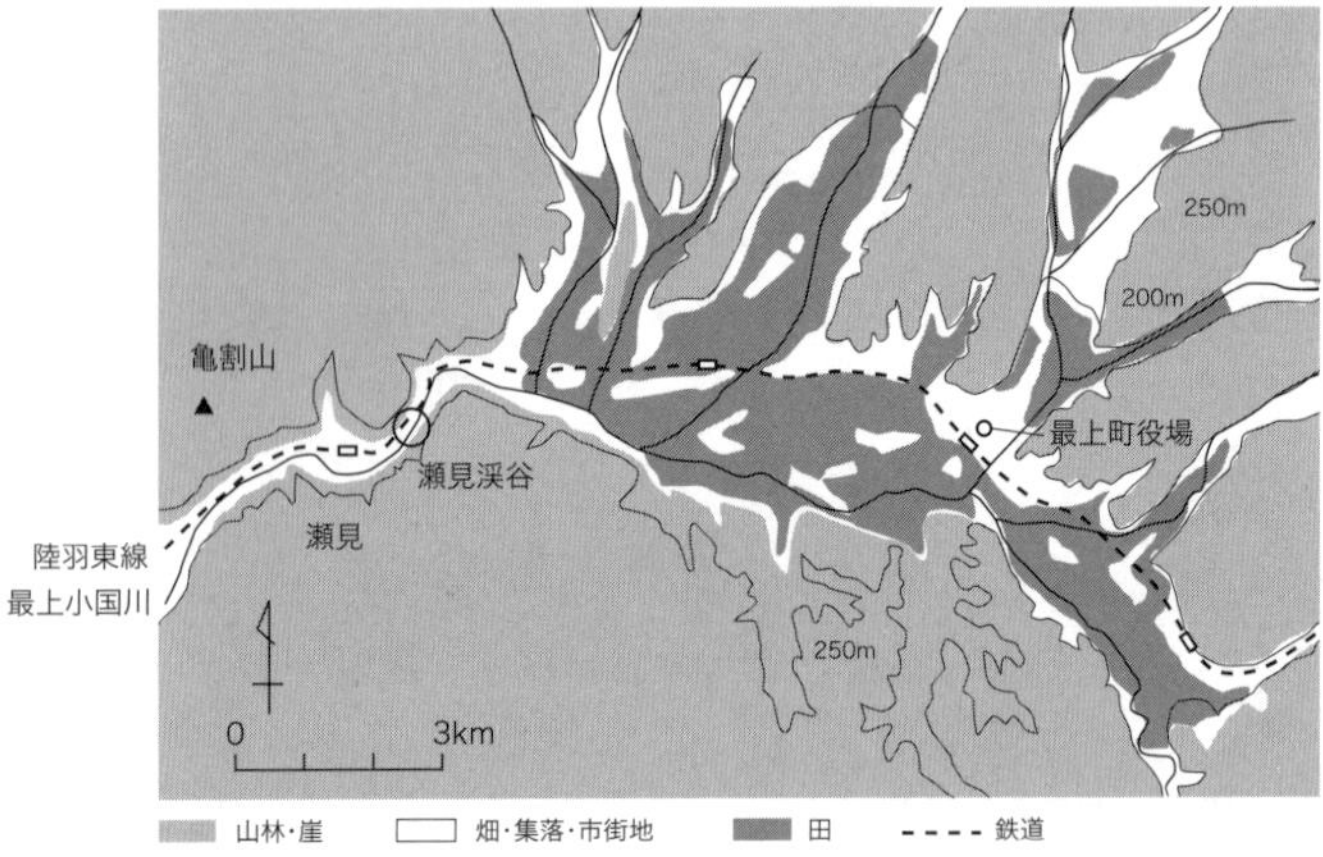

図5　小国盆地の土地利用

とおくの山裾に集落がみえる（図5）。人口は一万という。牧歌的である。ひろい田んぼをわたる風の音だけがきこえる。

わたしは「桃源郷とはこんなところかもしれない」とおもった。

オオヤマツミの「開削伝説」

小国郷には、旧石器時代から人々がすんでいた形跡がある。しかし『最上町史』によると、文字にのこるもっとも古い記録は「聖武天皇の時代に安芸からやってきた田沢内匠介《たざわたくみのすけ》が月楯《つきだて》弁財天を開基して小国郷を開発し、のち仙人になった」である。聖武天皇といえば奈良時代である。

その根拠となるのが『羽州小国田沢郷月楯山大明神縁起』である。なかに「湖盆を干しあげたのは大山祇神《おおやまつみのかみ》」という興味深い話がでてくる。

田沢内匠介がその信仰から妻子をすてて諸国の霊山霊地をめぐりあるくうち、たまたま最上川にそそぐ小川についた。みると一株の草がながれてきた。それは霊地にだけ生える福寿万年草という草だった。

内匠介は自分が探しもとめていた霊地がこの上流にある

ことを知り、岩をよじ登り、草をかきわけて奥地にすすんだ。そのとき一人の童子があらわれて、つぎのような話をした。

「大昔、小国郷は四囲の峰々のなかに満々と水をたたえる一大湖水だった。あるとき、突然、水音が高くなり、波が荒れ狂い、はげしい雨風とともに天から三ツ頭のオオヘビがこの湖に舞いおりた。

そこで湖にすんでいた神々があつまって相談し、そのうちの薬師如来がカニになってハサミでオオヘビの尻尾を切った。するとオオヘビは苦しんで湖もひっくりかえすほどに暴れたので、大山祇神《おおやまつみのかみ》が八百万《やおよろず》の神々とともに力をあわせて山を切りぬくと、ちょうど甕《かめ》を割ったように湖岸が削られて水が一気に流れでた。

おどろいたオオヘビはふたたび天にのぼろうと岩壁をよじのぼって雲をよんだ。しかし天女があらわれその雲をはらったので、オオヘビはついに力つきてしまった。

薬師如来やオオヤマツミのカミが山を抜いたところは水甕を割ったようだから亀割山と名づけられた。戦沢、蟹ノ又、薄着、轟などの地名もこの出来事にちなんでつけられた。なかに大堀というのは「尾振り」がなまったもので、長尾はオオヘビの尾がとどまったところである。

ここまでの話はさきの『大へビと大カニ合戦』とまったく重なる。

ところが、童子は話をおえると「わたしは天女の使いとしてこの地をまもっている」といいのこしたまま内匠介の前から忽然と姿をけした。内匠介は不思議におもって童子のいた場所にすすむと、岩と岩の間に福寿万年草をみつけた。

その夜、内匠介の夢枕に老人が立ち「わたしは天女神である。お前をまもってやるから一日もはやくこの地をひらくように」といって「石独鈷《どっこ》と大小の牙と物の種」の三宝をさずけた。内匠介は一人でこの地をひらくのはかなわない、とおもった。やがて内匠介を手伝う人があらわれた。最初にきたのは尾花沢の人で伊豆三郎といった。つぎにきたのは郡治・赤治の兄弟だった。さずかった種をまき、いまの若宮から月楯にかけての田んぼをひらいた。小国郷開拓のはじまりである。

そのご、内匠介は長雲という名の修行僧になり、やがて仙人となった。

この伝説によると、小国郷開発は聖武天皇の時代つまり奈良時代のことである。しかしこの説話によると、それ以前にオオヤマツミたちが「蹴裂き」をおこなっていたのだ。するとオオヤマツミたちは小国郷開発のさきがけである。

そこで最上郡に分布するオオヤマツミをまつる神社をしらべてみた。

最上郡には新庄市をはじめ最上町、舟形町、金山町、真室川町、鮭川村、戸沢村、大蔵村という八つの町がある。ここに百三十九の神社があり、うち四十六社はオオヤマツミを主祭神としている。(山形県神社庁登録)つまり全体の三分の一がオオヤマツミをまつっているのである。ついで誉田別命《こんだわけ》(応神天皇)が十七社、稲倉魂神《うかのみたま》が十五社とつづくが、オオヤマツミをまつる神社が圧倒的におおい。

オオヤマツミは「山の神」で、かつ「水の神」「田の神」ともされる。

しかしオオヤマツミといえば、瀬戸内海の大三島に大山祇《おおやまつみ》神社の総本山がある。そこではオオヤマツミは「航海の神」として崇拝されている。海人《あま》が信仰した神であろう。

ということは、小国郷に住んでいたオオヤマツミをはじめとする神々もアマ族ではなかったか?

はるばる日本海をとおって最上川まで遡航してきたものだろう。であるから、さきにものべたように農業開発に熱心だったのだ。

しかしそのアマ族も、じつはこの国のふるくからの先住民だったとおもわれる。すると縄文人だ。縄文人もいろいろあったのである。つまりさきに新野がいったエミシの「田夷」にも似た存在だ。したがっていままでしばしば「弥生人」といってきたが、しかし純粋の弥生人とはいえず、このようなアマ族だったかもしれない。

かれらは西からはるばるやってきて「この地の縄文人」であるオオヘビをやっつけて小国の地をひらいたのだろう。

縄文人でもあるかれらが、蹴裂きの技術を知っていたのも当然である。

ヤマビトは縄文人である

そこでおもいあたるのが「山人」である。

柳田國男は、山にすんでいる山男、大人、仙人などを一括して「山人《やまびと》」とよんだ。

東北日本の諸県においてオオヒトというのはこの山人のことであった。もちろん身体が大きいからオオヒトであろうが、その大きさは驚くべく一様でなかった。(『山の人生』)

するとさきの「赤倉沢の鬼」といわれるオオヒトもヤマビトだろうか?

さらに柳田は「ヤマビトは、昔この島国に繁栄していた先住民の子孫である」という(『山人外伝資料』)。これは日本人のルーツにかかわる重要な指摘である。柳田によれば、ヤマビトも里人も、もとをたどれば同根なのだ。

「山人」という語の起源は古く、上古史上にいう国津神が末に二つに分れ、大半は里に下って常民に混同し、残りは山に入り、または山にとどまって山人となる。後世には仙という字をヤマビトと訓《よ》ませている。

（『山の人生』）

とあり「オオヒト伝説といわれるものは日本各地につたえられている」とするのである。

たしかに日本各地に「オオヒトが富士山を背負った」とか「湖を埋めようとして、簣《あじか》をもって土をはこび、そのアジカの目からこぼれた一塊が山になった」などといった伝説がある。それは一つの形式をもつぐらいに広く分布している。

しかしわたしが柳田にもっとも注目するのは、

オオヒト伝説はことごとく水土の工事に関係し、ところによっては山を蹴開き、湖水を流し、耕地をつくってくれた、などとつたえ、すこぶる天地剖析《てんちぼうせき》の神話の面影を忍ばしむるものがある。

（前掲書）

というくだりだ。これはまったく「蹴裂伝説」そのものではないか？

ではヤマビトは、日本列島にいつごろから登場したのだろうか。

柳田が活躍したのは大正、昭和にかけてである。とうじ縄文遺跡や縄文住居址の発掘などはいまほどすすんでいなかったから、エミシや縄文人などをひっくるめて「先住民」と表現している。

ということは、オオヒト伝説のオオヒトはたんなる伝説上の人物ではなく、エミシあるいは縄文人を念頭においてかんがえなければならないのではないか？

今日ではいろいろな研究から「エミシやヤマビトも縄文人である」とかんがえられるようになった。

また戦後の考古学的発掘調査の進展により、縄文人の姿もすこしずつあきらかにされてきている。

このような状況にあって「蹴裂伝説」つまり「古代の日本の国づくり」をかんがえるうえでは「今

日の歴史学には限界がある」とわたしはおもう。なぜなら、今日の歴史学は文献資料を中心とする学問であり、しかもその性質上おおくは支配者側の記録であって人民の側の記録ではないからだ。

人民の側の記録ないしつたえられるものは、じつは伝説や伝承なのである。それらは子や孫が「おじいちゃんやおばあちゃんの話」として記憶にとどめ、語りついできたものだからだ。民俗学をひらいた柳田國男がとりあげている「山人の伝説」もこのような「おじいちゃんやおばあちゃんの話」に近い。そういう説話の頂点に神話というものがあるのである。

しかし現代の歴史学は『古事記』や『日本書紀』のなかにある神話部分でさえ歴史とみなさない。さきにとりあげた『播磨国風土記』の「美奈志《みなし》川付けかえの神話」も人民の姿をうかがい知ることができるが、そういったことも無視されている。

人民の歴史は、おおく「神の歴史」として語りつたえられてきたことを現代の歴史学はもっと知るべきであろう。

わたしの小国旅行の結論はそんなところにいってしまった。

3 ヤマトタケルが沼田の谷を削った

エミシ征伐でなく国土開発だった

群馬・沼田

沼田の「蹴裂伝説」

「蹴裂伝説」をもとめて、わたしは東北の山形から関東平野へと足をのばした。

関東平野はいうまでもなく日本最大の平野である。日本最大の平野であるためか、このあたりには盆地らしい盆地はない。唯一あるのは秩父盆地だ。それは関東平野の西北隅の荒川の上流に、関東平野の奥座敷といった感じでこぢんまりと鎮座している。古い歴史をもっている。

その秩父盆地をのぞけば、関東平野は多摩川、荒川、江戸川、渡良瀬川、鬼怒川などといった大河が雁首をならべて、古来から「八百八筋」などと人々から恐れられてきた「大河の国」だ。

しかもこれらの大河は、洪水のたびにのたうちまわってしばしばその流路を変える。したがってそれら大河が交錯する関東平野は、平野というよりは「一大氾濫原」といったほうが適切かもしれない。

そういうなかで、とりわけ恐れられてきたのが「坂東太郎」という異名をもつ利根川である。それは流域面積においても長さにおいても関東平野では最大をほこる。

利根川の源流は、東京湾河口から三二二キロ上流にある群馬県水上町《みなかみ》である。「水上」という名のとおり利根川の水源の町だ。
そこには日本三大岩場といわれ、また遭難者のおおいところから「魔の山」と恐れられる谷川岳がある。地元では「大水上山」とよんでいる。「大水上山の一滴《ひとしずく》が利根の始まり」などという。地元民の自慢とするところである。

この水上町の一つ下流に沼田市がある。東の赤城、西の大峯、北の三峰、南の子持という四山にかこまれた盆地のなかにある。利根川は、水上からその沼田にかけて岩を噛むようにくだる。

歌人の与謝野晶子は、そういった情景をよみこんで

岩の群驕《おご》れど阻《はば》む 力なし 矢を射つつ行く 若き利根川

と歌う。おおらかな「利根川賛歌」だ。とどうじに日本の急流河川のあり方の本質をついている。

群馬といえば「カカア天下とカラッ風」で有名である。冬空をかけるカラッ風は相当なもので、ときには息ができないほど強い。

どうように群馬の女も強い。水上町出身の与謝野鉄幹の女房になった鳳晶子は、泉州堺の出で群馬の女性ではないが、その生きざまはまさに「群馬の女」である。「空っ風」である。岩の群なす男どもを蹴散らしてすすむ「利根川」なのである。

こういう荒々しい群馬の気風のなかで、県民が自慢する

図１　沼田と周囲の山

ものに昭和二十二年につくられた「上毛カルタ」がある。なかに「鶴が舞う群馬県」という一節がある。県域の形が、羽を大きくひろげて舞う鶴の姿に似ているからだ（図1）。群馬県民は「この鶴にあやかりたい」という。「空っ風から脱却したい」というのだろうか？

ともあれ、その「鶴の姿」とはこうだ。まず鶴の東をむいている頭が館林《たてばやし》で、西の尻尾が嬬恋《つまごい》村。北の翼は赤城・武尊《ほたか》で、南の翼が妙義・荒船である。その北の翼の付根のところに沼田がある。

その沼田に「ヤマトタケルの蹴裂伝説がある」という話をきいた。「聞き捨てならない！」と、わたしは群馬にやってきた。ヤマトタケルのことを知らないでもなかったが、にわか勉強に『記紀』などをもってきて、車中ボソボソとよみふけりながら。

わたしも「少々、空っ風か？」。

ヤマトタケルは「蹴裂き」をおこなったか？

ヤマトタケルの物語は『古事記』と『日本書紀』の双方に記述がある。両者は大筋においておなじだが、東征のルートなどの一部がちがっている。とくに帰路が問題である。そこで『古事記』を中心にタケルの足取りを追ってみる。

ヤマトタケルは青年期の名を小碓《おうす》といい、喧嘩して兄の大碓《おおうす》を殺し、ために父の景行天皇（ほんらいは大王）から熊襲《くまそ》征伐を命ぜられて九州へおもむいてクマソ建《たける》を征伐する。その武勇をたたえられクマソタケルから「日本武《やまとたける》」の尊号を献じられたが、九州討伐からかえると、息つくまもなく天皇から東北の蝦夷《えみし》征伐を命じられる。

出発にさいしタケルは、伊勢の叔母の倭姫《やまとひめ》をたずね「草薙《くさなぎ》の剣と袋」をさずかる。そのときタケルは「天皇はわたしに死ねとおもっておられる」となげく。そして泣く泣く東国にむかう。尾張で美夜受比売《みやずひめ》と婚約し、さらに東国をめざしたのだが、相模国で国造《くにのみやつこ》に欺かれて「野火攻め」にあう。そこでヤマトヒメにもらった草薙《くさなぎ》の剣と袋のなかの火打石によって難をのがれ、逆に敵を焼きつくす。「焼津」の地名の起こりという。

相模から上総《かずさ》にわたったときも「走水《はしりみず》の渡りの神」に妨害され、后の弟橘姫《おとたちばなひめ》を失っている。ためにエミシらを平定したあと、タケルは相模の国の足柄坂で「吾妻《あづま》はや〈ああわが妻よ〉」と三度嘆く。それから東国のことをアヅマとよぶようになったという。

そのご甲斐国の酒折宮（いまの甲府）に滞在し、信濃をへて尾張にかえる。

このあたり『日本書紀』のルートは少々異なる。それによると上総から海路で北上し、陸奥を平定したあと、日高見の国から常陸《ひたち》、甲斐《かひ》をへて、武蔵さらに上野《かみつけぬ》をめぐって信濃との国境の碓氷《うすい》坂で「吾妻はや」と嘆くというのだ。

そこからあとはまた同じである。信濃をへて尾張にかえりミヤズヒメと再会するのだが、ヒメのもとに剣をあずけたまま伊吹山へゆき、伊吹山の神のふらせた氷雨にまどわされて病み、尾張、伊勢と帰路をたどって伊勢の能褒野《のぼの》で死んでしまう。

ヤマトタケルについてはその英雄性が強調されるが、しかしよく『記紀』を読んでみると、父の天皇に冷遇され、相模で野火にあい、上総で妻を失い、エミシと戦争し、信濃で道に迷い、伊吹で殺されかけ、と、その道中は惨憺たるものである。伝説とはいうものの同情を禁じえない。

だがタケルに平定されたエミシの側からみるとどうか？　タケルとエミシとの紛争の争点はいった

いなんだったのだろうか?

そのヒントとなるようなことがある。愛知県春日井市に内々《うつつ》神社というヤシロがある。そこの祭神はヤマトタケルと建稲種命《たけいなだね》とされる。イナダネは「稲種」を名としたものだろう。そのイナダネはタケルの従者である。するとタケルは、各地に稲の種をまいていったのではないか? エミシとの対決は、田をつくるかどうかという国土利用をめぐる争いだったろう。

つまり日本列島の各地の土地を「従来どおり狩猟・漁労・採集生活の舞台とするか? あるいはそこを田んぼに転換してしまうか?」という争いだ。国土利用の政策路線をめぐる確執である。

「そうだ」とするなら、タケルはここで「蹴裂き事業」をおこなっていなければならないことになる。ところが『記紀』には「ヤマトタケルが〈蹴裂き〉をおこなった」という話はどこにもない。

タケルは各地で祭られている!

そこでわたしは、沼田の図書館で調べることにした。そして『上毛傳説雑記　巻之四』の「吾妻伝説」のなかに、明治時代後期の野衲泰亮という人が収録した「沼田の蹴裂き」という記述をみつけたのである。

時代は景行天皇の御世というから四世紀ごろだろう。ヤマトタケルは信濃の諏訪から毛野《けぬ》の国の大峰山へはいった。大峯山は、水上町のすぐ西南にある。

なお毛野=ケヌは「毛人《けひと》の野」つまり「毛深いエミシの野」とかんがえられる。すると上野《こうづけ》は「上つケヌ」で都に近いケヌつまり今日の群馬県をさし、下野《しもつけ》は「下つケヌ」で都より遠いケヌの地で、今日の栃木県である。いずれもエミシの土地だ。

さてタケルがくだんの大峰山の山頂から東をながめると、東西三里、南北一里にわたって大きな湖がみえた。

大峰山は高さはおよそ一三二三メートルである。

「なんだ、そんな低い山か?」といわれるかもしれないが、しかしこのくらいの高さの山が古代人の生活空間だったのだろう。これ以上高くなると食料採集に窮するし、これよりもあまり低ければいろいろ問題が生ずることは前章の「上川盆地」でのべた。

その大峰山でタケルが目にしたものは、赤城山、大峰山、子持山、武尊《ほたか》山によって東西南北をかこまれた湖である。または巨大な沼である。すると現在の沼田盆地はおおかた水面におおわれた「一大湖盆」だったのだ。

そこでタケルは赤城山と子持山の山隘の地を切りわってその湖の水を流した。さらに諏訪明神の助力をえて、湖の主の大蛟《おおみずち》を退治して水を干しあげた。そうしてしだいに人里ができあがっていった、という。

ここでミズチは「龍の一種で、蛇に似ているが四足をそなえ、大きいものは人を飲む怪物」とされる。それが利根川の奥の水の主だったのだ。そこで人々は、いまもオオミズチを退治して沃野をひらいたヤマトタケルと諏訪の神を、ともにまつって郷の鎮守としている。

またこのときタケルは、上野の豪族の大仁君《おおにのきみの》御《み》所別王《もろわけのみこ》の娘をめとって妻としている。群馬県にある吾嬬《かづま》神社にはタケルの夫人である上妻《かみづま》姫が、大宮巌鼓《おおみやいわつつみ》神社には息子の巌鼓がそれぞれまつられている。

さてタケルは、いったい沼田にどのくらい滞在したのか?

『上毛傳説雑記　巻之一』の「沼田傳説上」によると、沼田に滞在したのは半年あまりとされる。その間、「ミズチを退治し、大沼を干しあげ、沼田をひらき、地元の豪族の娘をめとった」とされている。

ここでわたしは「タケルが沼田に半年もいたのなら、ほかにも仕事をしたのではないか？」とおもった。そこで沼田市をふくむ上流一帯の利根郡内のヤマトタケルをまつる神社をしらべてみた。すると、現在、群馬県神社庁に登録されている百三社の神社のうち、なんと三十二社がタケルを祭神としてまつっていた。つぎにおおいのが諏訪の神をまつる建御名方命《たけみなかた》の十七社であった。

さらにまた明治十年の村誌をみると、そのころ利根郡全体でタケルをまつる武尊《ほたか》神社が五十九社もあったようである。

ここで「神社の祭神なんてあてにならないだろう」といわれるかもしれない。「権力者が上から押しつけたものではないか？」と。しかし、わたしたちは第二次大戦後「日本社会は縦社会だ」とならってきたが、それは明治以後の話であって明治以前の日本は「とてつもない横社会」だった。じっさい天下をとった秀吉や家康でさえもついに日本の国王にはなれなかった。武家の筆頭である将軍でしかなく、全国三百藩の一藩主にすぎなかった。ただ政治的に巧妙に立ちまわって、長期間政権の座に居すわっただけだ。もしかれらが「日本国の国王になろう」などとしたら、おそらく日本中は騒乱の渦となっただろう。地方の百姓にいたるまでみな武器をもっていたからだ。

したがって「ヤマトタケルをまつることぐらい、中央の命令でいっぺんにできるはずだからそんなものは信用できない」などとみるのは明治以後の話であって、江戸以前の日本ではありえなかったことである。そんなことをすると人民の反撃にあって、とうてい領主もつとまらなかっただろう。

むしろ実状は逆で、領主たちは戦々恐々として人民のまつる神社にまいり、あるいは争って金をだして神社建築の修復に貢献したものだった。

こういった現実がある以上、このような地方伝説や神社祭祀を「信用ならない」といって切りすてるわけにはいかないのである。

では、なぜタケルをまつる神社がこんなにおおいのか？

それは『記紀』はもちろん『雑記』にも書かれていないだけで、じっさいにタケルは沼田だけでなく「その辺り一帯で蹴裂きをおこなったからではないか？」とわたしはおもう。あるいはヤマトタケルの「蹴裂きの方法」が伝播していったものだろう。

ヤマトタケルが「今日も人々から感謝されて神社にまつられている」という現実の意味を、もっと真剣にかんがえられなければならないのではないか？

もう一つの蹴裂伝説――オオニトリ

ところがそれだけではない。じつはわたしはここで「もう一つの蹴裂き伝説」に遭遇したのである。ヤマトタケルが沼田を去った三百年ほどのちの推古女王の時代に「大仁鳥《おおにとり》の臣という人物が沼田を開発した」という伝説がでてきたからだ。さきのオオニノキミにも通じるオオニトリである。

それはまず『先代旧事本紀《せんだいくじほんぎ》』に登場する。

これは奈良時代に書かれた神世から推古天皇までの史書であるが「江戸時代につくられた」という偽書説まである。しかしたとえ制作年代が新しいとしても、その資料価値がすべてなくなりはしないだろう。

それによると、

推古十五年（六〇七）秋八月、オオニトリの臣は東国を開発すべく上野《かみつけぬ》にやってきて「海のような大きな利根」を見た。そこで高さ二十丈、厚さ百歩という滝の岩を割ったところ、湖の底ふかくにいたミズチが暴れまわって洪水がおきた。オオニトリの臣はすぐれた技術で治水をおこない、一人の死者をもださずに湖の水をすっかり干しあげた。湖は陸地となり、一万七千八百八もの良田ができあがった。

このように沼田には「二つの蹴裂き伝説」が存在している。

そこで、オオニトリの臣とはいったいどういう素性の人物か？

まず「岩を割る技術、治水の技術をもった人間」ということはわかる。さらに、「地元の労働力を組織することに長けていた人物」だったろう。大土木事業をおこなうのだから地元の人間の協力が欠かせない。

つまり「高度の技術をもち、かつ、地元にたいする組織力をもつ」人物をかんがえると、わたしは「オオニトリは、たぶんさきのオオニノキミの系譜を引いたカミツケヌ（上野）の豪族で、大和に出仕したあと、郷里のカミツケヌにかえってきてさらなる開発をすすめたのではないか？」とおもう。

もちろんオオニトリを「中央つまり大和朝廷の人間」とみることもかんがえられるが、しかしかれは「臣《おみ》姓」である。天武天皇の「八色《やくさ》の姓《かばね》」以前のオミ姓はみな地方の有力豪族である。というところからオオニトリはカミツケヌの豪族、おそらく国造《くにのみやつこ》、県主《あがたぬし》あるいはそれ以前の王《きみ》つまり「地域の王」の系譜をひく者だったのではなかったか？

下沼田町宮辺に武尊《ほたか》神社という社がある。その社伝によると「ヤシロはヤマトタケルの四世の孫のオオニトリノオミが沼田の開発をおこなったので、それを記念して利根川と磯根川の落合の沿岸に石宮を建てたことが始まり」とある。

ところがこの話は、さらに沼田の創生譚をかたる『利根郡誌』にもっとくわしくしるされている。大方はさきの『雑記』と異ならないが、要約するとつぎのようになる。

利根川はいまの戸鹿野《とがの》のところで堰きとめられていて、利根郡一帯が漫々たる湖水の底だった。北は武尊山の裾野から西は子持山、南は赤城原まですっかり真っ青な水で、この大きな湖にはたくさんの龍がすんでいた。龍はときどき暴風雨をおこして暴れまくった。

推古天皇の御代に、都から大仁鳥の臣という人がやってきて「なんとかこの湖水の水を南へ落として良田にしたい」とかんがえた。オオニトリノオミは、カミツケヌの国司のゆるしをえて沼田の西の館原に居をかまえ、たくさんの人夫をつかい、湖水の南にあたる「戸鹿野の滝岩」の切り割りをはじめた。高さ二十丈（約六〇メートル）、厚さ百歩（約九〇メートル）という大きな岩を割るのはたいへんな難工事だった。オオニトリノオミは、神にいのって仕事にとりかかった。

すると湖水にすんでいる暴龍が洪水をまきおこし仕事をさまたげた。しかし不屈なオオニトリノオミが岩を割ると、何十キロ四方ともしれず漫々とたまっていた水が掘割から南へ流れおちた。このとき干上がってできた土地が、沼田、師《もろ》、真庭、庄田、政所、忍田《おくだ》、硯田《すずりだ》、下田などである。みんな「良田」となり良い米がとれたからおおく田という名をつけた。このときにできた田の面積が一万七千八百余町歩である。

なおオオニトリノオミの子孫はそのごたいへんに栄えて、利根郡をはじめカミツケヌの国のいたるところに住んだ。いまの沼田市の館原は、オオニトリノオミの御殿の址《あと》である。

これらの伝説を総合すると、沼田の開発はすくなくとも、ヤマトタケルの四世紀とオオニトリノオミの七世紀の二度にわたっておこなわれたことがわかる。

この二人の人物の「蹴裂き」をどうかんがえればいいのか?

しかし、じつは「蹴裂き」はこの二つにかぎらないのではないか? このカミツケヌにおいて何度も、しかもあちこちでおこなわれた可能性がある。大和朝廷は東国の開発に命をかけていたからだ。タケルをまつる神社がおおいのもその一つの証拠だろう。

「地球戦争時代」の地質学はこれからだ!

沼田といえば、高校の地図帳に「沼田台地は日本一みごとな河岸段丘である」としるされている。つまり第一級の河岸段丘が数おおく分布していることで有名なのだ。

じっさいわたしは、沼田駅に降りたったとき、目の前にせまる風景におどろいた。駅からいきなり上り坂なのである。

歩く人も、バスも、マイカーも、みな「滝坂」とよばれる急で長い坂道を上り下りする。市街地はその坂の上にひろがっているのだ。

地元の人々は、台地の上を「上之町」、台地の下を「下之町」とよんでいる。その落差はおよそ八〇メートル。わたしは坂をのぼりながら「ああこれが、河岸段丘か」と実感させられた。

河岸段丘とは、川の両側または片側にある階段状の地形のことである。それは、更新世(およそ一万年~百七十万年前)の段丘面と、完新世(約一万年前以後の時代)の段丘崖とからなる。

そして段丘面は一万年前まで川または湖の底だったが、一万年前以後に、川の底が隆起したか、あるいは湖の水面が低下したかによって三方から流れこんできた利根川・片品川・薄根《うすね》川によりしだいに侵食されて段丘崖になった、さらに露出して段丘面となったとされる。

それは、この一万年のあいだの河川の浸食が激しかったことを意味する。

しかし、そのときわたしは「河岸侵食と蹴裂きとは関係ない」とおもった。

なぜなら河岸侵食は一万年前以降の話だが「蹴裂き」はせいぜい千八百~千四百年前ごろのことだからだ。

そこで地図をみる。台地が東から西へ、盆地のなかに半島のようにいくつもつきでている（図2）。『沼田市史』には「むかしの水面は海抜四二〇メートルぐらいのところにあり、下之町はほぼ水中に沈んでいた」とある。むかし、沼田に湖があったのだ！

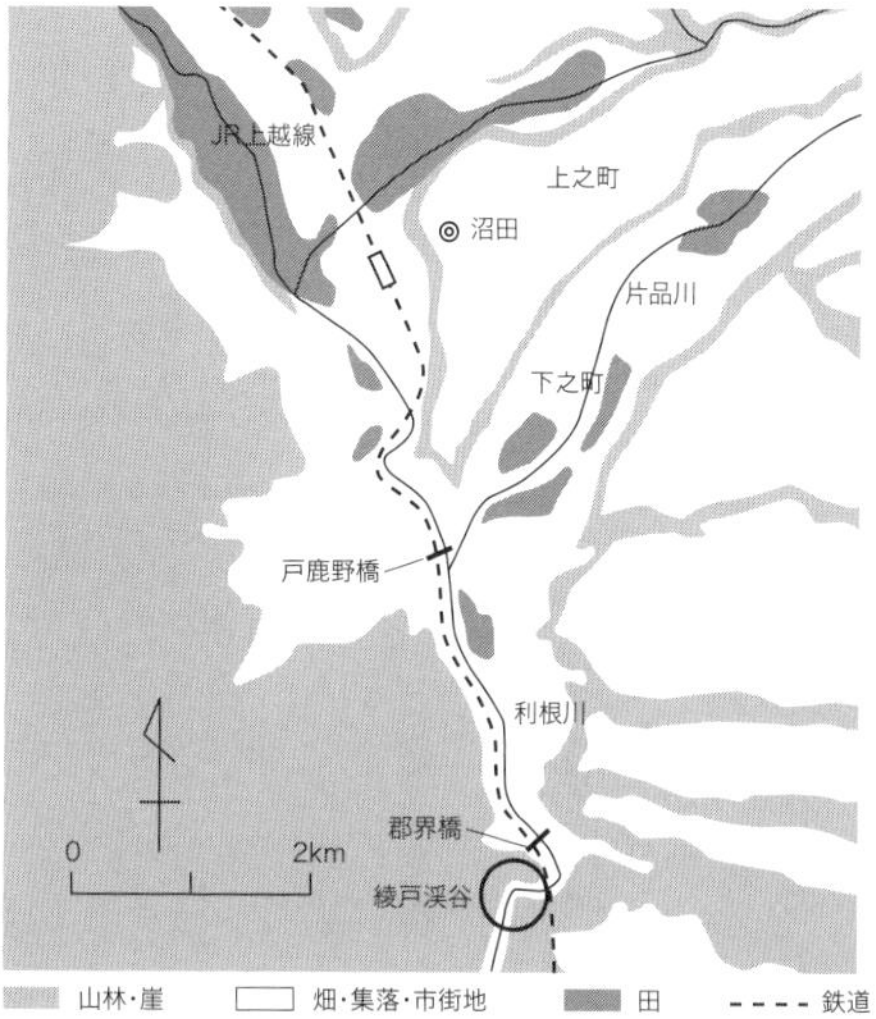

図2　沼田盆地の土地利用

それをたしかめたいとおもい、市史の著者である地質学者のKさんにお会いした。名刺に群馬県温泉協会理事の肩書きがある。「さすが群馬県は温泉の土地だ」と感心した。さっそく「伝説の沼田湖は存在したのでしょうか？」とたずねた。

すると「地質学上は、赤城火山の噴火によって噴火物が利根川の流れを堰きとめて古沼田湖をつくったのはたしかです。それも三つもできて互いにかさなっています。しかしそれらは十五万年前のことで、そのころ人間はまだ住んでいませんでした。そのご湖があったかどうかは証明できません。」という答えだった。

「やっぱり湖はあった。しかしそれは十五万年前のことだ。わたしの探している沼田湖ではなかった！」とおもったものの、気をとりなおして話のつづきをきく。

「古沼田湖の幅は西北西から東南東にかけては約十五キロメートルだが、南北を確定するのはむずかしい。しかしその規模は猪苗代湖に匹敵します。だがなぜ利根川が堰きとめられたのかはわからない。また、その堰きとめられた場所もわからない。ただ赤城火山の噴火による火砕流や熔岩によってできた山麓が時間をかけて広がっていったのではないか、とかんがえられます」という。

しかしわたしは、十五万年前のことなどどうでもよかった。この一万年前の疑問ばかりをかんがえていた。それで頭がいっぱいだった。頭のなかのヒューズが千切れんばかりだった。

その疑問というのは、概略つぎのようなことだ。

沼田には河岸段丘がおおい。「その河岸段丘の段丘面のおおくは、一万年前あるいはそれ以前は水の底だった。そして一万年前ごろから河川によって段丘が浸食され、段丘崖ができた」といわれる。

ではなぜ一万年前ごろから段丘が河川によって侵食されはじめたのだろうか？

そこでかんがえてみると、それら段丘が一万年前以降、河川によって浸食されるためには「一万年前ごろに突如、段丘が隆起し、湖水面から露出し、廻りに河川が生まれたからか？」あるいは「一万年前ごろに突如、段丘をおおっていた湖水面が低下し、段丘が露出して廻りに河川が生まれたからか？」そうでなければ「段丘はその前から露出していたのだが、一万年前ごろから雨がおおく降りだして川がつくられたためか？」のどれかでなければならない。

そして「一万年前ごろに突如、段丘が露出した」というのなら、十五万年前から一万年前までずっと湖があったはずで、それなら現代地質学でも湖は確認できるのにだれもおっしゃらない。

また「一万年前ごろに突如、湖の水面が低下した」というのであれば、それもやはりそれまで湖があったことになり、前者とおなじ疑問を解消できない。

となると、三番目しかない。つまり「一万年前ごろから日本列島に雨がおおく降りだして、ために露出していた段丘面が侵食されはじめた……」と、そこまでかんがえて、わたしは愕然となった。「そうか！氷河時代には雨が降らなかったのだ」

そんな話はいままでみたどんな専門書にも書いていなかった。すくなくともわたしは読んだことがない。ただ、ときどき上田がいっているだけである。

しかしかんがえてみれば、ありうる話である。

なぜなら、氷河時代には地球上の水のおおくが北極や南極とそれに近い大陸の氷河になっていて、そのために海水がすくなくなり海面が大幅に低下したからだ。すると、空中にも水分がすくなかったことがかんがえられる。気温低下のため海面からの蒸発量がへるからだ。ために極論すれば「氷河時代の空には雲も水蒸気もあまりなかった」。それでは雨が降らないのはあたりまえである。

雨が降らなければとうぜん川もない。

川がなければ、段丘が川によって浸食されることもない。

氷河時代は気温が低下していたが、海面からの蒸発量がすくなくどうじに空気も乾燥していたのだ。

そういうことをかんがえておかないと、今日の世界のこともわからないのではないか？

今日の時代は、氷河時代にくらべると気温が上昇しただけでなく、海面からの蒸発量がふえておそろしく雨が降り、その雨によって植物とりわけ樹木がおそろしく生育し、その樹木の根によって大地がおそろしく砕かれ、砕かれた大地はまた大雨によっておそろしく侵食されていったのだ。

百万年の氷河時代のおおくは「地球の平和時代」だったが、ウルム氷期が去ったあとのこの一万年の間氷期は「地球の戦争時代」だったのである。

とりわけ日本列島には雨がよく降る。雨がよく降ればかつての湖である段丘面に川筋ができる。その川筋は水の流れによってだんだん掘りさげられていく。すると川の両側に段丘崖ができる。さらに、各地で土砂崩れがおきて川は堰きとめられる。あちこちに「堰止湖」ができる。沼田の下之町は湖となり、段丘崖はその堰止湖の「堤防」になったのである。

わたしは嬉しくなった。

笑いが止まらなかった。

調査のゆく先々でたくさんの地質学者にあったが、みなさん異口同音に何十万年か前の話ばかりされる。一万年前以降のことはほとんどされない。それでは「湖水伝説」はもちろん、現代の地形だって説明できない。そしておおかたの地質学者のみなさんは、問われるとみな「伝説の湖」の存在を否定される。

しかし、わたしはもはやくじけなかった。

「地球戦争時代の地質学はこれからなのだ」とおもったからである。

群馬県になぜ前方後円墳がおおいか

沼田でヤマトタケルが蹴裂いたことをしめすもう一つの証拠は古墳である。しらべてみると、群馬県は古墳の密集県である。

三世紀の初めごろから七世紀の終りごろにかけておよそ四百年あまりのあいだに、日本各地にたくさんの古墳がつくられた。そのなかで、大王をはじめ各地の首長の墳丘とされる前方後円墳の数を地域別にみると、第一は大和の二二二だが第二はここカミツケヌ（上野）の一一二である。あと吉備の六六、日向の五五、信濃の四〇、河内の三七などとつづく。大和を別にすれば、カミツケヌつまり群馬県は他を圧倒する。

じっさいここには、東日本最大の前方後円墳である墳丘長二一〇メートルの太田天神山古墳（太田市）をはじめ、元島名将軍塚古墳（高崎市）・前橋天神山古墳と八幡山古墳（前橋市）・朝子塚古墳（太田市）などの大型古墳がならぶ。

昭和十年（一九三五）に群馬県下全域にわたって古墳の調査がおこなわれ『上毛古墳綜覧』としてまとめられたが、それによると群馬県には八、四二三基の古墳がある。じっさいには一万基をうわまわるといわれる。そのうち利根郡には四四五基あり、うち一〇基は前方後円墳である。

たとえば沼田市薄根町には豊城入彦命《とよきいりひこのみこと》の御陵墓とされる長さ五四メートルの二子塚古墳があるが、豊城入彦命は崇神大王の皇子で、大王は二人の皇子のうち一人を大王（垂仁天皇）にし、もう一人を東国の王にした、という。これが豊城命《とよきのみこと》で上毛野君や下毛野君の先祖とされる（『日本書紀・崇神天皇四八年条』）。

前方後円墳は他の古墳とちがい、その地方を支配あるいは開発したリーダーのモニュメントとかんがえられ、大和朝廷の許可なくしてはつくることはできない。それは平野にもあるが、山麓や小高いところにつくられているものがおおい。つまりどこからでも見える場所につくられるのだ。さらに周濠に水をたくわえ、その水は田畑をうるおすことができる。ために地元民も古墳づくりに協力した。

これら古墳づくりは「蹴裂き」と共通するところが非常におおい。

まず時代が重なる。またおなじようにすぐれた土木技術とおおくの人間を動員しなければできない。

そしてともに水を重要なモチーフとしている。

そこでわたしは「蹴裂きをおこなったリーダーがおおく前方後円墳にまつられたのではないか」という推理を否定できないのである。

なぜならリーダーはたいてい一人であり、前方後円墳もまた他の古墳とちがってたった一人の個人をまつっているからだ。それは家や一族の墓というより「地域のリーダーのモニュメント」なのである。そういうリーダーは日本では一般に地域開発をすすめた人間しかいなかっただろう。

ヤマトタケルといえばクマソやエミシの討伐ばかり強調されるけれど「大和朝廷のほんらいの目的は地域開発、より直接的には蹴裂きによって湿地をひらいて沃野をつくる新田開発にあったのではなかったか？」とわたしはおもう。

じっさい『古事記』にタケルが「天皇からは軍衆《いくさびと》も賜らない」と不満をのべているように、たくさんの兵隊をつれていった形跡はない。またエミシ征伐の具体的記述もない。ほとんどわずかな供をつれたぐらいで東国のあちこちをまわっているだけではないか？　クマソのときもただ一人女人に変装してクマソタケルを殺したぐらいで、いつも軍団などひきいてはいないのである。

しかし、そうして沼田では大きな成功をおさめたのであった。

群馬に前方後円墳がおおいわけである。

写真1　戸鹿野橋の上流の利根川左岸

綾戸渓谷は岩だらけだった

そこでわたしは「ここに蹴裂伝説があるのなら蹴裂いた場所を知りたい」とおもった。

オオニトリが蹴裂いた場所は『先代旧事本紀』に「戸河《とが》の滝岩」とある。しかし「戸河」という地名は現在の地図にも旧の小字にも見あたらない。オオニトリが蹴裂いた場所は『利根郡誌』にも「戸鹿野《とがの》の滝岩」とある。

利根川と片品川が合流する五百メートルほど上流に鉄骨の「戸鹿野橋」という橋がかかっている。そこから上流をながめると右岸は畑だが左岸は崖である（写真1）。むかし戸鹿野の上流に戸河という場所があったのかもしれない。

さらに地図をひろげると、子持山と赤城山の二つの山が迫っているところに「綾戸《あやど》渓谷」がある。ヤマトタケル伝説に「赤城山と子持山の山隘を切り割り」とあるのは、地形からみてこのあたりだろう。

可能性をもとめて綾戸渓谷をあるくことにした。

綾戸渓谷は、戸鹿野から三キロメートルほど下流か

写真２　綾戸渓谷

らはじまる。およそ二キロメートルの渓谷だ。利根川が大きくなんども曲がりくねりながら流れている。あたりは岩だらけである（写真２）。「裂く」にも通じる佐久発電所のあたりに「境界橋」という橋があった。そこからみおろす谷は深く切りたち、川のなかには巨大な岩がゴロゴロとしている。足がすくむおもいがする。が、景観は素晴らしい。

ここから下流は、高さ数十メートルの断崖絶壁がつづき、落石防止の網やコンクリートの帯がはりめぐらされている。国道十七号線がその岩肌を削ってはしる。乗用車やトラックがひっきりなしにすぎていく。バス停はあるものの日に数便だ。わたしのように歩く人などいるわけもない。けっきょく、行きも帰りもヒッチハイクをするしかない。

とおもっていると、突然、渓谷の底からキャッキャッという声がした。みるとゴムーボートが五隻やってきた。渓谷遊びだ。

渓谷そのものはべつに珍しくはなく、日本中に掃いて捨てるほどある。つまりウナギのスキマである。日本はウナギのスキマだらけの国といってよい。

そういうところは大雨や地震などによって山くずれなどがおきやすいだろう。おきると谷や川が堰きとめられる。上流は「堰止湖」になる。すると、だれがどのようにして堰止湖の水を干しあげたのか？ 今日のような立派な機械がなかった昔はいったいどうしたのか？ 疑問がわく。

それについて地質学者は「湖が消滅したのは、自然の水勢によって土石流がおきて押しながされたからだ」という。しかしそれなら、いまでも国土交通省が地滑り防止対策などといって大きな予算をとって砂防工事などに乗りださなくてもいいのではないか？ ほうっておけば自然に流れてしまうはずだからだ。

しかしそうはいかないので「砂防工学」というものが世界中で日本だけ発達したのである。自民党本部が東京の「砂防会館」のなかにあるわけである。

ここで興味ぶかいのは、湖が堰きとめられるのはきまって渓谷だが、それを蹴裂いたとする場所はたいてい岩場だ。岩を砕けば湖水はいっきょに流れでる。『先代旧事本紀』にも「戸河の滝の岩を割る」とはっきりいっている。

すると土を除くより、岩を割ることのほうが簡単なのだろうか？

4

カミサマが甲府の盆地を穿った

「穴切り」と「蹴裂き」と「瀬立ち」

山梨・甲府

ヤマトタケルは甲府にきた

ヤマトタケルの話をもうすこし続ける。

タケルは東征のなかで甲府盆地にも足をとどめている。ただしさきにものべたように『古事記』と『日本書紀』とでは甲府までの経過地がすこしちがう。

『日本書紀』では、甲府盆地から上野《かみつけぬ》にむかっているが『古事記』ではタケルがエミシを平らげたあと、相模の足柄山をこえてやってきている。そうして甲斐の国にはいり、酒折《さかおり》の宮に滞在した。酒折の宮は甲府盆地の拠点だったようだ。地図でみると、甲府市の東の山手にいまもヤシロとしてある。すぐ下に石和《いさわ》温泉がある。

さて、そこで宴がひらかれたときのことだ。タケルは群臣に歌で問いかけた。

新治《にいはり》　筑波をすぎて　幾夜か寝つる

ところがだれもこたえられない。すると一人の火焚きの翁《おきな》が、

かがなべて　夜には九夜　日には十日を

とつづけた。タケルはたいへんよろこんでその翁を関東の国造《くにのみやつこ》にした、という。またこれが「わが国の連歌の始まり」とされる。

酒折の宮をたずねると、境内には山県大弐《だいに》がたてた「酒折祠碑」や、国学者本居宣長の撰文を平田篤胤がかいた「酒折宮寿詞《ほぎごと》」などの石碑があった。江戸時代には「甲州八景」の一つとされたそうである。

それはともかく、ここで重要なのはニイハリということである。ニイハリとは「新しく治《は》った」ことだ。では「なにを治ったか？」というと田を治る以外にない。つまりタケルは筑波で田をつくったのだ。タケルにとって筑波は感慨ひとしおの地だったろう。じっさい筑波山の東南山麓から霞ヶ浦にかけて、いまも大型の前方後円墳が密集している。

酒折の宮から一キロメートルほど南にいったところに玉諸《たまもろ》神社（甲府市国玉町）がある。その由緒に、タケルは「甲府盆地の治水を祈願した」とある。

景行天皇の御代にヤマトタケルが東征の帰路、上野から甲州にやってきて酒折に滞在した。そのとき甲府盆地は長雨によって湖水と化していた。ヤマトタケルは人々が洪水にくるしむのをみて天神地祇にいのり、みずから「水去国成《みずさりくになり》の珠」をうずめ、そのうえに一本の杉の木をうえた。

タケルが甲府盆地で蹴裂きをおこなったかどうかわからないが、水害に直面していのったり、珠をしずめたり、木をうえたりといろいろの水防対策をおこなったようだ。

じっさい、甲府盆地は洪水や土砂災害の常襲地帯である。タケルの祈願いご、慶応四年（一八六八）にいたるまで、主な洪水や堤防決壊等をしらべただけでも百回をこえる（和田一範『信玄堤』）。近代になってからも、明治四十年の台風で甲府盆地の四分の三が浸水し、死者一一五名、傷害者一四八名をだした。さいきんでは、昭和三十四年八月の七号台風で死者八五一名、行方不明者三三名。さらに同年九月の十五号台風つまり伊勢湾台風では死者一〇五名をだしている（甲府河川工事事務所）。

山梨県では十〜二十年ごとに大きな水害がある、といわれる。洪水は甲府盆地の宿命なのである。

盆地といっても牧歌的なものではない

「その洪水と蹴裂きのことをしらべたい」とおもって、わたしは初夏のある日、甲府盆地にむかった。

甲府へは東京からは中央線にのって二時間でつく。しかし関西からたずねるのはかんたんではない。新幹線の静岡駅でおりて身延線にのりかえるが、甲府への特急列車は二時間に一本しかなかった。しかもたまたま台風がくるとかで、乗車してみると客はガラガラだった。人々は台風ときいただけで甲府盆地へいくのをさけたのかもしれない。

静岡から甲府までおよそ二時間あまり。山間をぬけると急に視界がひらけて、擂鉢《すりばち》の底へおちこむように甲府の町にすべりこむ。

まず、甲府城にでかける。といってもかんたんだ。駅の広場の先にあるからである。全国に城はゴマンとあるが「ＪＲの駅前にある城」というのはめずらしい。それもけっして観光用につくられた城ではない。本物の城である。甲府城はいわば「駅前城」なのだ。

ところがその駅前城である甲府城の天守閣跡にあがってみてびっくりした。絶景のパノラマだからだ。西には白根北岳を最高峰とする赤石山脈が、北には金峰山をはじめとする二千メートル級の山々がはしっている。北西には赤岳を主峰とする八ケ岳連峰が、反対の南東には富士山がそびえたっている。遠く近くに有名な山々が折りかさなるようにみえる。こんなところはちょっとほかにはない。そうして目を真下に転じると、甲府盆地の底に甲府の町が延々とひろがっている。

甲府盆地は日本有数の巨大盆地である。そこへ東から甲武信ヶ岳に発する笛吹《ふえふき》川が、西から南アルプスに源をもつ釜無《かまなし》川がながれこみ、他のおおくの河川と複合扇状地を形成し、釜無川にいたってはその一本の支流の御勅使川《みだいがわ》でさえ単独で東西七・五メートル、南北一〇キロメートルの日本有数の大扇状地をもっている。それら扇状地のさいごに、甲府盆地という「一大沖積平野」がひろがっているのだ（図1）。

その結果、山にふった豪雨はしばしば山崩れをおこして大量の土石を押しながし、砂礫の一大扇状地帯をつくり、あつい粘土層の平野を形成する。そのうえに下流の渓谷で崖を崩落させ、土石流をひきおこし、それらによって川を堰きとめ、盆地を水浸しにする。

盆地といっても牧歌的なものではないのである。

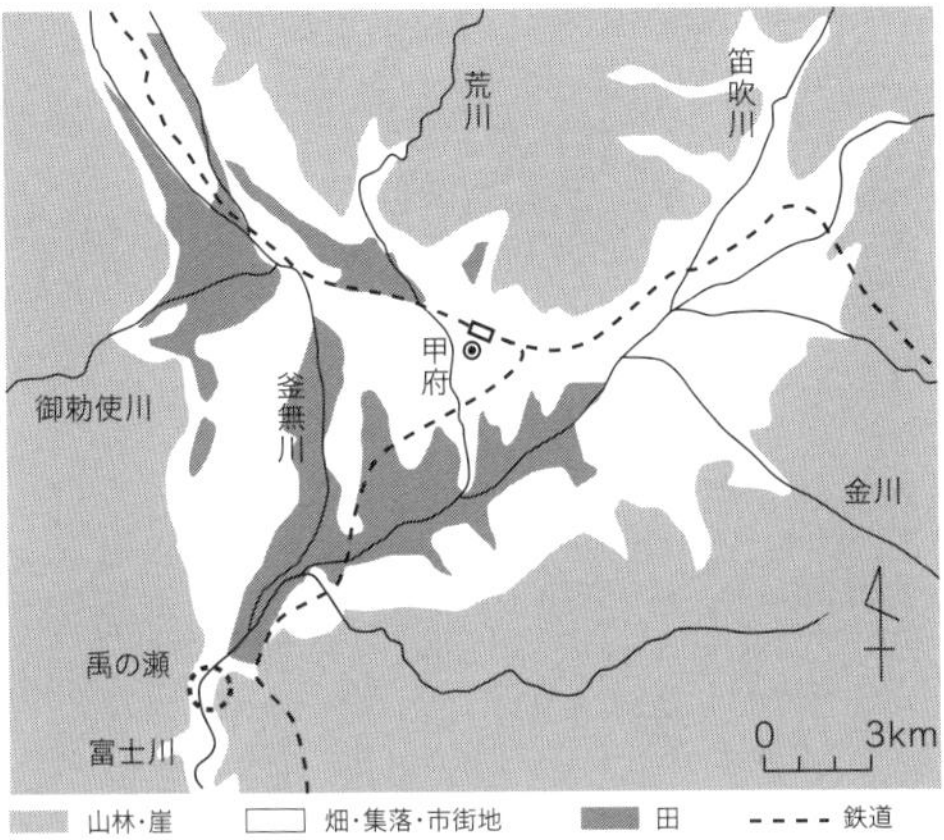

図1　甲府盆地の土地利用

信玄の霞堤

甲府盆地の治水に革命をおこしたのは戦国武将の武田信玄である。たとえば信玄のつくった「信玄堤《しんげんづつみ》」は、すぐれた日本の治水堤防としてよくしられている。

そこでわたしは「信玄を勉強したい」とおもった。甲府駅前で年輩の人に信玄のことをたずねた。すると「武田信玄とよびすてにするな。信玄公といえ」と叱られた。「ああ甲斐にきたのだ！」としみじみおもった。

武田信玄は、地元では神さまのごとく尊敬されている。たしかに歴史にのこる偉い人だが、四百年ごの今日においても地元で神さまのように尊敬されているのは、その武功もさることながら「この信玄堤などのせいではないか？」とわたしはおもう。

信玄は、天文十一（一五四二）年に父の信虎を追放し、翌年二十一歳で家督をつぐや早々に御勅使川や釜無川の大洪水に直面した。甲州一円は泥海と化した。沃野は消え、人畜のおおくが流されてしまった。その惨状を目のあたりにした信玄は一念発起して治水事業にとりくむ。それは信濃攻略や川中島の戦いに明け暮れるさなかのことだった。

戦国大名は築城におおくのエネルギーをそそいだが信玄はついに城をつくらなかった。さきの甲府城も徳川になってからできた城で、信玄には関係ない。それより「洪水から人々と田畑をいかにまもるか」が信玄の課題だった。そうしておよそ二十年かけて「信玄堤」をつくりあげた。それは信玄がつくった治水施設の総称であり、信玄のいわば「城」である。

その「信玄の城」は一口にいって「柔構造堤」である。

その柔構造の第一が「霞堤《かすみてい》」だ。たとえば甲府盆地の二万五千分の一の地図をひろげると、そこに切れ切れの土手を発見する。霞堤である。

上空からみるそれは「八八八」というように堤防が断続的にきずかれている不連続堤だ。「八」を構成する一つの「ノ」はみじかい堤防で「出し」とよばれる。そうして水は「八八八」の下方から上方に流れるようにつくられる。したがって水が上方から下方に流れるとすれば「逆ハの字形」となる。その「逆ハの字形」のおかげで激流は川の中央にあつめられて堤防への接触圧をよわめるとともに、一部の水は途切れた堤防のあいだを逆流してゆっくり田畑にしみこむ。しかも大水になると、川の水がこのダシをのりこえていく「乗越堤」である。ために洪水の一部はオーバーフローするが、たいした被害をおよぼさない。そして堤防は決壊しない。柔構造堤である。

その柔構造の霞堤がもっともきれいな「逆八の字形」をしていて、しかも一〇キロメートル以上もつづいている笛吹川の支流の金川《かねがわ》を地図上で発見した。

「それを見たい」とおもって、JR石和《いさわ》温泉駅でタクシーにのった。町をぬけ、笛吹川をわたり、金川の右岸をゆく。金川は川幅が一〇〇ないし二〇〇メートルある。しかし日ごろの流れは幅二メートルもない。そのうえ、河原いっぱいに草や木が生いしげっているので堤防からは川の流れがわからない。つまり、川は橋の上からでもなければ見えないのである（写真1）。

写真1　金川の霞堤のダシ

そこでとおりがかった人にたずねると、三、四十年前の洪水の話をしてくれた。

「そのとき軽トラックほどもある大きな石が流れてきてバシッバシッと音をたててぶつかった。すると泥水の川のなかで火花がちった」。洪水のなかの火花とは、信じられないような話である。

しかもとうじの堤防は玉石をつんだもので激流によわい。そこで「村の者が総出で、たくさんの木を伐ってソダをつくり堤防を保護した」という。もちろん霞堤の途切れたところから水が流入して田んぼは冠水した。しかし家は川からはなれたところに建っていたからみな無事だった。「ただ神社だけが水につかったので移転した。それでよかった」とその人はいった。

さらに「役人は水のことも石のことも何もわかっていない。ただ堤防を高くして川をまっすぐにしたらいいとおもっている。しかしそんなのはダメだ。」と役所を批判した。

そこでわたしは、山梨市文化財課にいって担当者に話をきいた。「金川の霞堤はいつごろのものでしょうか?」

「明治四十年の水害のとき、金川のそうとうの範囲が土砂で埋まった。上流の木を伐採したのが原因です。そこで霞堤を何重にも雁行してつくりました。しかし扇状地のため霞堤の基底の杭が効かない。ドイツ式、コンクリート堤、砂防堰堤などさまざまな堰堤の実験をかさねて今日の姿になりました」。

写真2　釜無川の聖牛

わたしは「役所もそれなりにやっている」とおもった。

「水をもって水を制する」

いよいよ信玄のつくった代表的な霞堤の「竜王堤」（一五四二年築堤）にのりこむ。

竜王堤は釜無川の高岩から下流へ長さ約六四〇メートル、幅約一五メートル、高さ約一・八メートルの石積堤を築き、その前方に三三三本の亀の甲の形をした「亀甲《きっこう》ダシ」を配置したものだ。ただし現在はかつての一部しかのこっていない。

信玄橋のちかくの竜王堤の上にあがる。そこは大木のしげった河川公園になっている。川幅は五〇〇メートルぐらい。対岸の高岩といわれる崖のうえの家々が小さくみえる。

川のなかに丸太をトラス状にくんだ「木組」が何十とならんでいる（写真2）。一つの木組の高さは二～三メートル。それが牛の角にみえたり、牛が座りこんだ形にみえたりするところから「聖牛《ひじりうし》」とよばれる。地元の人はたんにウシとよぶ。ウシは洪水の激流から堤防をまもるためにおかれた水勢制御装置で、いまでいうテトラポットである。テトラポットというアイディアはフランスより四百年もまえにすでに信玄がつくっていたのだ（図2）。

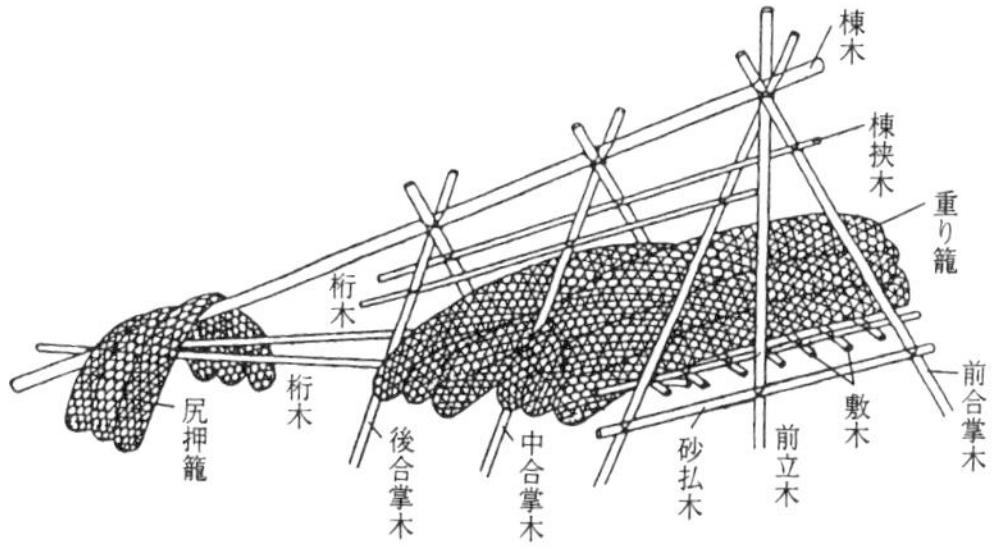

図2　聖牛の構造（出典：『川除仕様帳』）

この釜無川には、西から支流の御勅使《みだい》川が流れこんでいる。御勅使川の流勢はとりわけはげしく、多量の土砂を吐きだして本流の釜無川に堆積するため、信玄は釜無川の水害をさけるために支流の御勅使川のコントロールをかんがえた。

そこで御勅使川の上流の白根町の「石積ダシ」にむかった。車は御勅使川にそって甲府盆地のスリバチの底から西の斜面を一気にあがった。すると「信玄公史蹟　石積出　一番堤」と書かれた看板がみえた（写真3）。

この「石積ダシ」は御勅使川扇状地の扇頂にあたる。それをおくことによって扇型にひろがっていた御勅使川を一方向に収斂させたのである。例の「逆八の字」の霞堤によってだ。

それは両手でもてるぐらいの小さな石をコンクリートで乱積みにかためた高さ約一〇メートル、長さ約三〇メートルぐらいのダシだった。上流か

写真３　御勅使川の「一番石積ダシ」（和田一範『グラフ信玄堤』山梨日日新聞社）

ら下流にむかって「逆八の字形」に配置している。ぜんぶで八番堤まであったが、現在わかっているのは一、二番堤だけで、あとは草や土にうずもれている。

つぎに、元きた道をもどって旧御勅使川の「白根将棋頭《しらねしょうぎがしら》」にゆく。昭和六十二年に発掘され、いまは田んぼのなかにわずかにとりのこされて史跡となっている。

この「将棋頭」とは、先端が将棋の駒のように三角形になっていて、上流からながれてきた水を左右にわけるものだ。

どうようのものは、木曽三川とその支流域につくられた「輪中《わじゅう》」にもある。輪中のばあいその先端は水除堤《みずよけ》といわれ、やはり三角形をしている。水を左右に分けている。そこにしばしば神さまがまつられる。また背後の集落は馬蹄形あるいはドーナツ形の堤防でかこまれ、洪水や高潮の害からまもられている（拙稿「仏さまが輪中をつくり神さまが人々を守った」）。

さて、なぜ「将棋頭」で水を左右に分けるかというと、分けられた一方の流れをまず釜無川の横っ腹にぶっつけてその流勢をよわめ、そうして合流した釜無川本流を高岩という天然の岸壁に叩きつけてその水勢をそぎ、もう一方の流れをまた、それら合流した釜無川本流にぶっつけてその水勢をおとろえさせる、という複雑なことをやるためである。いわば奔流を二つに分け、互いにぶっつけさせて水のエネルギーを削ぐのだ。「水をもって水を制する」制御法である。すごいことだ。わたしはそれをみて「こういう発想は縄文人のものではないか？」とおもった（図3）。

根拠はない。しかし2章でみてきたように「岩木山のオオヒトも、播磨の川の神さまもみなそういうことをやった」とおもわれるからだ。かれらはこの列島に一万年間すんで自然のことを知悉していたのである。

川除衆→惣村→縄文人？

しかし「それが縄文人のものだった」としても、どうして信玄につたわったのか？

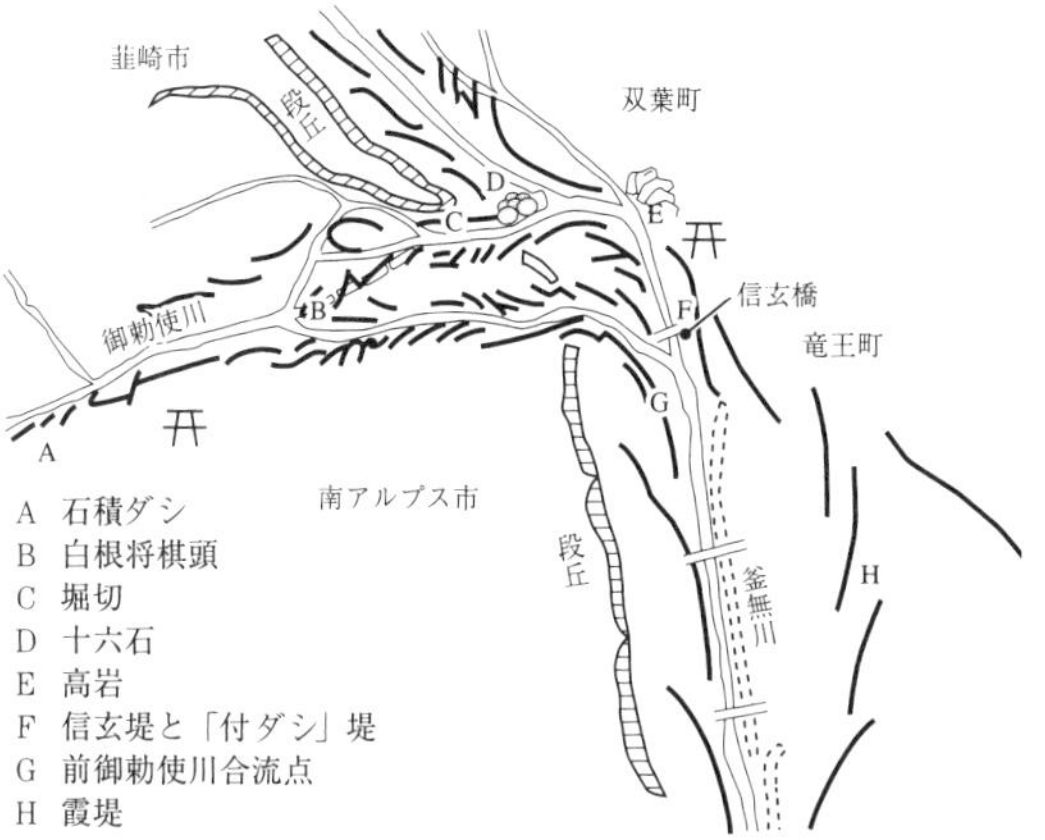

図３　御勅使川流水コントロール全体図（和田一範『信玄堤』をもとに作成）

信玄の築堤防水技術は以上のほかにも多くのものがあり、それらは「甲州流」といわれ、江戸中期ごろ大いに注目された（写真３）。甲府の人々もまた信玄堤を始めとする甲州流の技術を信玄の偉業と信じてきた。

しかしわたしは「そうではない」とおもう。というのも、それらはあまりにも細かい技術の集積であって一朝一夕にしてできあがったものではないからだろう。

信州大学の笹本正治さんもおなじような疑問をもっていて「信玄の治水はすでに存在した河道を固定したにすぎず、実態は工事の規模も小さかったであろう。信玄の治水政策は在地の治水技術の上にのり、それを大規模にしたと解すべきであろう。」（『武田信玄』）といっている。

その根拠となるものは、甲府の一蓮寺という寺の過去帳にある「川除《かわよけ》」と称する職名だ。「川除」は治水のことである。歴史家の秋山敬さんも「甲府新城下を建設した文禄年間（一五九二―九六）に、川除衆が集中して登場する」（『治水・利水を考える』）と書いている。

わたしも「信玄の時代にはじめて治水がおこなわれた」とはかんがえず「信玄が治水事業に手をつける以前から、民間で工夫をし、受けつがれてきた技術を信玄が完成させたもの」とおもう。それが「川除衆」とよばれるなら、ではその川除衆はいったいどこからきたのか？

上田はそれを中世にうまれた「惣村《そうそん》」すなわち「自立した村」とする。惣村の人々は、古代の「班田収授村」の人々とちがって「土地はあたえられたものでなくみずから創りだすもの」という意識が強かったからだ。かれらはさまざまな情報をもちより、知恵をだしあい、経験をかさねて先進的な村づくりをおこなった。そうして惣村がうまれた。治水技術もおなじことだ、という（『日本人の心と建築の歴史』）。

もしそうとするなら、そういうかれらのなかから川除の専門家がうまれ、「川除衆」という組織がつくられ、発展していった。とわたしはかんがえる。その良さを現実的なリーダーだった信玄がみとめ、甲斐の国の総力をあげて組織的にとりくんだものだろう。

しかしわたしは「その〈川除衆〉ないし〈惣村〉の村も、さらにはむかしからの人々の伝承をうけついだものではなかったか？」とおもう。

近代初期の代表的な農書の『百姓伝記』（一六八二年ごろ成立。著者不明）に、

堤防、用排水路、堀の治水工事は、耕作のはじまった古い時代から今日まで百姓の義務とされてきた。今後もその義務を怠ることがあれば、子孫の代まで水害におびやかされるだろう（「防水集」）。

堤は自分の村里の田畑の守りとして、あるいは人家のある集落の守りとして築く。これは武家の

城とおなじ大切な仕事である。(中略)大河の堤は二重につくるのがよい。河の幅をひろくとり「流れ田」といって、二重の堤に田地をつくり、万一のときには二つ目の堤で大水を防ぎ「流れ田」は捨てる。(「大河の堤をつく事」)

さらに享保五(一七二〇)年に小林右衛門という人物がまとめた『川除仕様帳』には川の性格や用水路、堤防のつくり方などの治水技術がこまかくかかれている。

川除《かわよけ》が強く大きくなれば、川水もまた強いところにあつまり、川を除《よ》けることができなくなる。ふかく掘立てたり押しくずしたりしてはそのあとの普請がやりにくい。鉄砲は堅い物にあたると損じ、幕にあたれば玉も止まって幕もやぶれない。(中略)川除は和をとることと知れ。弓や鉄砲は威力があり堅い物にあたればそれを壊すが、幕のように柔らかいものにあたれば矢も玉も止まり傷つくことはない。強い川に勝つのではなく、負けないことを第一とせよ。(中略)このような治水の方法は弱気に水をなだめるだけのように見えるが、柳に枝折れなし、柔よく剛を制すのたとえのように成功は疑いない。

柔道が相手の力を利用して勝つように「治水も水の力を利用せよ」という。

ふるくからの災害多発国である日本は、律令時代の条里制など一時的な唐文化の模倣時代をのぞくと、国土はほとんど民間の手によって開発され維持されてきたが、それはこういった柔軟な発想によるものではないか? そしてそれこそが縄文人の智恵ではなかったか? であるからこそ、この異常ともいえるほど災害のおおい日本列島のなかで一万年ものあいだ縄文人は生きてこられたのだろう。

しかしそういった伝統があったにもせよ、甲州流の沿源に「蹴裂き」があったのだろうか?

わたしの悩みはつきない。

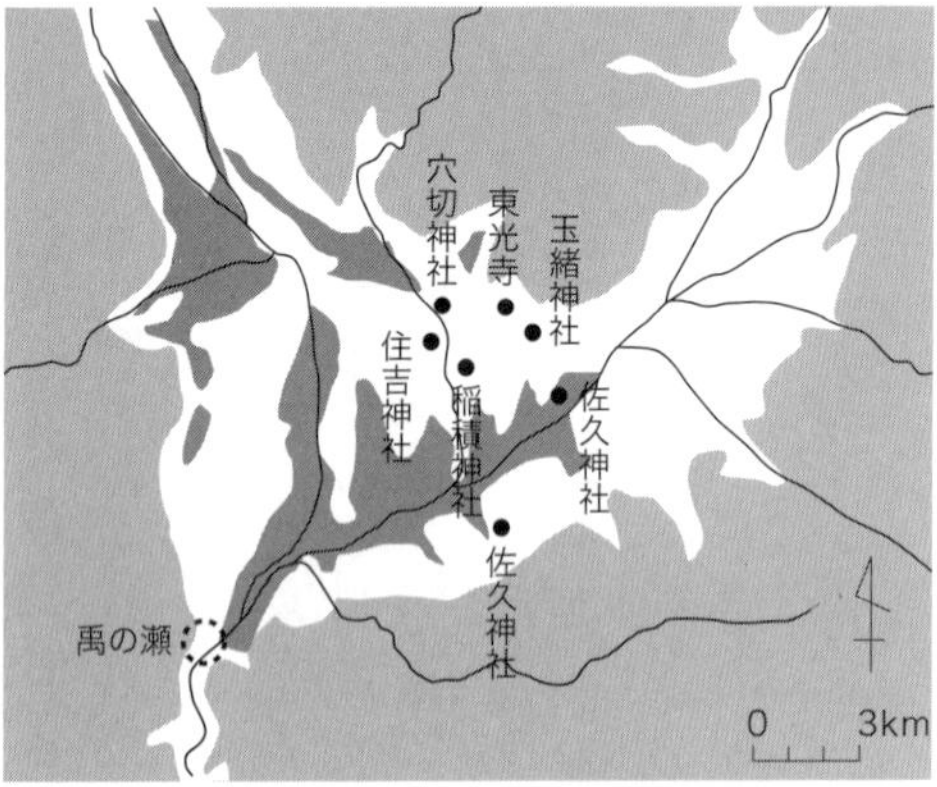

図４　甲府盆地の土地利用と蹴裂伝説をつたえる神社

甲府盆地の「蹴裂伝説」

しかし「蹴裂き」をやるためには、甲府盆地に湖がなければならない。そしてここでも、地質学者や歴史学者のおおくは「古甲府湖」の存在をまっこうから否定する。

だが「むかし甲府盆地は湖だった。富士川がひらかれて沃野ができた」という話は、甲府で生まれた人はくりかえしきいて育っている。つまり学者のほとんどは湖の存在を否定するが、庶民はかたく湖の存在を信じているのだ。

それもおおくの神社の由緒書などに「古甲府湖」の話があるからである。そこには「蹴裂き」の話さえある。多少の違いはあるが主なものをのべよう（図４）。

（1）佐久神社（石和町河内）

むかし甲斐国が海国《かいのくに》と称し一面湖水だったころ、根裂《ねさき》の神と磐裂《いわさき》の神が相談して岩石を蹴裂いて水路をとおしたから、湖水はしだいにながれでて浅いところは丘となり、深いところは沼となり、田畑ができ、人口がふえ、土地がこえ、作物がみのる土地となった。後人はこの二神の徳に感銘し、ふるく中国の禹《う》王の功をひきうつして、岩石を蹴裂いたところを禹の瀬といった。ひろく人々に知られるようになり、いまなお存している。

（『甲斐国社記寺記』）

（2）上条地蔵大菩薩

甲斐国のはじまりを稲積《いなづみ》地蔵菩薩にたずねると、上古は国中が水をたたえた湖水であった。地蔵大士があらわれてその威神力をもって湖水をとりさり、平野にしようとされた。そこへ天神地祇が降臨され、山を切り、岩を裂き、水路をつくって鰍沢《かじかざわ》より南海にながされて平野となった。山を切った神を「穴切明神《あなきり》」といい、岩を裂いた神を「蹴裂明神」といい、水を導いた神を「瀬立《せだち》不動」という。

（「上条地蔵大菩薩略縁起」）

（3）穴切大神社（甲府市宝）

元明和銅年間（七〇八―七一四）のこと、この国が湖であったころ、赴任してきた国司が巡察し「湖水の水をながせばよい土地になる」とかんがえた。このことを朝廷に奏問し、大己貴命《おおなむち》を勧請して干拓の工事に着手した。おおくの人夫を動員して鰍沢口《かじかざわぐち》を切りひらき、富士川に水をおとしたところ、想像以上におおくの田畑ができた。人民の収入も三倍になった。その結果、朝廷から大己貴命に穴切大明神という称号がくだされた。またこの附近は「穴切田んぼ」という地名になった。

（「穴切り大神社の社伝」）

（4）佐久神社（甲府市中道町下向山）

綏靖《すいぜい》天皇の御代に向山土本毘古《むこうやまとほひこ》王が甲斐の国造《くにのみやつこ》に任命され、千人の人夫をひきつれて入国された。そのころ甲斐の中央部は一面の湖水だったので、土地の豪族たちの協力をえて南方の山麓の鰍沢の禹《う》の瀬の開削をおこない、水を富士川へおとし、おおくの平地をえて、住民安住の地をつくりだした。

（「佐久神社の由緒略記」）

（5）稲積神社（甲府市太田町）

上古、甲府盆地は湖沼地帯であった。崇神天皇の御代に四道将軍の一人の武淳川別命《たけぬなかわわけ》が東征のおり甲府の国に入国され、湖岸を切りひらいて湖水を富士川におとされた。水が干あがったので人々は田んぼをつくり、五穀豊穣を祈願し、丸山に奉斎したとつたえられる。（「稲積神社由緒」）

以上の由緒はみな「太古の甲府湖の存在」を主張する。これにたいして学者は「伝説など信用できない。民間人の夢か妄想にすぎず、科学的根拠もない」という。

しかしなかには歴史学者の飯田文弥さんのように「『延喜式』には八代郡佐久《さく》神社の名があり、佐久は「裂く」に通じるから、その勧請・創建が開削者を神としてまつるためになされたとすれば、湖水伝説成立は平安初期以前にさかのぼる」（『山梨県の歴史』）とする人もいる。

盆地に湖がなかったという理論に納得できない

しかし地質学者らはかたくなに「湖水伝説」を全否定する。

たとえば『山梨県の地名』（角川書店）には、

地質学上、沖積世以降に盆地全域が湖水と化したとはかんがえられず、旧石器時代から古墳時代にかけての遺跡分布の状況からも湖水伝説は否定される。

また『山梨県の歴史』（山川出版）には、

甲府盆地の成因については固定盆地（古甲府湖）とする説があるが、これは百数十万年前にあったとする地質学上の学説である。（中略）すくなくとも人々が住みつくようになったころには盆地一帯が湖だったということはありえないことははっきりしている。

さらに、さる歴史学者も、標高三六五メートルの山梨市江曽原の五十〜八十万年前の古い地層からナウマンゾウの化石が発見され、盆地低部から縄文前期の遺跡がみつかったことを例にとり、

すくなくとも縄文・弥生時代には湖などという大げさなものはすでになくなっていて、わずかな沼沢があってもかえって米作りに適していた。（『甲州風土記』）

とする。

じっさいわたしが会った某地質学者も、「甲府盆地が湖であった時期は洪積世のころのみ」といいきった。

しかしこれらの地質学者をはじめとするおおくの学者の説は、土地の編年を百万年単位でみるきわめてマクロ的なものだ。ためにわたしはつぎのような疑問をもつ。

第一に、一万年前の縄文時代以降に山からはこばれてきた土砂が堆積して甲府盆地に沖積層が形成されたことはどの学者も否定しないが、しかし湖水がないとするなら、土砂といっしょにながれてきた大量の水はどこへ消えたのか？「地下に浸透したのか？」「蒸発したのか？」「現在とおなじように川となって盆地から流れでたのか？」もし川となって流れでたのなら「歴史時代にはみな力をつくして水を排出したが、縄文人もやはりそうしたのか？」「それはどういう方法でやったのか？」といったことをなにも説明していない。

第二に、現在、甲府盆地のいちばん低いところは標高二五〇メートル前後だが、その下にはさらに五〇メートルもの沖積堆積層がある（『土地分類基本調査』国土庁土地局）。それらはほとんど縄文時代一万年間に堆積された粘土層である。とすると、縄文時代の粘土層があまり堆積していない各時期はいまよりその分だけ土地がひくかったことになり、すると洪水などでそのひくい土地にたまった水はどこに

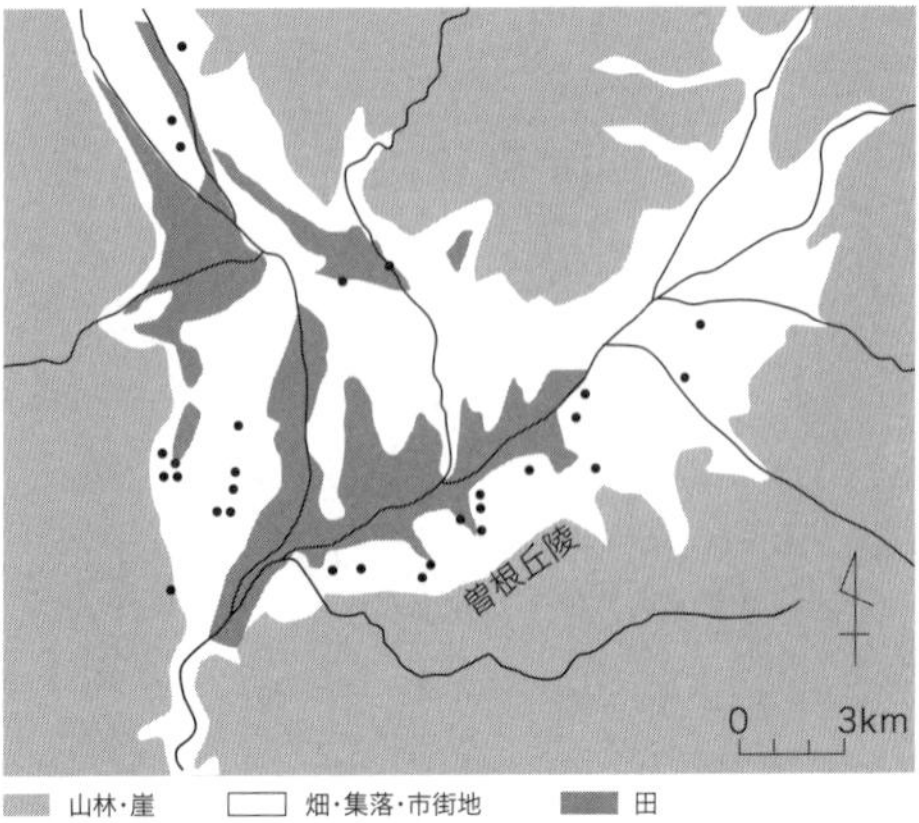

図５　甲府盆地の弥生遺跡（『山梨県史』をもとに作成）

搔いだされたのか？

第三に、なかには「甲府盆地の底から縄文遺跡が発見されたから湖はなかった」と鬼の首でもとったようにいう人がいるが、それをもって湖がなかったという理由にはなるまい。なぜなら盆地の底は自然堤防をはじめとする凸凹がいろいろあって洗面器の底のように平らではないからだ。じっさい「縄文・弥生遺跡は甲府盆地東南部の曽根丘陵に集中している。その他大部分の遺跡は丘陵や扇状地などに立地している。甲府盆地の底部に遺跡がないわけではないが、それらは河川の自然堤防上や扇状地先端に近い場所にみられる」（『山梨県史』）というのをどうみるか？　沖積平野とはそういうものではないのか？　そういう沖積平野の底の凸凹を否定するどんな理論があるのだろうか？　などとかんがえてくると「甲府盆地に湖がなかった」という理論にわたしは納得ができないのである。

じっさい図５～７のように神社の分布の歴史的変遷をみても「湖の消滅過程」が見てとれるのではないか？

いつ、どこで、だれが、なんのために蹴裂いたか？

甲府盆地に湖があったとして、その湖はいったいどうなったのか？

そこでまず、いつ蹴裂かれたのだろう？

これは各種縁起にあげられている人々の名前などから、古墳時代から奈良時代にかけて、とみられる。時期はバラバラなのだ。それは甲府盆地がなんども水面化し、そのたびになんども蹴裂かれたことを意味するのではないか？

では、つぎにどこを蹴裂いたのか？

いずれの伝説も蹴裂いたところは、富士川がはじまるもっとも狭いところの鰍沢《かじかざわ》の「禹の瀬」という。甲府盆地の水の出口はここ一箇所しかない以上、甲府盆地がなんど水面化してもこの禹の瀬で蹴裂きがおこなわれたものだろう。

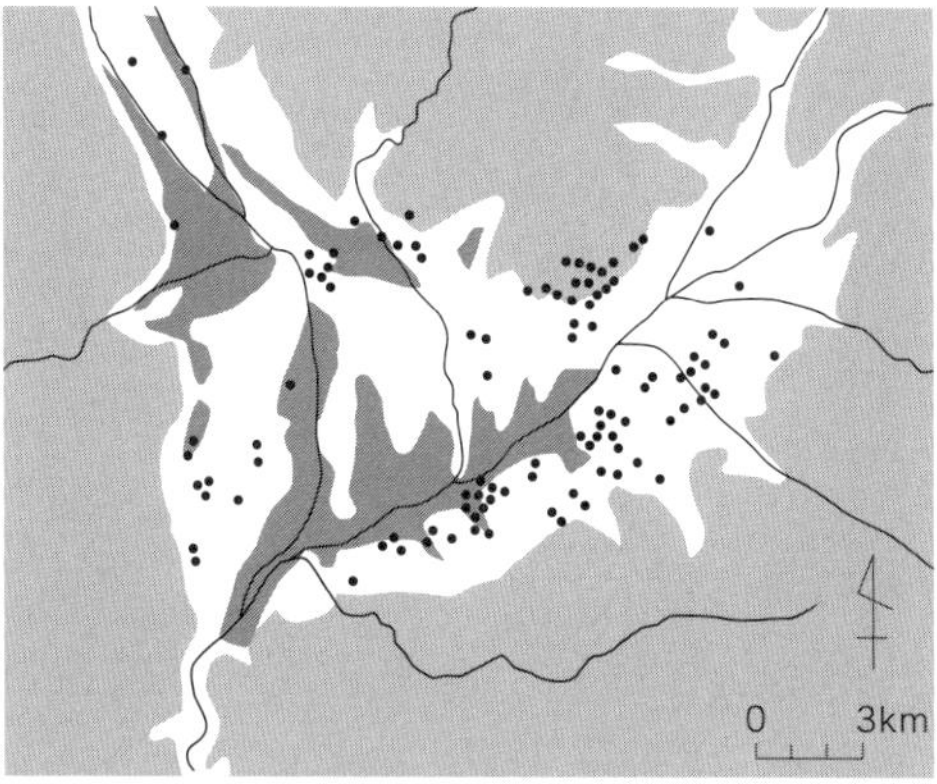

山林・崖　畑・集落・市街地　田

図６　甲府盆地の古墳遺跡（『山梨県史』をもとに作成）

三番目に、ではだれが蹴裂いたか？

さきの（1）の佐久神社の由緒によると「根裂の神と磐裂の神」とされる。

「根裂き」の「根」は『記紀』に「根の堅洲《かたす》国」とか「底つ根の国」とあるように「浮島」にたいする「堅洲」である。しっかりした大きな地盤を意味するのだ。ただし「根」を「地下」とか「黄泉《よみ》の国」とする考え方があるが、それは後年の漢大陸思想によるもので、ほんらいの日本には「地下」とか「黄泉の国」という観念はなかった。のちの人間の牽強付会にすぎない（松村静雄）。

さて「そういう堅く大きな地盤を蹴裂く」のであるからこれは大変なことである。わたしは「根裂き」は人間がやったとい

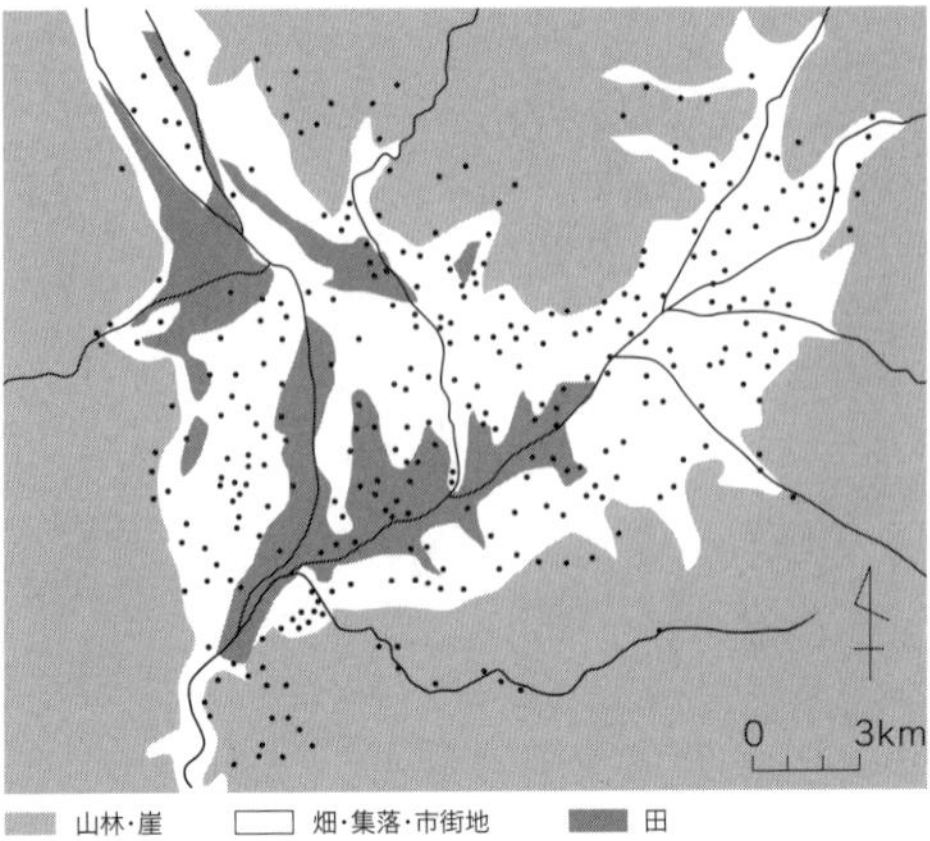

図7　甲府盆地の戦国時代末の神社の分布（筆者作成）

うより「自然現象ではなかったか？」とおもう。「根裂の神」とは、自然の山体崩壊によってポッカリ穴があいたり、またたまっていた土石を土石流などが一挙に押しながしたりしたものだろう。

いっぽう「磐裂の神」は「これは人間がやった」とかんがえられる。岩をこまかく割ってながすことは人間にだってできないことはない。ではどういう人間がやったのか？　2章のオオヒトや川の神々のように、わたしは縄文人、とりわけ農業をはじめた一部の縄文人の可能性がたかいとおもう。

これらのことは、また（2）の『上条地蔵大菩薩縁起略記』にいう「山を切った穴切明神」と「岩を裂いた蹴裂明神」にも共通する。

「山を切った穴切明神」は「根裂の神」とおなじく自然現象によって山体崩壊がおきたり、土石流が発生したりして渓谷に穴があけられたことではないか？

いっぽう「岩を裂いた」のは人間だろう。

なおここにもう一つ「瀬立の不動」というものがあるが、これは2章でみた岩木山のオオヒトや播磨の水神のように、山地に水路をほって水を誘導した人間の技術ではなかったか？

ただし（3）の「穴切大神社の社伝」には穴切大明神は大己貴命《おおなむち》とあるがこれは人間がやったものだろう。

（4）の『佐久神社の由緒』もまた禹の瀬にあった滝などの岩を人間が破壊して水を落とした可能

性がたかい。

なお（5）の「穂積神社由緒」も、そこに記述されているように四道将軍の一人がやったものとかんがえられる。

このように「蹴裂き」は自然と人間の両方がかんがえられるのである。

さて四番目はどういう方法で蹴裂いたか？　である。

いまのべた「蹴裂いた人」と関連して、すでに「蹴裂きの方法」はしめされている。いままでもっぱら「蹴裂き」といってきたが、その技術をよくみるとじつは「根裂き」または「穴切り」と、「磐裂き」または「蹴裂き」と、「瀬立ち」の三つがあるのだ。

「根裂き」は山をけずったり土砂をおしながしたりしたもので自然がやっているが「穴切り」はときに人間がやったりしている。「磐裂き」あるいは「蹴裂き」は岩をけずること「瀬立ち」は水路をほることで、ともに人間がやったものである。

このうちわたしは、自然がやったり人間がやったりする「穴切り」が気になり、甲府市宝にある穴切神社をたずねた。

ＪＲ甲府駅からあるいて十五分ほどの住宅地の奥、路地のような狭い参道のさきに古い楼門がある。境内にはいると社殿にも社務所にも人気がない。とするうちに社務所のガラス戸がわずかにひらいた。

さっそく宮司さんに「神さまが穴をあけた、と社伝にありますが、人間があけたのではありませんか？」とたずねた。宮司さんは「穴をあけるのは神業で、おそらく人間がノミでこつこつと割ったのでしょう。これを信じるか信じないかはその人しだいです」と目をつむっておっしゃった。

ノミということは「鉄器を使用した」ということか？　しかし甲府周辺には古代のタタラ遺跡はな

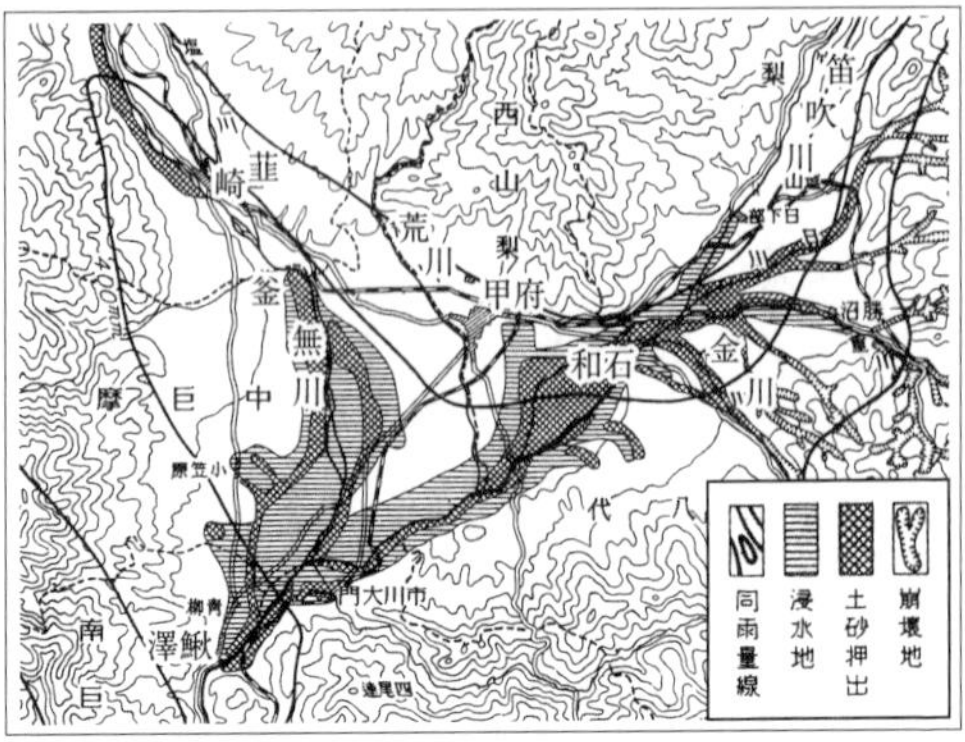

図８　甲府盆地の明治40年の水害図（「綜合郷土研究所山梨県1936」）

い。それではどうして割ったのか？　これは、これからの懸案である。

そうしてさいごの問題は、いったいなんのためにやったのか？　ということである。

さきの五つの縁起ではその目的は「作物」「平野」「よい土地」「住民安住の地」「田んぼ」などとしるされている。ようするにすべて農業開発のためである。

その結果かどうか、ここにたくさんの古墳がある。

山梨県下の古墳は総数千基をくだらないが、その大半は甲府盆地とその周辺地域の標高三〇〇～四〇〇メートルの丘陵地にある。現存する前方後円墳は十七基、円墳は四百基にのぼる。それら古墳はいずれも大土木事業であり、とうぜん農業開発との関連が注目される。その点で「蹴裂き」と共通するものがあるのではないか？

とすると、古墳時代はともかく、縄文時代の「縄文人」は農業をやらなかったから「蹴裂き」をやる理由がない。つまり縄文時代に洪水がおきて甲府盆地が水たまりになったとき、その「掻いだし」に人間がたずさわったことはありえず、甲府盆地はいつも「湖」だったのではないか？

地質学者たちはこういったことをどうかんがえるのだろう。一万年以降の地質などには興味がないのだろうか？

たびたび「湖」が出現していた

「甲府盆地の水をおとして田んぼをつくった」という伝説は、神社の縁起や由緒にかぎらず、江戸時代の書物などにもたくさんみられる。

その水をぬいたところは、さきにのべたようにすべて富士川の禹の瀬である。

そこで地図で甲府盆地の等高線をたどってみると、やはり甲府盆地にたまった水がぬけるとすればここよりほかにない。そこは富士川が大きく湾曲したところで両側から山がせまっている隘路だからだ（図8）。

禹の瀬へいくにはJR身延線の鰍沢口がちかい。

鰍沢口は特急がとまるので、大きな駅かとおもったらとても小さかった。駅前のなにもない広場をかこんで家が数軒あるだけだ。あとは一面、田んぼがひろがっている。

看板の電話番号をみてタクシーをよんだ。

年配の運転手さんがやってきた。

「禹の瀬までおねがいします。富士川のいちばんせまいところです」。

すると運転手さんは「禹の瀬ですか？」と、びっくりしたような顔をした。「禹の瀬」などという客はいないのだろう。そして「測量だったら、うちの息子が雪のなかで測量したことが

写真4　富士川の「禹の瀬」

ある」といった。

七、八分ほど走ると、富士川へでた。想像していたよりずっとひろい。ただし、じっさいに水がながれているのはその七分の一ぐらいだ。

わたしは「なんと広いこと。水をおとした、という伝説の場所はここですか?」ときいた。

運転手さんは富士大橋をわたりながら「禹の瀬の川幅は、むかしはいまの三分の一くらいだった。伊勢湾台風のときこのあたり一面が水浸しになって、どこが国道か、県道か、川か、見分けがつかなくなった。自分はトラックの運転手をしていて、車が水のなかで傾いて死ぬか、とおもった。九死に一生をえて助かってからも恐ろしくて、一週間、食事がのどを通らなかった」といった。

昭和三十四年九月の伊勢湾台風の記憶をもっているならもう七十歳ちかい。「これは貴重な人にであった」とわたしはおもった。

というのも、わたしはいままで地質学者から「湖は十五万年前までの話だ」と叱られ、役所では「湖?そんなもの知りません」とあしらわれ、教育委員会で「郷土史家にあいたい」とたのんでも「寝ていてうごけません」とことわられてきたが、この人は救いの神だった。

「なるほど、こういうフィールド調査には年とった地元の運転手さんが一番いいかもしれない」などとおもったりした。かれらは土地の隅々まで知っているからだ。レンタカーでは望めないことである。いままでレンタカーでどれだけ悪戦苦闘してきたことか! 調査どころか、目的地にさえたどりつけないのだ。「お金がかかってもフィールド調査は地元のタクシーにかぎる」とおもった。

つづけてかれはいった。「禹の瀬に鉄砲水がでたもんだから土砂が川をふさいだ。それでこのあたりから北の十日市場あたりまでは泥海になった」。

十日市場は禹の瀬から上流へ一〇キロメートルほどいったところにある。すると「一辺一〇キロメートルの三角形の泥海」が現出したのだ。それは甲府盆地のおおかた五分の一ほどもあるではないか？

わたしはたずねた。「伊勢湾台風以前の禹の瀬はどんなふうでしたか？」すると「堤防はいまよりずっと低く、川も狭く、水面ちかくに家が何軒も建っていた」という。

いまみる禹の瀬は、山の斜面に黒い石が何段も積まれ、鎧のようにたかくりっぱな護岸がきずかれ、川ぞいの道を車がビュンビュンはしっている。とうてい、いまの禹の瀬からは想像つかない（写真4）。

現代科学の技術によって禹の瀬は一変したが、むかしはいつも糞づまるところだったのだろう。それをむかしの人々は、大半あきらめていたのだろう。

たしかに町のなかでも、ついこのあいだまで「おおくの家々は軒先に舟を吊っていた」という。いつでも脱出するためだ。すると上川盆地のアイヌとすこしも変わらない。かれらもつねに舟で通行していたからだ。

甲府盆地はついこのあいだまで、たびたび「湖」が出現していたのである。

5

ネズミが上田平の崖を咬んだ

ヒナ族とアマ族の闘争か？

長野・上田

信濃は「過疎の国」か

山梨県の西隣りは長野県である。

長野県はかつての信濃の国だ。「信州」である。

信州というと島崎藤村をおもいだす。「小諸なる古城のほとり　雲白く遊子《ゆうし》悲しむ」にはじまる有名な「千曲川旅情の歌」だ。少女のころなんどこの詩をくちずさんだことか！　挙句のはて、とうとう千曲川まで尋ねていった。

たまたま、付近の神社のお祭りとぶっつかり、小諸の城は人と屋台店でごったがえしていた。しかたなく地図を片手に千曲川をもとめてあるいた。ところが、ひろい平野のなかでその名のとおりゆるやかに蛇行する千曲川を想像していたのに、じっさいの千曲川はどこまでいっても切りたった河岸段丘の底でほとばしる急流だった。男性的な川で、藤村がうたったような女性的優しさなど微塵もない。裏切られたような気持ちになり「きっと知らないところにやさしい千曲川があるのだ」とおもってみずからなぐさめた。しかし家にかえってからもわたしはこの詩を愛唱しつづけた。

「あれから何年たったか?」わたしはこのたび、信州と取りくむことになった。

そこでいよいよ信濃の国である。

ところが今日、信濃という地名は長野県のどこをさがしてもなかった。川でさえ新潟県では信濃川なのに、長野県にはいると千曲川になってしまう。信濃の名は消えているのである。せいぜいしなの鉄道という名のローカル線があるぐらいである。「まあ、しかたがない。わたしが信濃を復権しよう」などと大それたことをかんがえて調査にとりかかった。

さてその信濃であるが、ここには伊那、諏訪、筑摩《つかま》、安曇《あずみ》、更級《さらしな》、水内《みのち》、高井、埴科《はにしな》、小県《ちいさがた》、佐久《さく》の十の郡があり、それらに、かつては六十六の郷がおかれていた(『延喜式』)。郷は今日の市町村といっていい。その数六十六というのはかなりおおい。もっともこれは平安時代ごろの話である。

今日しらべてみると、長野県の面積は全国の都道府県で四番目だが、市町村の数となると平成の大合併以前は百二十もあり、北海道をのぞけば全国一だった(一九九九年)。しかしそれにたいして人口はすくなく、全国で十六番目なのだ。

それは信濃に山や谷がおおいせいだろう。平地といってもたいてい平《たいら》とよばれる盆地ぐらいしかないからである。

そんな数字などをみていると、信濃はなんとなく「過疎の国」というイメージをぬぐえない。

「謎の盆地」群

しかし「過疎の国」である信濃は、むかしから混沌としていて外部の人間にはなかなかその内部がうかがいしれない「謎の国」だった。またその歴史もそうである。

そこでいくつかの盆地の歴史をみる。すると、それらのおおくがまた「謎の盆地」なのだ（図1）。まず諏訪盆地である。

かつてここに「諏訪の国」がつくられたが、そのごなくなってしまった。どうしてか？

またそこに御柱祭《おんばしら》で有名な諏訪大社がある。建御名方命《たけみなかた》とその妃の八坂刀売《とめ》を祭神としている。あるいは「タケミナカタが創始した」ともつたえる。

『記紀』によると、タケミナカタはオオクニヌシの子で出雲勢力のリーダーだったが「アマツカミ一族すなわち天皇族に負けて諏訪に逃げてきた」とされる。そして「天皇族によって国外にでることを禁じられ、諏訪の地でやっとゆるされた」のだそうだ。

しかしそのご、全国に一万もの諏訪神社がつくられている。しかもそのほとんどが「国外にでてはいけない」といわれたタケミナカタを祭っている。どうしてそれらの神社は罰せられないのか？　タケミナカタは死んだら国外にでてもよかったのか？「影響力がなくなった」のだろうか？

つぎに長野盆地である。

そこには全国の善男善女をあつめる善光寺がある。「欽明天皇のとき百済の聖明王からおくられた仏像は物部氏によって難波の堀江に捨てられたが、伊那出身の本田善光によってひろわれ、飯田に祭られたが、のち長野に移されたとされる。

しかし、推古はわが国最初の仏像を、飛鳥や奈良にでなく、なぜ信濃に祭ろうとしたのか？　しかも歴史上、政治的に何の意味もない長野平つまり善光寺平になぜ祭ろうとしたのだろうか？　古代の伊奈平と善光寺平のあいだになにがあったか？

三番目は松本盆地である。律令国家を創始した天武は天武十三年二月に信濃の国に都をつくることをかんがえた。そしその地形をさぐるべく腹心の三野王《みののおうきみ》らを派遣し、同十四年十月に現在の松本市浅間温泉に行幸のための行宮《あんぐう》をつくらせた。しかし、翌年、天皇が死んだため「信濃の都」の計画は消えてしまった（『日本書紀』）。

するとその「幻の都」の場所は松本盆地ではなかったか？　では天武はなぜ松本盆地に日本最初の都をつくろうとしたのか？

さて四番目は上田盆地である。

奈良時代に上田平に国府・国分寺・国分尼寺がおかれ、信濃の国の拠点としてさかえた。しかし天武死後二十年もたっていない奈良時代に、なぜ天武が都にしようとした松本ではなく上田に国府がおかれたのか？

さらに中世においても、北条氏の一族が上田平の一角の塩田に陣取って「信州の鎌倉」としてさかえ、近世になっても上田平の主は武田・真田・仙石・松平と目まぐるしくいれかわったが、いずれも信濃を支配したリーダーだった。ということは、上田平は信濃にお

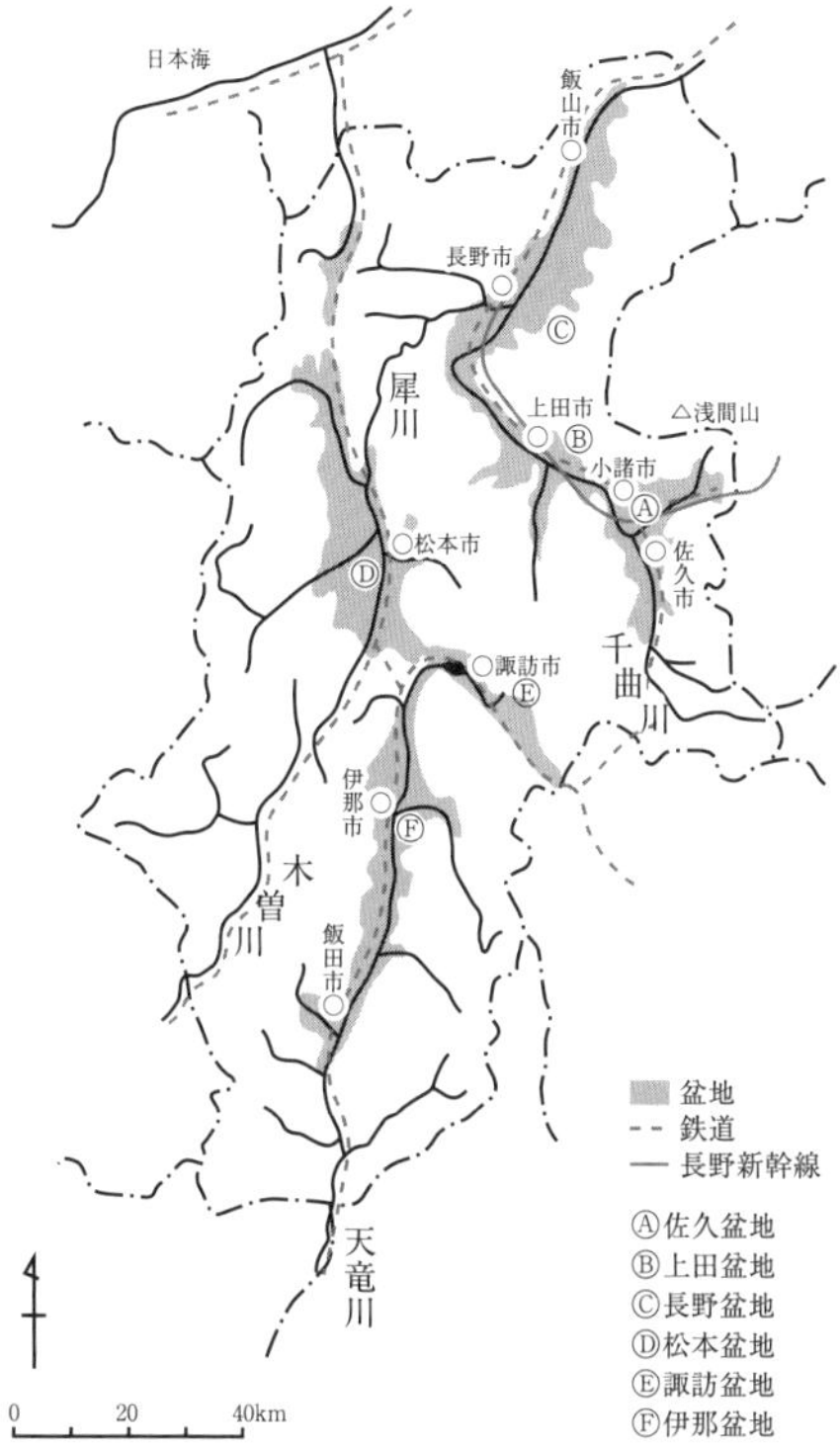

図１　長野県の盆地

ける古代いらいの政治中心地ではなかったか?

にもかかわらず、今日、有名な長野県歌の「信濃の国」には「松本・伊那・佐久・善光寺、四つの平は肥沃の地」とうたわれるのに上田平ははいっていない。なぜか?

五番目はその「県歌」にある伊奈平である。

そこには城下町の飯田がある。かつて天竜渓谷の道々を活かして、東海道の岡崎城下と馬で直結しただけでなく、中山道・甲州街道とも連結し「入馬千駄《いりうま》、出馬千駄《でば》」とよばれる信濃最大の商業中心としてさかえた。中央アルプス・南アルプスにかこまれた天嶮の地は「都の塵も通い来ぬ」(飯田高校校歌)といわれるほどの僻遠の地であったにもかかわらず、寺子屋普及率が全国一位で「新しき古《いにしえ》」を標榜した平田篤胤の国学の拠点となったほど、歴史上、信濃最大の文教都市だった。

にもかかわらず、近代に東海道線から外されたとはいえ、今日、飯田を知る人はすくない。

その伊奈盆地はこれから復活するのだろうか?

六番目に、じつは現在復活した盆地がある。「信濃の国」にうたわれた佐久平だ。藤村のさきの詩につづけてある「歌哀《かな》し佐久の草笛」の佐久である。

佐久盆地は縄文時代をべつとして、かつて中山道の宿場町がおかれたこと以外にこれという歴史のなかった土地である。ところが十数年前、長野新幹線の開通にともなって、そのひろい土地が、突然活気をおびだした。いまや長野県最大の商業都市となりつつある。それもここにある「広い平」のせいだ。

じつは、その平はかつては湖だった。その証拠が佐久という地名である。それは「地を裂く」つまり「蹴裂いた」ことを意味しているからだ。

その「蹴裂かれた広い土地」に鉄道や道路が整備され、鉄とガラスのマーケットやビルがたちならび、いまや「未来の商業都市」の観をていしている。

この「現代商業都市」の未来は、どうなるのだろうか？

さいごに、盆地ではなく長野県そのものをかんがえてみよう。

まず、信濃の歴史のなかで「長野」などという地名はどこにもなかった。それは唯一、善光寺が所在した一小村の名前でしかない。だが明治になって、なぜ「長野」などという地名が突然クローズアップしたのだろう？

それには、信濃という土地のことを知らなければならない。

信濃という土地の性格がもっともよくあらわれたのは江戸時代である。というのは江戸時代に、信濃の国は十一の藩にわかれ、十五人の大名がいた。つまり信濃以外の国の殿様も信濃になにがしかの土地をもっていたのだ。

それだけではない。ほかに天領や旗本領といった土地も多数いりまじっていた。つまり信濃は「四つの平」どころか、江戸時代には何十、何百という小権力者が群雄割拠するような土地だったのである。

島崎藤村はそのなかの伊那地方の状況を『夜明け前』でつぎのようにかたる。

あるところは尾州旗本領、あるところはいわゆる交代寄合《よりあい》の小藩なる山吹藩というふうに、公領私領がいくつにも分かれていた。（中略）藩領や旗本領が入れ子細工状に入りこんでいる独特の支配構造をとっており、お互いの警察権のおよばない空間をつくっていた。

つまりこれでは、幕府や藩といった大権力のおよばない「迷宮世界」ではないか？　それが伊奈谷だけでなく信濃全体だったようである。

信濃の国は、いったいどうしてそんなことになったのか？

マグマの塊と子餅

それを知るために信濃の山々を空からながめる。

するとそこは、2章でのべた「ウナギノセナカ」の乱舞する「迷宮世界」だ。

しかしそれらをよくみると「小さなウナギノセナカ」すなわち小尾根は東西にとおっているのに「大きなウナギノセナカ」つまり大尾根は南北にはしっている。赤石山脈、木曽山脈、飛驒山脈といった日本アルプスの大尾根群だ。さらに日本アルプスの東には、八ヶ岳から姥捨《うばすて》山につながる筑摩《つかま》山地や、もう一つ東の浅間山から谷川岳にいたる三国山脈、さらにそれにつづく越後山脈などの大尾根もどうようである。

かんがえてみると、東北地方や西日本では大きな山脈はみな日本列島にそって東西にはしっている。ところが、ここ中部地方ではまったく逆なのだ。

どうしてだろうか？

そこで、日本列島の成りたちをかんがえる。

日本列島は、さきにものべたように地球の表面をおおう六枚の堅《かた》い皮（プレート）状地殻のうち、ユーラシア・プレート、北米プレート、太平洋プレート、インド＝オーストラリア・プレート（フィリピン海プレート）の四枚のプレート上にのっかっている（図2）。

ところがこの四枚のプレートが永年、日本列島で衝突しつづけた結果、日本列島はいろいろな方向から締めあげられ、圧縮され、盛りあげられて今日、その姿を海上にあらわした、とされる。

またプレート群の衝突の結果、もと直線だった日本列島が中央部で「くの字」に折れ曲がってしまった。そのために東日本では火山活動が活発になり、あちこちで多数の火山やカルデラが噴火した。西日本では中央部が陥没して瀬戸内海となった。その陥没にひきずられて西南日本各地では瀬戸内海にむけて無数のひび割れが生じた。そのひび割れ、つまり断層にそって多数の河川がうまれた。

さらに、日本列島の中央の折れた部分の地表の南北方向に「大きな裂け目」がはしった。それを、明治八年に来日したドイツ人地質学者エドムント・ナウマン（一八五四―一九二七）がラテン語でフォッサ・マグナ（「大きな溝」）とよんだ。日本語では「大地溝帯」と訳される。

図２　日本列島周辺のプレート境界（--- の部分）

フォッサ・マグナあるいは大地溝帯とは「糸魚川―静岡構造線」を西縁とし「新潟県の上越市、柏崎市、新発田《しばた》市あるいは村上市から太平洋岸の銚子市あるいは日立市にいたる構造線」を東縁とする「面」、さらには地下四〇キロメートルにもおよぶ「マグマの塊」とかんがえられる。つまり、地中のマグマが噴出してきてフォッサ・マグナとなり、信濃の山々になったのだ（図３）。

ふつう造山活動は褶曲運動や断層活動などの地殻変動で説明されるが、このようにプレートの衝突によって地表がひび割れてマグマが噴きだすばあいだってあるのだ。そのマグマは、途中にある岩や石を熱で溶かして変成岩にする。さらに地殻からマグマが直接あがってきて空気にふれ

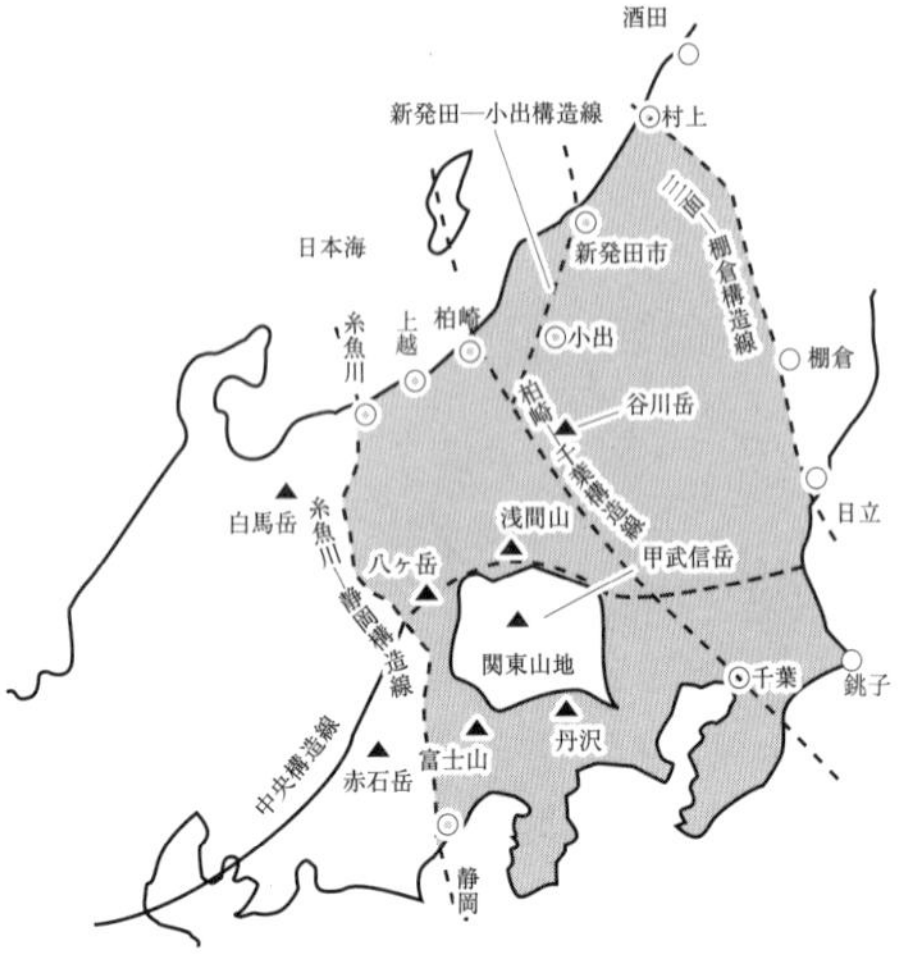

図３　現在かんがえられているフォッサ・マグナと構造線（グレーの部分は最大のばあい）

て火成岩になる。

このマグマないしマントルの盛りあがりは、餅を焼いたときに、餅の皮が割れてそのなかから「子餅」がふくらんでくるのに似ている。フォッサ・マグナとは、そのような地盤の裂け目であり、またマントルの「子餅」なのである。

ところが日本列島にはもう一つ大きな「地盤の裂け目」があるのだ。熊本県八代《やつしろ》市付近からはじまり、四国の吉野川、紀伊半島の紀の川、渥美《あつみ》半島などをへて、天竜川から諏訪湖にいたる大きな「裂け目」である。「中央構造線」とよばれる日本列島の大断層だ。

信濃の国は、このようにフォッサ・マグナと中央構造線という日本の二大構造線が「衝突する場」なのである。その結果、ふつうとはちがって南北にはしる「大ウナギ」と東西にはしる「小ウナギ」ができたのだ。

それらはまた大屋根・小屋根の棟のようにみえる。信濃にはたくさんの屋根群がひしめきあっているのだ。

「信州は〈日本の屋根〉といわれるわけである」というのが、空からみたわたしの実感であった。

「難治の国」

しかし、その「日本の屋根」はじつは交通の途絶した「地獄」である。

その状況を千百年まえに『日本書紀』はかたる。前章でみたヤマトタケルが、上野《かみつけぬ》から碓日坂《うすいさか》（碓氷峠）をこえて信濃にはいり、さらに信濃坂をこえて美濃へぬけたときのことだ。

この国は山がたかく谷がふかい。青い嶽が幾重にもかさなっている。人は杖をついてのぼることもむずかしい。岩はけわしく石の坂道はながい。高い峰は数千丈もあり、馬はゆきなやんですすまない。そういうなかをヤマトタケルは霞をわけ霧をしのいで、はるかな高山をふみこえた。

これは今日中央自動車道の長いトンネルで有名な神坂《みさか》峠である。古代には交通の難所とされた。タケルもここで「山の神」から手ひどい目にあっている。

しかし信濃の山からすればこれはほんの序の口である。というところから、あとはおして知るべしだろう。

それは古代にかぎらない。たとえば近世の街道をみると、信濃国には甲州街道や中山道のほかに、糸魚川—松本間の糸魚川街道、追分—野尻の間の北国街道、飯山—長野間の飯山街道、群馬県嬬恋村—鳥居峠—須坂間の大笹街道などあるが、みなバラバラに町をむすんでいる。今日でも中央自動車道、上信越自動車道、長野自動車道などの高速道路が県内をはしっているがそれらは幹線交通のみで、むかしの主街道だった中山道沿いなどは完全にさびれている。ために中央アルプスと北アルプスのあいだにある木曾谷はかつて中山道の宿場町としてさかえたが、今日では継子《まこ》のような土地になっている。かつて栄えた妻籠や馬籠などはただの「観光村」でしかない。

また、現代の鉄道状況も問題だ。長野新幹線、二つの信越本線、中央本線、篠ノ井線、飯山線、小海線、飯田線、大糸線、しなの鉄道、長野電鉄、松本電鉄、上田電鉄などと、長短、遅速たくさんの鉄軌道があるが、関西人のわたしからみると、たとえば「京都から上田や諏訪へはどういくの？」あるいは「飯田へは何に乗ったらいい？」と、しばしかんがえこんでしまう。

「長野県の拠点都市」へいくのにはまことに苦労する。

そういう峻嶮な山国の土地のせいか、この地の人々はむかしから地域に割拠して生きていかなければならなかった。

そのせいで信濃人はむかしから「自立自営精神がつよく、反骨精神がたくましい」といわれてきた。たとえば、江戸時代に記録された農民一揆の発生件数は大小二百をかぞえ、その数は全国一といわれる。

そういうためか、明治維新直後の県の統合は困難をきわめた。「伊那県」「中野県」「筑摩県」「長野県」などが乱立し、廃藩置県の直後にはその数十一もかぞえたという。

ようやく「長野県」単独になってからも県庁は由緒ある上田や松本でなく、善光寺があるために民衆には人気があるが行政経験皆無の長野村におかれた。長野県の名もこの長野村からとられた。

そういうわけだから、今日も盆地間や拠点都市間の対抗意識はきわめてつよい。それは、各地の拠点都市の性格がみな異なっているのをみてもわかる。

たとえば今日、政治の中心は長野市だが、文化の中心は松本城や信州大学のある松本市といわれる。経済中心はさきにのべたようにいまや佐久市だが、かつての政治中心や商業中心だった上田市や飯田市もがんばっている。さらに宗教中心の諏訪市もわすれることはできない。

というふうにみてくると、さきにのべた「小権力者が割拠する地域」という性格も、また「何事につけ県内がまとまるのはむずかしい」といわれる傾向も理解されるのである。

このように信濃の国＝長野県は、いまなお「群雄割拠の気風」があり、ためにこの地はむかしから治めるのがむずかしい「難治の国」とされてきたが、しかしそれは「かならずしも以上のべたような国土条件によるものだけではなさそうだ」というから難儀である。

なぜなら、信濃は「日本の屋根」といわれる高山をかかえた山国だが、しかし山国だけならほかにもある。そういうところがすべて難治の国とはかぎらないからだ。

シナは「段階地」か？

そこで「信濃」というものをあらためてかんがえてみる。信濃とはいったいなにか？

しかし、じつはこれがなかなかむずかしい。

信濃という字には、信のほかに級、品・階といった字をあてたりするが、八世紀以前は「科野《しなの》」とかかれた。『古事記』の「大国主の国譲り」の神話に「アマツカミの軍勢に追われたタケミナカタの神が、科野の国の洲羽《すわ》の海に逃げこんだ」とある。

そのシナノの語源については「科《しな》の木」説、「級坂《しなさか》」説、「篠《しの》」説などいろいろある。「シナの木がおおかった」というシナノキ説などはご愛嬌だが、賀茂真淵のシナサカ説などは有力視されている。

しかしかんがえてみると、信濃の国には更級《さらしな》、埴科《はにしな》、倉科、穂科、仁科、明科《あけしな》、駄科《だしな》、蓼科《たでしな》などといった地名、さらに波閉科《はべしな》神社・妻科神社といった社名などシナのつく地名や社名がまことにおおい。だから「シナ・ノではないか？」というのはよくわかる。だが「なぜシナか？」

じつは賀茂真淵のシナサカ説に類似するようだが「シナを段階とする説」がある（『岩波古語辞典』）。

それも、更科のように「田ごとに月がうつる」段々状になった「段階地」だ。じっさい長野県にはこの更科のように、丘陵地帯や山麓には段階地がおおい。さきにのべた「ゴツゴツした千曲川」などもそうだった。それらはいままでは「河岸段丘」とかんがえられてきたが、最近では「断層活動によるものか?」と見なおされている。

それはまた、さきにみた「地下のマグマが噴出してできた土地」ということにも関係があるだろう。独特の変成岩や火成岩がおおく、しばしば岩盤が砂山のようにもろいからだ。さきのフォッサ・マグナ＝子餅のせいかもしれない。たとえば、伊那谷などはその典型だ。「河岸段丘」にせよ「活断層」にせよ段階地が二重にも三重にもかさなっていて、しかも延々とつづいている。それらの段階地をみていると「ああこれがシナか?」とおもえてくる。

ともあれ、シナノとはそれほど難解な地名なのである。

シナは種族名だ!

だがしかし、ここにもう一つまったく別の説がある。

というのは、さきほどあげたシナのつく地名のなかで更科などはいいとしても、たとえば蓼科《たてしな》はあきらかに山の名前であって段階地ではない。またシナとつく地名は京都の山科や東京の品川など段階地でないところにも数おおくある。

そこから「シナは段階地ではなく〈シナ族という種族〉の土地の名だ」とする説がうまれてくるのだ。では「シナ族」とはなにか? それは言語学者の松岡静雄の説を、宗教民俗学を勉強している上田が敷衍するものでつぎのようなことである。

たとえばシナザカルという枕詞がある。越《こし》にかかる。

しなざかる　越にし住めば　大君の　敷きます国は　都をも　ここも同じと　心には　思うもの
から　（大伴宿禰家持）

という万葉長歌があるが、このシナザカルコシのシナをふつう段階地の「坂」と解して「坂を離れる」とか、あるいは「品」と解して「品位がおちる」とかといわれるが、しかし松岡によると「シナを避けるコシ」である。「シナ族が強いからコシ族は避ける」というのだ。すると、シナもコシも種族名ということになる。

そのシナは信濃のシナ、コシは越の国のコシをいう、とされる。

そこで、シナという種族名の意味をかんがえるのだが、そのまえにまずコシという種族の意味からみていこう。

シナザカル・コシ

コシは『記紀』にしばしばでてくる「国巣・国栖《くず》」といわれる人々がヒントになる。

そのクズは、古くは「国棲《くにす》み」といい、そのクニスミがなまってクニスさらにクス、クズ、コシになった、という（喜田貞吉『民族史の研究』）。土蜘蛛、隼人《はやと》、熊襲《くまそ》などといった大和朝廷から蔑視された人々もふくまれる。

かれらはいまから八千年前から五千年前ごろにかけて、縄文時代でいうと早期後半から前期にかけて地球がだんだん暖かくなってきた時期に、東シナ海、さらには南シナ海からやってきた人々とかんがえられる。

かれらがやってきた理由は、地球温暖化にともない、シイ、カシ、コナラといった照葉樹が日本列島で繁茂したせいだろう。それら照葉樹がもたらす木の実がかれらの重要な食料資源だったからだ。くわえて茶、酒、漆、絹、餅、雑穀、編物さらには歌垣や山上他界の観念など、いわゆる照葉樹林文化といわれるものをもたらしたのもかれらだった。日本人の食料のうち「山の幸」といわれるもののおおくは、かれらの貢献によったものとおもわれる。採集活動を中心に日本文化の基層部分を構築したといっていい。今日、日本列島におけるもっとも古い原住民とかんがえられる。

もちろんそれ以前に、縄文時代でいうと早期前半から草創期にかけて日本列島にも人々がいたが、北方系だったろうというほか、かれらの出自はよくわからない。

つぎにシナ族である。

いまから五千年前から四千年前にかけてこんどは地球気温が冷涼化にむかった時期に、北方のシベリア大陸から狩猟・漁労民がイルカやクジラなどの海獣類を追って、大挙、日本列島にやってきた。エミシといわれる人々である。今日のアイヌもその系統につらなる。

そのエミシはユミシすなわち「弓をもった部族」とおそれられた。ユミは「射身《いみ》・イミ」の転訛（松岡静雄）で武器一般をいう。海獣をとるためにかれらは投げ槍や銛《もり》、弓などをもちいたからである。

しかし松岡や上田は「エミシはニックネームでほんらいはヒ族といった。さらにヒ族のヒに、韓《から》、新羅《しら》などとどうよう語調をととのえる接尾語のラがついてヒラ族になった」とする。

東北の北上川も元はヒラカミ川すなわち「ヒラ族のカミ（酋長）の川」である。北海道の日高もヒラカ（ヒラ処《か》）である。

そのヒラがヒナに、さらにシナに転訛した、とかんがえられる。

このシナ族は狩猟民族で戦闘力をもっていたから、先住のコシ族を駆逐して日本列島の主人公になった。

のちになって東北・関東においてかれらと接触した大和人は、かれらの戦闘精神に感化されて武士階級を形成していった、とおもわれる（上田『西郷隆盛・ラストサムライ』）。そして鎌倉から江戸末までの七百年、武士が政権をとってこの国を運営したのである。その間、禅をはじめとするおおくの武士文化がつくられた。

それはともかくそういうシナ族に圧迫されて、コシ族は九州や紀伊半島の山奥さらには北陸などに追いはらわれてしまったのである。

シナザカル・コシである。

アマザカル・ヒナ

しかし、いまから四千年前ごろから二千五百年前ごろにかけて地球の寒冷化がいっそうすすんだころ、縄文時代でいうと後期から晩期にかけて、遼東半島や朝鮮半島の沿岸部に生活していた東シナ海漁民が、大挙南下してきた。

かれらも元はといえば揚子江の南にすんでいた江南の民で地球温暖化の時期に北上し、遼東半島や朝鮮半島に定着した人々である。であるから漁民であるとどうじに農民でもあった。

そのかれらは倭人《わじん》といわれた。日本では「海人《あま》族」である。

かれらが移動したのも食糧問題とおもわれる。日本列島のゆたかな漁業資源がお目当てだったろう。

しかしかれらは農漁民であるとどうじに交易民でもあったから、その文化力はたかく、またたくまに日本列島を制覇し、先住のシナ族を中部の山奥や東北などへ追いやってしまった。信濃の国はこれらシナ族の一大避難地となったのである。

そのことがアマザカルという枕詞にしめされる。それはシナつまりヒナにかかる。

天離《あまざか》る 夷《ひな》の長道《ながぢ》ゆ 恋ひ来れば 明石の門《と》より大和島見ゆ（柿本人麿）

という万葉の歌があるが、アマザカルは枕詞となってヒナにかかるのである。

そのヒナはふつう都にたいする「鄙」すなわち「田舎」と解されているが、松岡は「アマ族にたいするヒナ族だ」という。

するとアマザカル・ヒナというのは「アマ族を避けるヒナ族」で「アマ族が強くヒナ族が弱い」ことを意味する。ヒナ族は強いアマ族を避けつづけたのだ。それが社会の慣用語になり、やがて枕詞になっていったのである（上田「越の国になぜ加賀か」他）。

そういうかれらが日本にもたらした文化は機織・航海技術などいろいろあるが、大型魚をはじめとする数々の漁労資源すなわち「海の幸」をもたらしたことが大きかった、とおもわれる。

狩猟民の血が信濃人にうけつがれているか？

しかしのちになるとそういういきさつもだんだん忘れられて、この歌は「ヒナ族の土地をとおってアマ族の都にたどりついた」というような意味に解されている。あるいはもっと単純に「田舎をとおって都にきた」のである。つまりアマ族とヒナ族の意が「都」と「田舎」に転変したのだ。

そういうヒナ族の国はアマ族からみると「鄙」つまり「田舎の地」である。というわけで「信濃にはヒナ→シナの地名がおおい」という。あるいはヒナ族の諸族が住みついたか？

そうだとすれば、信濃人の性格も、その淵源はヒナ族にもとめられるかもしれない。といっても、もはや今日ではヒナ族の性格を知る手がかりがない。ただヒナ族がエミシだとすれば『記紀』におおくエミシのことがしるされているから参考にはなる。たとえば、

男女親子の区別がなく、冬は穴に寝、夏は木に棲む。毛皮をきて血をのみ、兄弟でも疑いあう。山に登るには飛ぶ鳥のようで、草原を走ることは獣のようである。恩は忘れるが怨みはかならず報いるという。矢を髪に束ねたなかに隠し、刀を衣のなかに帯びている。あるいは仲間をあつめて辺境を犯し、稔りのときをねらって作物をかすめとりにくる。攻めれば草にかくれ、追えば山にはいる。それで昔から一度も王化にしたがったことがない。（「景行紀」）

もちろん征服する相手のことをいうのだから、よいことを書くはずもない。が、この表現をみるかぎりエミシは農耕民ではなくまったくの狩猟民ではないか？ つまりヒナ族は狩猟民だったのだ。

そういう狩猟民の血が信濃人にもうけつがれてきているのだろう。「反骨精神が高い」といわれることなどもそのひとつとおもわれる。

むかし湖だった？

その信濃の国にある佐久平や上田平は「むかし湖だった」といわれる。

だいたい、名前からしてそうだ。佐久平や佐久郡のサクは「裂く」からきている、とまえにのべた。また上田平のある小県郡《ちいさがた》は、その読みのとおり「小さい潟」だ。ともにむかし湖だった呼称をうけている。

そういうことをつたえる「唐猫伝説」が上田平にある。

それをきいたわたしは、晩春のある日、勇躍、上田市にむかった。

京都から東海道新幹線で東京へ、そして東京から長野新幹線で軽井沢におもむく。遠い旅だ。高崎をすぎ、長い長い国境のトンネルをこえると軽井沢だった。晩春なのに山に雪がある。川端康成の「雪国」ではないけれど「軽井沢も雪国だ」と実感する。

しかし、長野オリンピックのおかげで、東京から軽井沢までたった一時間十分になってしまった。ちかごろは「軽井沢から通勤するサラリーマンもいる」ときく。

軽井沢駅でおりて、さっそく町の歴史資料館をおとずれる。そこに、軽井沢周辺の大きな地形模型があった。それは地図でみる軽井沢とはまったくちがう。一目みて軽井沢は浅間山の「外輪山」のなかであることがわかる。碓氷峠や八風山などという軽井沢をとりまく山々の内側は「軽井沢盆地」なのだ。軽井沢が想像をはるかにこえる大きな「盆地」であることをその模型をみてわたしははじめて知った。

その西のつづきに佐久平がある。

北は浅間火山群、東は荒船山などの浅間の外輪山、そして南と西は蓼科山と霧ケ峰などにかこまれたこれも盆地である。標高六五〇〜八〇〇メートルというから日本の盆地としてはそうとう高い。そして雪はすくなく雨もすくない。千曲川が佐久平から上田平をつらぬいて、坂城町《さかき》をへて長野盆地へとながれている。

その千曲川にそうようにしなの鉄道がはしっている。

しなの鉄道はいまはローカル線だがかつては信越本線だった。長野新幹線に軽井沢と横川間のトンネルを提供してしまったためその間の信越本線がなくなってしまい、のこった区間がローカル線に転落してしまったのだ。

軽井沢からしなの鉄道にのって上田市にむかう。車窓からみえる右手はとぎれることのない高い山々だ。いっぽう左手は大地が折り重なるようにうねっている。東海道線などにはみられない荒々しい景観である。

山間の小さな駅をいくつも通過し、民家を遠く近くにながめながら電車は快走する。

上田の「唐猫伝説」

山が急にひらけて上田駅についた。

駅の案内所で、さっそく「唐猫《からねこ》伝説の場所はどこですか？」とたずねた。案内所の女性はけげんな顔をする。そこでわたしは「唐猫伝説」のことをすこししゃべった。彼女は「小学校のころきいた記憶があります」といった。「よかった！　小学校でもおしえていたのだ」。わたしはあらためて「唐猫伝説」の話を彼女にした。

太古、小県《ちいさがた》郡から南佐久郡にかけて一面に大きな湖がひろがっていた。いま観光名所になっている岩鼻の地はそのころは一つづきの山で、現在のようになにかで切断されたような特異な地形ではなかった。そこから南、つまり軽井沢のほうにかけてが湖水で、鼠宿《ねずみじゅく》といわれるところから北、つまり越後にかけては陸地だった。

ところがこの土地には一匹の劫《ごう》をへた大ネズミがすんでいた。そしてたくさんの子ネズミをうみ、親子ともどもこの地方の田畑を荒らしまわった。百姓たちの農作業も水の泡となった。そこで村の人々があつまってネズミの害をとりのぞく相談をした。すると一人の古老が「ふつうのネコは何百匹かかってもあの大ネズミにはかなわないだろう。あの大ネズミより大きいネコをつれてきてやっつけるよりほかない」といった。

そこで村人は大きな唐ネコをさがしてきてネズミにけしかけた。さすがの大ネズミもその唐ネコにはかなわずほうほうの体で逃げだした。唐ネコはどこまでも大ネズミを追いかけて湖水をたたえた岩山の麓まで追いつめた。そこで大ネズミは死力をつくして岩山を咬みきった。すると岩山のあいだから湖の水がほとばしりでて、やがて猛烈な勢いで湖の水がながれだした。そのために大ネズミも子ネズミもみなおぼれて死んでしまった。唐ネコも水にながされたがいまの篠井《しののい》付近でやっと陸にはいあがった。けれどひどく弱っていてまもなく死んだという。

いまの岩鼻はそのときネズミが咬みきったところで、流れだした水が千曲川だという。岩鼻の北にある「鼠宿《ねずみ》」という地名は大ネズミにちなんでつけられた。篠井付近の「唐猫」とよばれる地域は唐ネコが水からあがったところとされる。その唐ネコを祭ったのが軻良根古《からねこ》神社である。また岩鼻にちかい塩尻村は、太古、湖のもっとも北の端にあったので潮尻という村名を名のり、千曲川の上流地方は湖の南の端だったから、海の国、海尻、海瀬などの地名がのこった、といわれる。

(『日本伝説叢書』『小県・埴科両郡の伝説』)

彼女は目を輝かせた。そして岩鼻の場所をおしえてくれた。わたしは現地にむかった。

JR上田駅から北へタクシーで十五分ほどはしると千曲川の右岸の土手にでる。対岸に大きな二つの穴のあいた岩山がみえる。人間の鼻の穴にみえるから岩鼻とよばれている（写真）。

しかしそこは「半過《はんか》の岩鼻」といい、対岸の山にはもう一つ「塩尻の岩鼻」というのがある。元はひとつづきの岩山だったが、さきのネズミが岩を咬みきって、つまり蹴裂いてできたところだ。

写真　千曲川の土手から見た半過の岩鼻

その岩鼻の真下に道路がみえる。しかし昔ここに道はなく、旅人は鼠宿村の南側の山にのぼり、崖の上をとおって対岸の塩尻におりたという。岩鼻の下に道がついたのは慶長十五（一六一〇）年のことだが、いまでも落石がおおく、しばしば通行止めになる危険なところなのだ。

タクシーの運転手さんは「子供のころ、遠足にいって岩鼻のうえで弁当をひろげたことがある」といった。もう五十年もまえのことだそうである。「小学校の先生から唐ネコの話をきいたかもしれない」と、記憶をたどっていた。

右岸の山と左岸の山との距離はおよそ六〇〇メートル。たしかにここをふさがれたら上田盆地も、その上流にある佐久盆地もみな湖底になってしまうだろう。

岩鼻を背に千曲川の上流をながめると、ひろい河原のむこうに夫神岳、女神岳、独鈷《とっこ》山、烏《え》帽子《ぼし》岳などといった佐久の山々が美しくみえる。

わたしは、やっと「千曲川旅情の歌」の気分になった。

「ヒナ族」「アマ族」「天皇族」

伝説はたんなるお伽噺ではない。つまり絵空事ではないのだ。なぜなら、伝説は原則として時代と場所があきらかだからである。それはある時代の、ある地でおこった事件、とりわけ政治上の大きな事件の暗喩である可能性がつよい。人々は凄惨な事件を動物の物語などに託して子孫にかたりつたえたものだろう。

このばあいの時代は「上田や佐久が海だったころ」とされている（『所論　上田・佐久の民話』）。前後から判断して古墳時代末ごろだろう。場所はこの上田市岩鼻である。

さらに伝説で重要なのは、その動物たちあるいは登場人物たちの名前もしくは出自である。たとえそれが動物名やニックネームであったとしても非常に大切である。そこで、このばあいの登場人物をかんがえてみる。

まず田畑を荒らしまわった、というネズミたちである。かれらは、さきにのべたヒナ族とかんがえられる。農耕をやらないからだ。しかしアマ族の侵入にともない、かれらは中部日本の山間地帯や東北方面に封じこめられてしまった。信濃はそのかれらの数少ないアジールである。避難地だ。

つぎに、田畑をつくっていたのは農民である。かれらはさきにのべた西日本のアマ族である。しかしかれらは漁民といっても、北方の狩猟民などとちがって漢大陸という一大農業大陸からやってきたから、必要とあれば土地をみつけて農業に転換することを辞さなかった。

ここの農民たちも西日本から日本海の海岸をつたい、信濃川・千曲川を遡航してこの地にやってきたものだろう。そしてこの地で田んぼをつくろうとしたが、大ネズミにたとえられる先住のヒナ族によって田んぼの畦をこわされるなどの抵抗をうけた。

しかしヒナ族たちが抵抗するのもむりはない。かれらはこの地の先住民だったからだ。この地の資源で、永年、狩猟・漁労の生活をおくってきた。だから新参者が自由勝手にのさばって大地を開墾するのを見すごせなかったのだろう。

しかし、たまりかねた農民は唐ネコにたのんで狩猟民を追いはらおうとした。

「蹴裂伝説」と国づくり

では唐ネコとは何者か？　それは「天皇族」の軍隊だったとおもわれる。すると「天皇族」とはなにか？

いまからおよそ二千五百年前から二千年前にかけてお向いの漢大陸は戦国時代となり戦争に敗れたおおくの亡命民が大挙して日本列島にやってきた。そして金属器や農業などの先進技術をもたらした。この西から吹いてきた「風」によって、日本列島に弥生時代がはじまったのである（上田『呪術がつくった国日本』）。

ところがすこしおくれて東から吹いてきたもう一つの風があった。地球寒冷化がいっそうすすんだためシベリア大陸からやってきた「軍事部族」だ。

かれらの生業のひとつは、フン族やゲルマン民族などとどうよう他民族を掠奪することにあった。であるから鉄で装備したかれらの軍装や巧みな軍事作戦、さらにその征服戦略などは並はずれたものがあった。

そこで日本列島にやってきたかれらは、資源の乏しいこの国で生きていくために、先住アマ族と提携しあるいは通婚して結束をかためた。さらにアマテラスという名のアマ族の巫女の命にしたがって、湿地だらけの日本列島を水田地帯に変えることに望みをかけたのである。

そのかれらの一部は大和にまで侵入し、アマテラスの理念である稲作を天下にひろめ、それによって日本国家を建設し、運営しようとした。そうして畿内から西の九州、東の関東・東北にまで歩をすすめた。ヤマトタケルなどはその先頭にたった。やがてかれらの大王は天皇になり、天皇の歴史書ともいうべき『記紀』がつくられた。こうして「天皇族」といわれるものが出現したのである（上田『一万年の天皇』）。

しかしかれらは、いたずらに先住民を殺戮したり土地を奪ったりはしなかった。湿地を沃野にかえて稲作をするのがかれらの目的だったから、それにしたがう先住民はみなゆるした。

そうして稲作に従事させた。そのうえでかれらからアガリをとった。それが、かれらのいう「王化」である（上田「人間と自然と太陽と」『社叢学研究』）。じっさいヤマトタケルが東征したときも「エミシの悪い者たちはすべて罪に服した。ただ信濃の国と越の国だけがすこしも王化に服していない」（「景行紀」）といわれている。

こういう「王化」にしたがわない者にたいしては彼らは峻烈だった。すべて殺戮した。それがこの「唐猫伝説」である。

するとこれは大ネズミと唐ネコの戦いにたとえられた「蹴裂伝説」であるとどうじに、ヒナ族と天皇族の戦争であり、かつ、「天皇族の国づくり」の説話の一環ではなかったか？

いっぽう、先住民であり狩猟民であるヒナ族は追いつめられて岩鼻の崖を咬みきって湖の水を落したが、それは相手をやっつけるためだったろう。かれらは岩盤を裂く技術を知っていたからだ。しかし結果は天皇族のみならずヒナ族もみな死んでしまった。のこった農民たちだけが水が干上がったあとに田んぼをつくった。黒澤明の映画「七人の侍」を地でいくような話である。メデタシ、メデタシというべきか?

こうして上田平とそれにつづく佐久平が蹴裂かれ、この地は一大沃野と化した。奈良時代には国府がおかれるまでに発展した。

以上のこのわたしの論考は推理に推理をかさねたようにおもわれるかもしれないが、わたしにとっては歴史上の話のつじつまがすべてあっているようにおもわれるのだが、勝手な思いこみだろうか?

6

竜の子が松本平の水を落とした

先住民の「母子心中」か?

長野・松本

信濃の「蹴裂伝説」

信濃つまり長野県についてもうすこしつづける。
長野県は県歌の「信濃の国」に、

流れ淀まずゆく水は
北に犀川千曲川
南に木曽川天竜川

とうたわれるように、海のない国であるかわりに大河が四本もある。北の日本海にむかう千曲川および犀川と、南の太平洋にむかう天竜川および木曽川である(図1)。

しかし厳密にいうと、犀川は長野市あたりで日本海にむかう千曲川に合流している。すると犀川は千曲川の支流ということになるが、しかしその流域面積は合流以前の千曲川とおなじぐらい大きい。つまり犀川と千曲川はほとんどおなじぐらいの大きさの川なのだが、両者は合流してからいごは千曲川という名称になってしまった。ほんらいなら「犀曲川《さいくま》」とでもすべきだったろう。

それはともかく、長野県は南北アルプスや中央アルプスをようする「大山の国」であるが、どうじに、四本の大河をもつ「大河の国」でもあるのだ。

この大河の国には、さきにのべた「唐猫伝説」のほかにまだおおくの「蹴裂伝説」がある。

その一つが、千曲川と犀川を中心とする長野県各地におおい「小太郎伝説」だ。「小太郎という男の子とその母親の竜とが、湖岸をやぶって湖の水をながし平野をつくった」とするものである。地域によって、多少、話に異同はあるが中身はあまりかわらない。

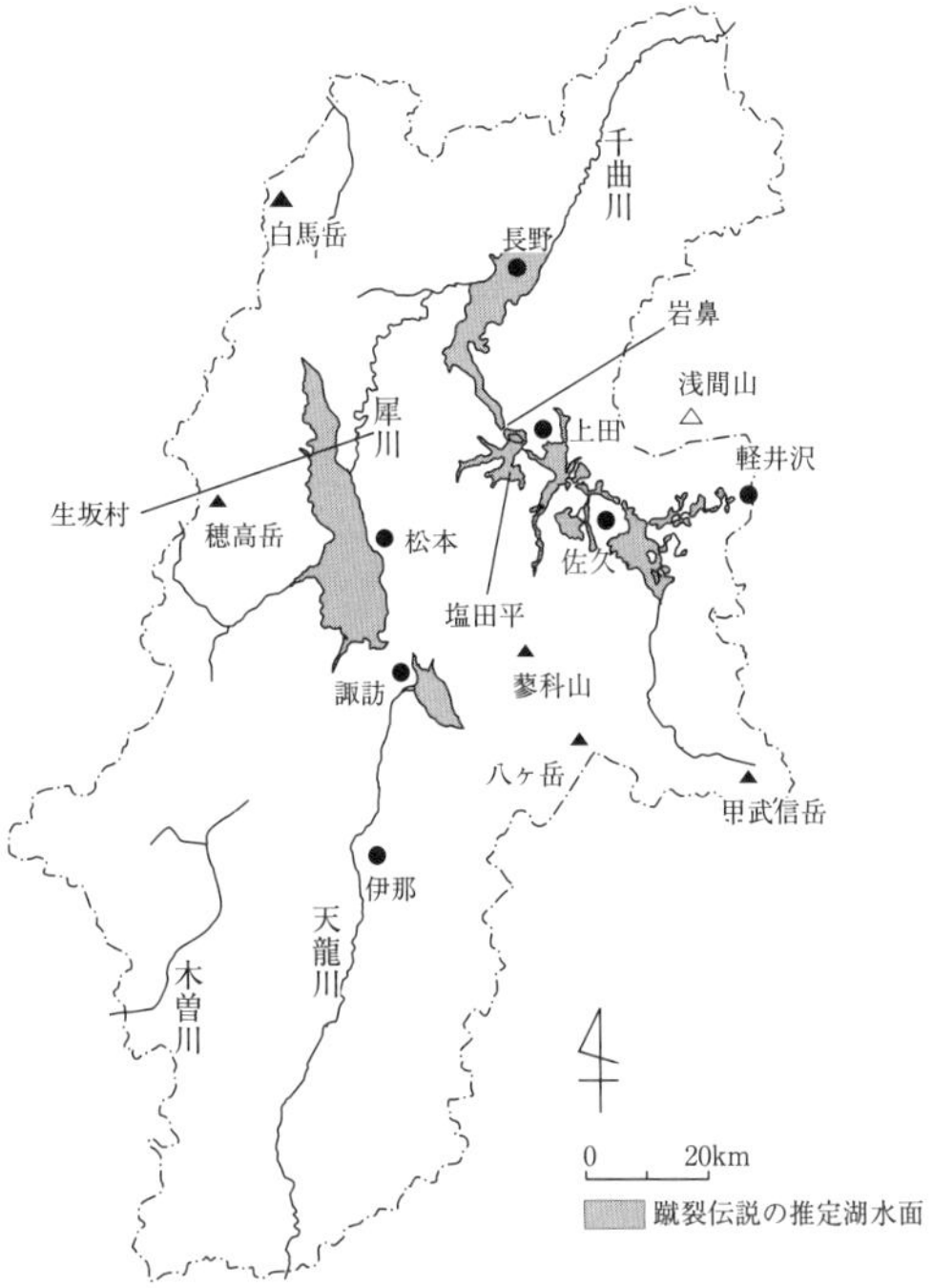

図1　信濃の川と太古の推定湖水面（筆者作成）

そういう伝説が各地にある結果、今日、各地にいろいろのモニュメントや看板がたっている。

たとえば安曇《あずみ》野の穂高町の穂高神社の境内には「竜にのった泉小太郎の像」がおかれている。大町市の高瀬川大町ダムサイトの公園には「大きな岩の上で竜にまたがった小太郎のモニュメント」がある。また生坂村山清路《さんせいじ》には「山清路伝説」という小太郎伝説の看板がたっている。そして山をへだてた東側の上田市塩田平には小太郎伝説にかかわるとされる産川《さんがわ》がある。つまり、それぞれの地域が「小太郎伝説」の発祥の地を主張して、今日、観光資源になっているのである。

しかしもとをたどれば、どうやらつぎに紹介する千曲川の塩田平と犀川の松本平の二つの話のようだ。

しかしこれら二つの話は、主人公の名前が塩田平では「小泉小太郎」といい、松本平では「泉小太郎」と称してすこし違うが、名前がよく似ているから元はおなじ話かもしれない。あるいはこの両川での「蹴裂伝説」をすべて「小太郎伝説」としてしまったのかもしれない（図2）。

以下、その二つについてのべる。

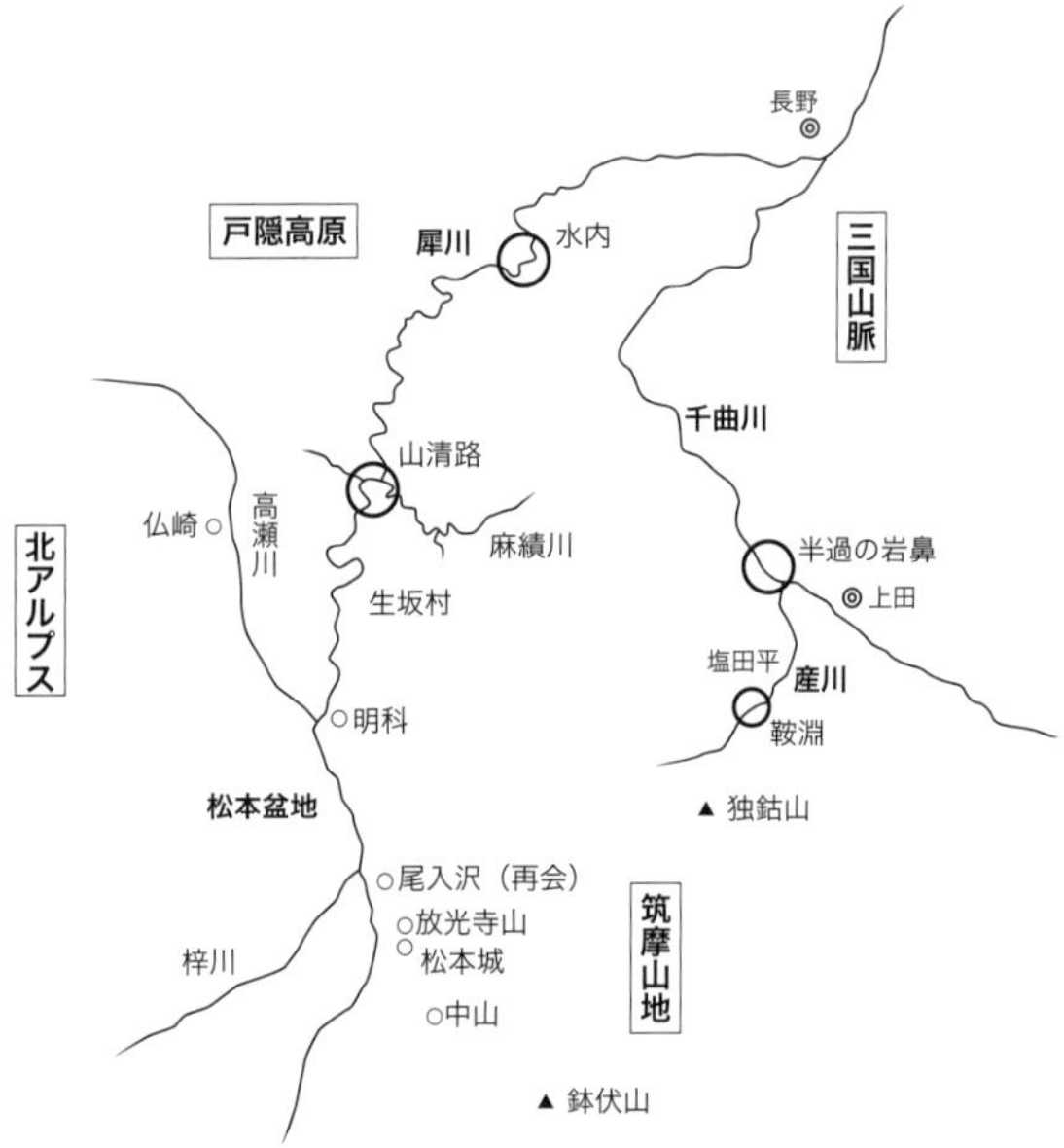

図2　「小太郎伝説」の地　◯内は蹴裂きの場所

塩田平の「小泉小太郎伝説」

最初は、千曲川の支流の産川を舞台にした塩田平の「小泉小太郎伝説」（『信州の伝説』東筑磨摩郡）である。それは長くドラマチックな話である。しかも「母子心中」といってもいい哀話だ。

大略をしるすと、

むかし独鈷山《とっこやま》いうけわしい山のなかの寺にわかい坊さまがすんでいた。

いつのころからか、その坊さまのところへ美しい女の人がかよってくるようになった。しかし真夜中にたずねてくるが、夜明けになるとどこかへ消えてしまう。ある夜、坊さまは女の人の着物に毒のついた縫針をさしておいた。

夜があけると、縫針の糸は庭をぬけて山の沢をくだり、産川の上流にある鞍淵《くらふち》（写真1）という大きな岩のところまでつづいていた。その岩の上では生まれたばかりの赤ん坊を背にした大蛇が毒針にさされてのたうちまわっていた。しかし大蛇は坊さまに気がつき「こんな姿をみられては生きておられません。この子をどうかよろしくたのみます」といって赤ん坊を岩の上におろし、淵のなかへ水煙をあげて飛びこんで消えてしまったのである。

坊さまはおそろしくなり、赤児をのこしたまま一目散に寺へ逃げかえった。

それから三日目の夕方にはげしい雨がふり、赤児は小泉村までながされてきた。そして一人の婆さまにひろわれ、小太郎と名づけられ大事にそだてられた。小太郎は食っては寝、食っては寝るばかりだったが、しだいに大きくなっていった。

ある日、小太郎は山のような萩の木を巨大な二束にしてかついでもってかえってきた。その力持ちにおどろいた婆さまは、小太郎にいままでのことをすべてはなした。すると小太郎は、一人ふっと旅にでてしまった。

小太郎は産川をさかのぼって鞍淵まできた。そして

写真1　産川上流の鞍淵

底しれぬ淵をのぞいた。すると水のなかから声がした。「小太郎よ、西南にある高い山にゆきなさい。そこに大きな湖がある。犀竜という竜がすんでいる。お前の母さんだ」。

小太郎は西南方向をむいてあるきだした。けわしい山の隘路に貧しい人々がたくさんすんでいた。その人たちが小太郎に「どこへいくのか?」とたずねた。「あの山の大きな湖へいきます」とこたえると、みんなはため息をついて「あのひろい湖が田んぼになったらわたしたちはどんなに助かるだろう!」といった。小太郎は「この人たちを助けたい」とおもった。

山をこえて高い峰にのぼりついたら眼下に大きな湖がみえた。小太郎は「母さーん」とよんだ。すると湖の水が大きくうねって小太郎のまえに美しい女の人があらわれた。そして「小太郎よ、よくきてくれたね。母さんはお前のくるのをずっと待っていました」といった。それは十五年まえに独鈷山のわかい坊さまをたずねてきた女の人だった。毒針にやられたあのときの竜はこの湖へたどりついたのだった。

そこで小太郎はいった。「母さん。この湖の水を流して田んぼのない村の人々に田んぼをあげることはできませんか」といった。すると、「これは母さんの大切な湖です。この湖があればこそいつまでも長生きできる。お前といっしょにここで幸せにくらすことができるのです」とこたえた。

しかし小太郎は、

「この国はどこをあるいても山また山で、みんな立ってもおれないようなところに畠をつくって生きています。ここには水があるのにまわりの土地では田んぼもつくれない」

女の人は小太郎の言葉にしだいに打たれてゆき「そこまでいうのなら力を貸しましょう」といって湖にとびこんだ。

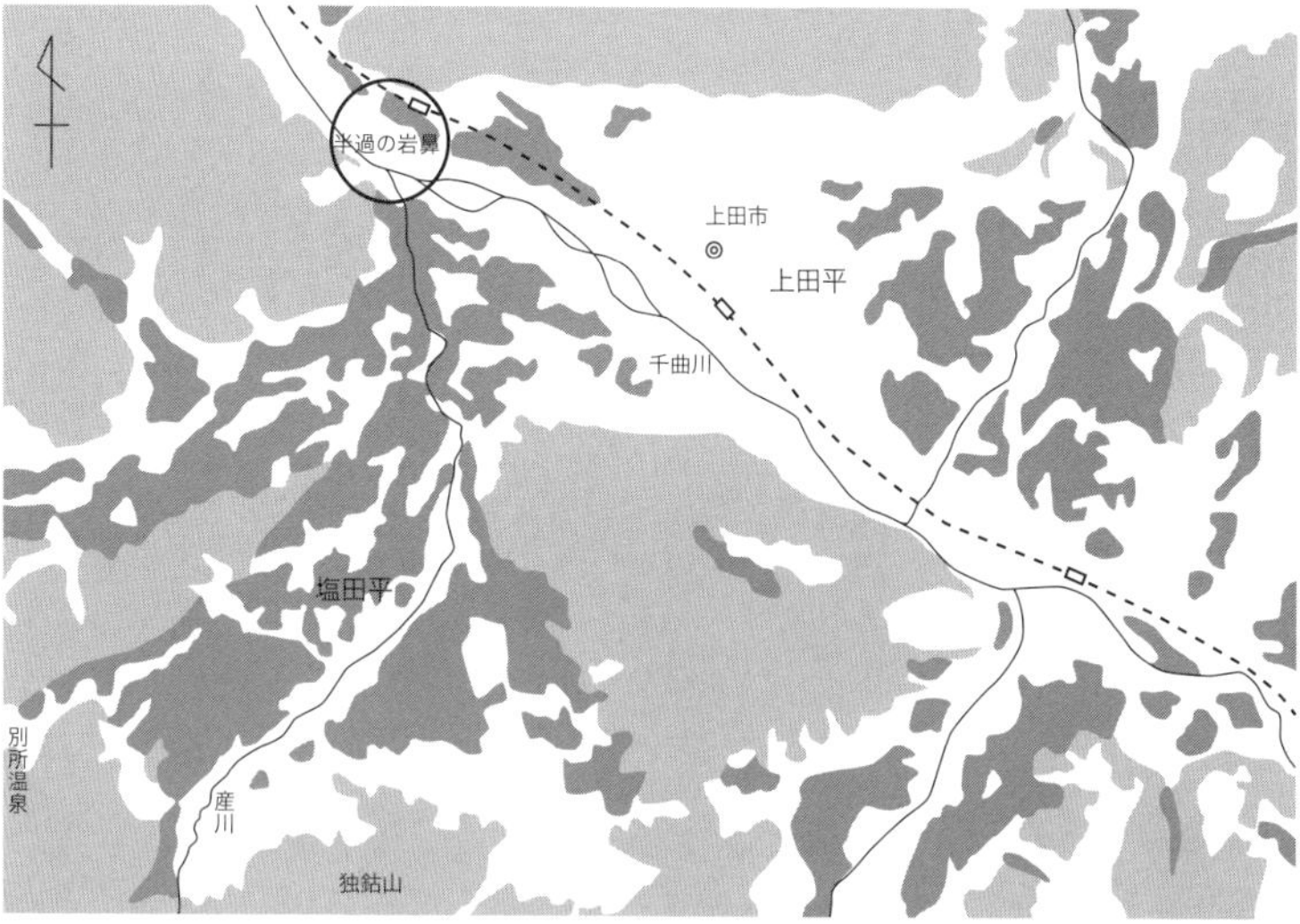

図３　上田平と塩田平の土地利用

すると、突然大きな渦がおこり、白い霧がふきだして女の人の姿は大きな竜にかわった。

「小太郎よ。これが母さんのほんとうの姿です。湖の水を流せば母さんはまたほかの湖をさがさなければならない。でも、水も土地もないお百姓さんのために母さんが力になりましょう」といった。

つぎの朝、犀竜は小太郎を背中にのせてゆったりと湖のうえをおよぎながらいった。「小太郎、この湖がどうしてできたか話しましょう。むかし天の神さまが天上で五色の石を練っていたときあやまってその一つを落としました。落ちた石はとびちって山となり、くぼんだところが湖になりました。この山を切りくずすのに何日かかるかしれないが、お前と力をあわせて今夜からこの湖の水を遠い北の国までみちびきましょう」。そうして竜がカッと目を見ひらいて天高くのぼると、はげしい風雨がふきだし、雷鳴がとどろいた。

写真２　塩田平の遠望（鞍淵の近くから）

小太郎を背中にのせた竜は、渾身の力をこめて山にぶつかった。はげしい山鳴りとともに山はくずれ、その裂け目から水が滝となってながれおちた。

すると、山々にかこまれた湖の底から平らな土地があらわれた。

そのご、犀竜と小太郎がどこへいったかはだれも知らない。

この塩田平の「小泉小太郎伝説」は「蹴裂伝説」としてみるとたいへん興味ぶかい。

上田市の南西にある塩田平はむかし国府のあったところで、その先には庶民に親しまれた別所温泉がある（図３）（写真２）。上田市からは上田電鉄がはしっている。

南に独鈷山（一二六六メートル）を背負うそのあたりは歴史を感じさせる古い寺々がたくさんある。「わかい坊さまと竜の女が契りをむすんだ」というのも不思議ではない光景だ。

そしてここには東光寺池、山田池、舌喰池、甲田池などといった古い池がたくさんある。というのも、蹴裂きがおこなわれたあとに池がほられたからではないか？　そうしないと蹴裂いたあと水がさっさと流れてしまい田に水をやるどころではない。

さて蹴裂きがおこなわれたのは、千曲川の支流の産川・尻無川と、湯川・追開沢川の二つの川の合流点付近とかんがえられる。そのあたりを築地という「突き地」であろう。

両側に山がせまっている。小川が曲がりくねって流れている。村々が多島海の島のごとく田んぼのなかに浮かんでいる。「蹴裂きがおこなわれたのはこういう場所か」とわたしはおもった。

「蹴裂き」は各地でおこなわれた

さて、この「小泉小太郎伝説」をこうかんがえてはどうだろう。

この地方にふるくからすんでいた母竜は、山の湖の水産資源によって生きる縄文人である。いっぽうその下流には田んぼをつくる農民たちがいた。かれらは山中にいた、というから平地農耕をすすめた弥生人ではなく、遠くからやってきた海人族だろう。そして小太郎に「山を蹴裂いて農地をつくってほしい」と懇願した。

しかし農業をやらない縄文人は稲作民の話などをうけつけなかっただろうが、時がたつにつれ縄文人の子孫のなかにも稲作にふみきる者がでてくる。小太郎はそういった人々を象徴しているのではないか？

そこで山や川の自然に精通した縄文人である母竜に訴える。母竜は体当りして湖盆の水を流す。それはかれらにとっては自殺行為であるが、じぶんたちが犠牲になることで人々に豊かな農地をあたえたのだ。

これは縄文人と弥生人がはじめは抗争したが、のち協力して「田んぼをひらいた」という話ではないか？　さきの闘争心をむきだしにした「唐猫伝説」とはまたちがった話である。なお地元では「母竜」ではなくて「母へビ」といわれているが、たしかにヘビのほうが日本古来の伝承といっていいだろう。

さて、このような「小太郎伝説」がなぜ信州各地にのこっているのだろうか？

先章でものべたように、信濃には階段状の地形がおおい。それは河岸段丘によるものもあるが、活断層がつくったものもおおいようだ。フォッサ・マグナのせいでこのあたりには活断層が無数にとおっているからである。信濃は近畿地方とならんで日本の二大活断層密集地帯なのである。

そのような階段状の段丘面がおおいせいで、そういう段丘面に水がたまると大小の湖沼ができる。そして大雨がふるたびにそれら湖沼の水は湖岸の低いところからオーバーフローする。滝だ。その滝の岩をとりのぞくと湖面の水は一挙にさがる。

「蹴裂き」だ。

階段状の地形のおおい信州では、そういった「蹴裂き」があちこちでおこなわれたのだろう。この塩田平のケースはそのような「蹴裂き」の典型ではなかったか？　その結果、あちこちに「泉小太郎伝説」ができあがった、とおもわれるのだがどうだろうか？

松本盆地の「犀竜伝説」

もう一つの「蹴裂伝説」は松本盆地にある（図4）。

松本盆地はさきにのべた県歌の「信濃の国」にうたわれる「四つの平」の一つで、四つの平のうちではもっとも大きい。塩田平などとは格がちがう。

ここの主人公は「小泉」ではなくて「泉」とよばれる。「泉小太郎伝説」である。盆地が大きいせいで「小泉」が「泉」になったのだろうか？

さて松本盆地をかこむように西に燕岳や大天井岳などをもつ飛騨山地が、東に美ヶ原をようする筑摩山地がそびえたっている。いずれも二〜三〇〇〇メートル級の山並だ。晴れた冬の日には、それらの峰々が白く美しくかがやいて見る者を圧倒する。

そこに「日光泉小太郎伝説」とよばれるつぎのような話がある（『信府統記』一七二四）。

景行天皇の御代までは安曇・筑摩の平地は一面の湖で、そこに犀竜がすんでいた。また東の高梨の池には白竜王がすんでいた。

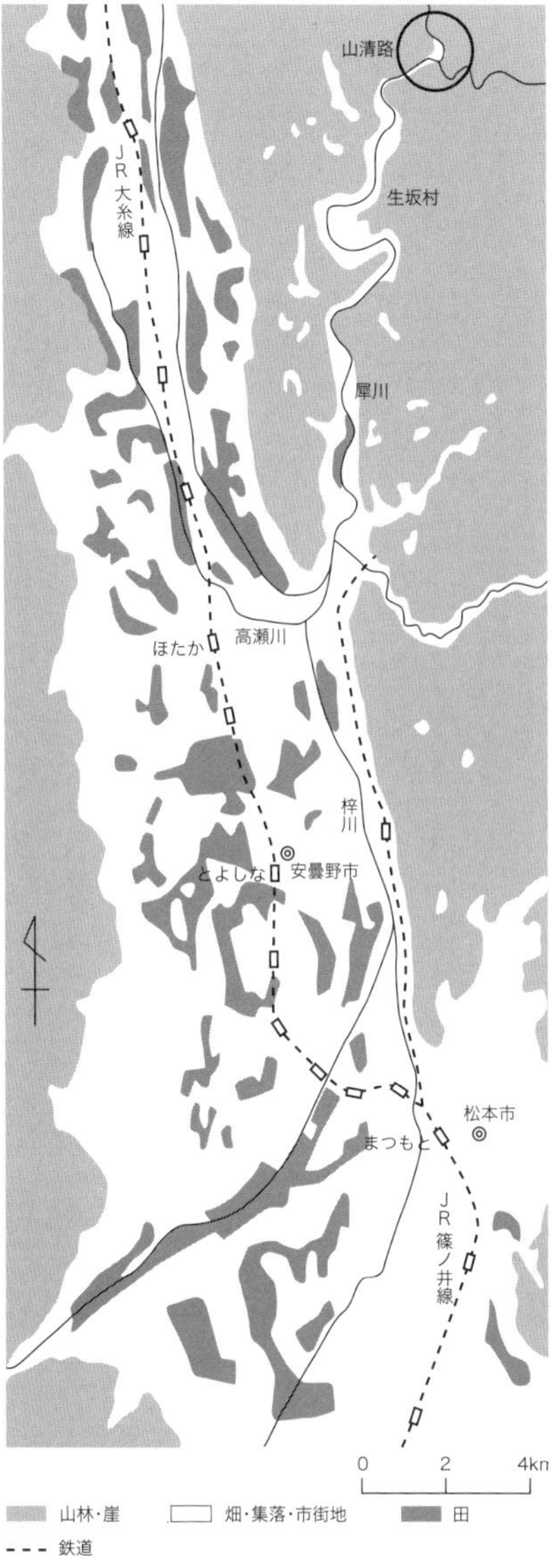

図4　松本盆地の土地利用

犀竜は白竜王とまじわって八峰瀬山《はちぶせ》（鉢伏山）で子どもを産み「日光泉小太郎」と名づけた。小太郎は放光寺山（松本市城山）で成長した。だが小太郎が大きくなるにつれ、母の犀竜は自分の姿のみにくさを恥じて湖の底に身をかくした（一四二頁図2参照）。

小太郎は母の行方をたずねまわり、熊倉（安曇野市豊科町高家）の下田（松本市島内）の奥の尾入沢（松本市島内平瀬と田沢の界）でようやく母と再会する。すると母は「わたしは諏訪明神の化身である。明神の氏子が繁盛するように姿をかえているのです。おまえはわたしの背中にのって、この湖を突きやぶって水を落とし、人々の住める平地をつくりなさい」といって、小太郎を背中にのせてうごきだした。尾入沢は小太郎を乗せたところとされ、いまは犀乗沢という。

小太郎は母犀竜の背中にのって、湖の北の端の明科から三清寺（生坂村山清路）まで川をくだって岩を突きやぶり、さらに一五キロメートルほどくだって水内《みのち》橋の下（上水内郡信州新町久米路橋）の岩山を蹴破って千曲川から越後の海まで水をながした。こうして安曇平に広大な土地ができた。そこで、小太郎が母犀竜の背にのった犀乗沢から千曲川と落ちあうところまでを犀川というようになった。そのご犀竜は白竜王をたずねてともに坂木の横吹の岩穴にすんだ。小太郎は有明の里（池田町十日市場）でくらし子孫は大いにさかえた。

湖の水が落ちて平野になったので人々は田地をひらき、しだいに村や町ができていったという。

小太郎の母は諏訪大明神の化身の犀竜で、父は安曇族の神の白竜である。つまりこれは諏訪の神と、安曇族というアマ族の神とが協力して里をつくったという話ではないか？ 塩田平の「蹴裂き」に似ているが、スケールはずっと大きい。

松本盆地の高瀬川と穂高川が合流する犀川橋をすぎると、犀川は長野市にいたるまで数えきれない

写真３　生坂村を流れる犀川。峡谷に露出した巨岩がつづく。

ほどの蛇行をくりかえす。そのまわりの美しい渓谷を犀峡という。

わたしは京都から愛車を駆って「竜が蹴破った」という生坂村の山清路へむかった。生坂村は松本から犀川をくだって三〇キロメートルほどいったところの山間の村である。

山清路は、犀川と金熊川と麻績《おみ》川の三川の合流点より一キロメートルほど上流の区間をいう。高い岩壁がそびえ崖崩れのあとが何箇所もみられる（写真3）。春はツツジ、秋は紅葉の観光名所である。わたしが訪れたのは夏のはじめで、山間の小さな田んぼにはカエルがはねていた。

そのあとわたしは宿にかえって、松本盆地の平地部にあるすべての水田の等高線を赤エンピツでたどってみた。水田はむかし湿地ないし水面だった可能性が高いからだ。するとそれは諏訪湖の五つ分ぐらいの大きさになった。一大湿地帯である。

また松本城の天守閣にあがってみた。すると、西の北アルプスの山々の麓が白くキラキラと光っていた。

「やっぱりここに湖があったとしても不思議ではない」とわたしはおもった。天武天皇がここに都をつくろうとしたわけもわかるような気がした。

じっさい、北アルプス、中央アルプス、南アルプス、筑摩山地、妙高高原といった大山塊にかこまれた松本盆地には大河がない。すると、ふった雨はそのまま蒸発するか、木々に吸いあげられて葉っぱから蒸発するか以外に行き場がない。となれば松本盆地は湖沼地帯と化するであろう。救いは、どこかで盆地の水がオーバーフローして滝になって流れでることだが、しかし地図をひらいてみても、現地をおとずれてみてもそういうところは見あたらない。唯一、そこに細々とした渓谷があるだけである。しかしこの渓谷以外に「水の抜ける道」はない。

犀峡だ。

しかしじっさいにそこをたずねてみると、くねくねとした屈曲部がおおく、そのうえまことに狭い。狭いところでは谷の幅は五〇メートルほどである。そしておそろしく長い。その延長は三〇キロメートルにもおよぶ。

するとちょっとでも大雨がふれば、この渓谷のあちこちで山体崩壊がおこり、あるいは土砂崩れが発生して川は糞づまるだろう。松本盆地も湖になるのだ。すくなくともつぎの大雨でそれらの土石を流してくれるまでは湖のままである。

そういうことがずっとつづいてきたのではないか？　人々はワラをもすがるおもいで「この渓谷がなんとかならないか」と見つづけてきたのではないだろうか？　そうして「それが犀竜伝説になったのではないか？」とおもわれる。

縄文人とアマ族は協力した

さて、前章でのべたアマ族はこの地にも進出している。松本盆地の安曇野《あずみの》である。いま安曇野市になっている。

このアズミ、ほんらいはアヅミまたはアツミという地名は日本各地にある。山形県の温海《あつみ》温泉、愛知県の渥美半島などだ。しかしその元となるものは北九州の福岡の「安曇《あずみ》」である。応神大王のとき、その地の首長の安曇連《むらじ》大浜が海人の宰《みこともち》に任ぜられたことをみても「安曇はアマ族だった」とおもわれる。

かれらは「天皇族」を九州から大和にはこぶという「神武東征」をお手伝いした、とかんがえられるが「天皇族」が奈良に都を建設したころ、かれらはさらに尾張、美濃、三河にまで進出したようだ。さらに尾張から木曽川をさかのぼって信州の安曇野まで進入してきたのではないか、とわたしはおもう。

しかしアマ族がなぜ信州の山の上にまで住んだのだろうか。

さきにものべたように、アマ族はその江南という出自から農業を拒否しなかった。農業で食っていけるのなら漁業をすてて農業に転換することを辞さなかったのである。しかもアマ族がやってきたころ、この松本盆地は湖沼地帯だったろう。

しかしここにやってきたアマ族の一派のアヅミ族は、地元の縄文人と「唐猫伝説」のような抗争はしなかった。むしろ「地元の縄文人と通婚していった」とおもわれる。わかい坊さまと犀竜の契りや、犀竜と白竜王の交わりがそのことを物語っている。

そうした通婚の結果、うまれた子どもたちは、農業の食糧生産性の高さをみて縄文人である母親に「蹴裂き」を要求したのではないか？「蹴裂き」を要求された縄文人たちは「蹴裂き」をおこなったのち山の奥へと退去していった、とおもわれる。

この「蹴裂伝説」はそういった人々の行動を説話として語りついだものではなかったか？ つまりアマ族の一派のアヅミ族が「この地方では縄文人と協力して湖を蹴裂いた」という話である。

信濃にはいろいろのケースがあるものだ。

諏訪大社はなぜ「山」と「木」を祭るか

ところが信濃にはまだほかにも変わったケースがある。

それは諏訪盆地にある。

諏訪盆地は長野県の中央にあり、さらに盆地中央に諏訪湖という大きな湖が鎮座している。つまり諏訪盆地はいまも「湖盆」なのだ（図5）。

その諏訪湖では、冬の夜に湖面が全面結氷したとき大音響とともに氷上に大きな亀裂がはしる、という。その亀裂からまた水が染みでてふたたび結氷し、翌朝にはその結氷した部分が盛りあがって約五キロメートルにわたって、湖面に一直線状に白い氷列ができるそうである。

人々はそれを諏訪の神さまの「お神渡《みわたり》」といって古来からあつく信仰してきた。諏訪の人々が諏訪湖を聖地とみなしたのもこのような神秘的な現象があったからだろう。

では、その「諏訪の神さま」とはいったい何か？

さきにみてきた話からすればそれは建御名方神《たけみなかた》である。諏訪大社のご祭神だ。

しかし諏訪大社にはじつはヤシロが四つある。上社《かみしゃ》と下社《しもしゃ》におのおのに二つずつヤシロがあるから、つごう四つのヤシロがあるのだ。

そして上社は諏訪湖の南にあるが、そのヤシロの一つの前宮は上社本宮の大祝《おおほうり》とよばれ「神さまともみなされる神主」の住居とされてきた。いっぽう上社本宮はその大祝がまつる神のヤシロとされ、そこにまつられる神さまは南方刀美《みなかたとみ》といわれる。「タケミナカタのことか?」とおもわれるが確証はない。

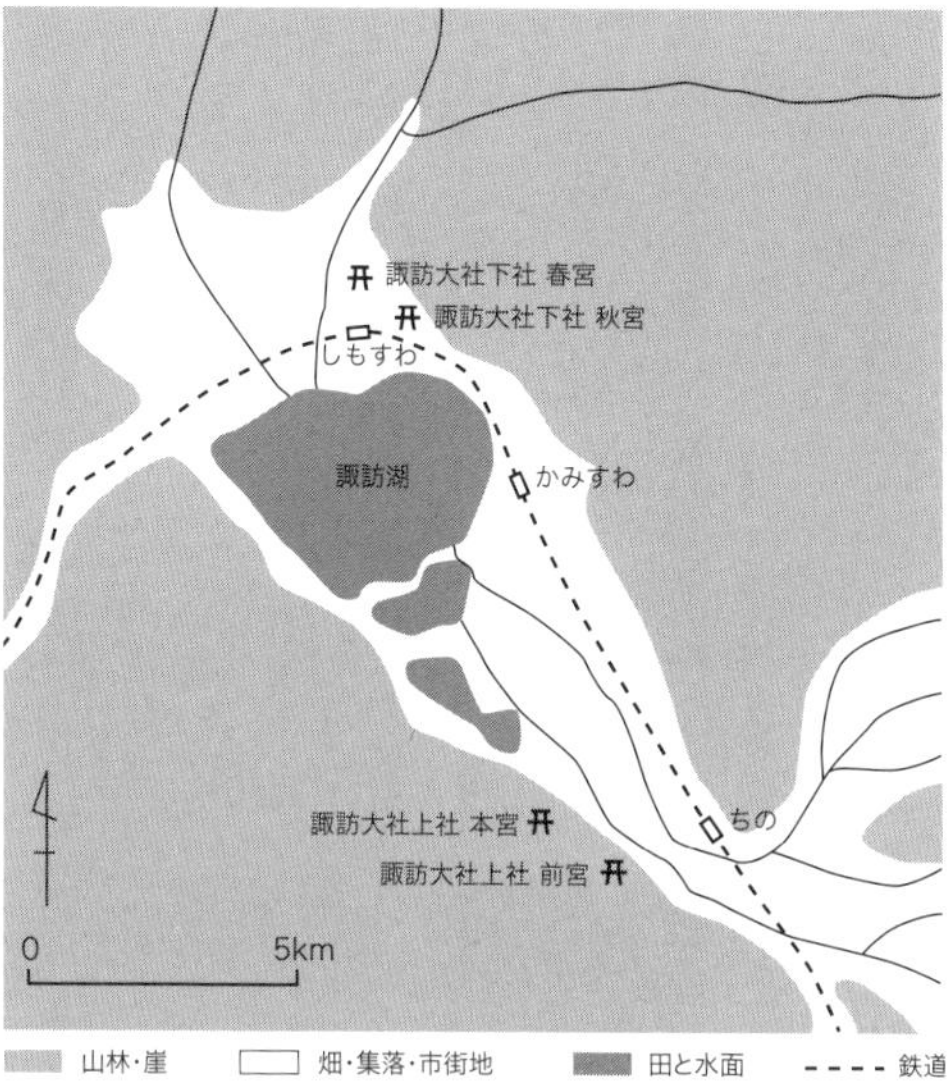

図５　諏訪盆地の土地利用と諏訪大社

そして上社前宮はもちろん本宮にも本殿はなく「宝殿背後の守屋山《もりやさん》をおがむ」という。これはまったくの「山岳信仰」である。ではヤシロをつくったのはだれか? のちにのべるように、出雲族のタケミナカタが「この地の縄文人の山岳信仰を尊重して建てたのではないか?」とおもわれる。

いっぽう下社のほうは諏訪湖の北に春宮と秋宮としてあり、ともにタケミナカタとその妃の八坂刀売《やさかとめ》命をまつっている。上社とどうよう本殿はないが、春宮も秋宮もならびたつ二つの宝殿のあいだに四角の瑞垣《みずがき》をつくって、そのなかに春宮はスギの神木を、秋宮はイチイの神木をまつっている。「そこに半年ずつ両神が鎮座される」という。とすると、これは

写真４　諏訪大社の御柱

まったくの「樹木信仰」ではないか?

つまり諏訪大社には、上社の「山岳信仰」と下社の「樹木信仰」の二つがあるのだ。そして上社のほうはどうやら守屋山という「神山」をまつり、下社のほうは「神木」をまつっているのである(写真4)。

いったい、これはなにを意味するのか?

タケミナカタが出雲から農業をもってきた

諏訪湖をかこむ山々は、古くから信仰の山として崇拝されてきた。

湖の東南三〇キロメートルにある八ヶ岳には「岩長姫《いわながひめ》」がまつられている。

イワナガヒメは『記紀』にでてくる神さまであるが『記紀』では妹の木花佐久耶姫《このはなのさくやひめ》の脇役に甘んじている。コノハナノサクヤヒメが「天皇族」のリーダーであるニニギノミコトに見染められて「天皇族」の系譜にはいってしまうが、イワナガヒメは遠ざけられたのだ。

二人は大山津見神《おおやまつみ》というその名からして縄文山岳民の子である。もっとも2章で述べたように瀬戸内海のアマ族が山岳民化したものかもしれない。その縄文人ないし山岳民の娘の一人は天皇家にはいり、もう一人の娘は縄文人ないし山岳民のままその生涯をすごしたのである。それがこの八ヶ岳である。八ヶ岳の神さまになったのである。

じっさい八ヶ岳山麓では、いまも縄文時代の狩猟をおもわせる豪快な「御射山祭《みさ》」が毎年八月末日におこなわれている。おおくの観光客をあつめてにぎわっている。

また諏訪湖の真東の二〇キロメートルには蓼科山がある。

地元では「女《め》の神山」として愛され、全国的には「諏訪富士」とたたえられ、いまも霊山として人々にしたしまれている。これも縄文人たちの山岳信仰の対象だったろう。

しかし諏訪の人々にとってもっとも大切な山は、諏訪大社本宮の南一〇キロメートルにある守屋山《もりやさん》だ。じつはこの山が本殿のない諏訪大社の本殿とされる。諏訪大社の神体山である。

それは湖のどこからでもよく見える。「モリヤサンに雲がでたら雨が降る」などといわれるように、古来から人々の生活に密着してきた山だ。

ところでこの諏訪湖のように、山中の湖というのは信州でもめずらしい。佐久・上田盆地や松本・安曇盆地はさきにのべたようにもはや湖はない。

ところが諏訪では、このようにまだ湖がのこっている。

なぜのこされたのか？

その謎をとく鍵とみられる話がある（今井野菊「洩矢神《もれや》と建御名方命《たけみなかた》の伝説」）。

出雲の王の大国主命の息子のタケミナカタは進取の気性にとみ、ゆくところ敵なしの青年だった。しかし出雲に進入してきた「天皇族」にやぶれ、その大将の建御雷神《たけみかづち》に追われて越の国をへて科野《しなの》の国は洲羽《すわ》の湖のほとりにまでのがれてきた。そうしてタケミナカタは「この地を安住の場所にしたい」とねがった。

ところが諏訪の地にはモレヤノカミなる先住の神さまがいた。

タケミナカタが軍隊をひきいて諏訪にやってきたとき、モレヤノカミは「なぜ出雲の国の大豪族の息子が信濃の国に攻めこんでくるのか？」と交戦の構えをとった。ところがモレヤノカミがタケミナカタの姿をみたとたん「その澄んだ眼と雄雄しい姿に圧倒されて降参した」と伝説はかたる。いご、モレヤノカミはタケミナカタを百年の知己をむかえるがごとくに遇したのである。

諏訪の国は寒い。しかしそれをのぞけば水の幸、山の幸にめぐまれた桃源郷である。

タケミナカタはモレヤノカミに案内されて、諏訪が一望できる丘に立って感激した。そして追ってきたタケミカヅチに「この地からどこへもいかない」と誓約して洲羽《すわ》の国にすむことをゆるされた。

しかしタケミナカタに心服したモレヤ一族は、タケミナカタの命にしたがって未開の地をひらき、牧場をつくり穀物をうえるなど諏訪の国づくりにはげんだ。

このモレヤノカミは縄文人だったろう。守屋山という山を神さまにするからだ。しかし、縄文人はふつう稲作をやらない。

伝説によると（今井野菊『諏訪物語』）モレヤノカミにもいろいろの兄弟がいたが、みな湖の漁撈民や山の狩猟民だった。かれの息子も弓矢の達人で「千頭の鹿を射るのを念願とした」などという。

いっぽう、なおタケミナカタの属する出雲族は、今から二千二、三百年まえごろ、朝鮮半島から日本にやってきた種族とみられる。かれらもまた漢大陸からやってきた「弥生族」どうよう農業をよくした。その農業によって、出雲族は筑紫や吉備の国から瀬戸内海にかけてひろく進出した。東日本にやってきたタケミナカタはその稀なケースだったろう。

そうしてやってきたタケミナカタはこの地で農業をおこなった。焼墾《やきはり》、町墾《まちはり》などをおこない、イネ、アワをはじめ蔬菜などをつくり、そのうえ鹿皮の交易までやったという。

こうしてみると、タケミナカタ一族は稲作だけの民ではなかったことがうかがえる。かんがえてみると、前章でのべたように漢大陸からやってきて日本に農耕をもたらした「弥生族」は稲作だけではなかった。アワもヒエもムギもつくった。イネはその一つだった。いわば「五穀の民」である。タケミナカタもそういう「五穀の民」だったろう。

諏訪湖はなぜ蹴裂かれなかったか?

しかしそれにしても、タケミナカタの雄姿がどんなにすばらしかろうと、モレヤノカミはなぜすんなりタケミナカタをうけいれたのか?

タケミナカタはいまのべたように出雲の豪族だが、后は伊勢国多気郡の麻績《おみ》の豪族の八坂彦命の娘八坂刀売命《やさかとめ》とされる。そのヤサカトメの同族は、ふるくから信濃にすんでいた、という(今井野菊『神々の里』)。するとモレヤノカミがタケミナカタをうけいれたのも、妃のヤサカトメの力が大きかったのかもしれない。ヤサカトメはいまも諏訪大社にまつられている。

こうしてタケミナカタとモレヤノカミのあいだに堅い結束ができた。そうしてタケミナカタの息子とモレヤノカミの娘とがむすばれた、という。諏訪の人々はこれをおおいに祝福した。わかい夫婦は隣の筑摩の郷まで開発しておおいに国づくりにはげんだそうである。

すると諏訪地方では「狩猟・漁撈の民」と「五穀の民」とが融合したというのだろうか? その結果「諏訪湖の水を切っておとす」などといった発想がおきてこなかったのか? 諏訪湖では「蹴裂き」はおこなわれなかったのだろうか?

たしかに、諏訪湖の最大水深はわずか七・二メートルである。とするなら、これを蹴裂くのは簡単なことだ。それをやらなかったのは農耕民が狩猟民に遠慮したからか？

しかし、この地方にはタケミナカタをまつる神社がたいへんおおい。長野県神社庁に登録しているヤシロは総数千三百社（佐久・小県・諏訪・松塩・大北・更科・更埴・上高井）あるが、そのうち四百三十社はタケミナカタをまつっている。ということは、それらはみなタケミナカタのもたらした農耕文化に感謝をしめすものではなかったか？

じっさい、さきの諏訪大社の下社には樹木信仰がある。

樹木信仰は農業に通じる。なぜなら樹木の生えるところはみな水利のよいところだからだ。そして農業に水は欠かせない。であるから農耕神をまつるところはいまも「ご神木」や「入らずの森」を大切にする。すると「諏訪大社の下社にはその原型がある」といっていい。そういう聖地を御柱がかこんでいるからである。

とすると、それは農耕文化の素晴らしさをしめすいわばモニュメントではなかったか？

これにたいし、モレヤノカミを主祭神とするのは岡谷市川岸東にある洩矢《もれや》神社ただ一社である。ということはモレヤノカミはたいした事績をのこさなかったのか？　それとも縄文人にはヤシロに神や偉人をまつる、という風習がなかったためか？

しかし諏訪にはミシャグジという人々を禍いからまもる原始信仰がある。その「ご神体のおおくに縄文中期の石棒がはいっているという（藤森栄一）。同じようなことを柳田國男も『石神問答』のなかでいっている。そういうミシャグジをまつる石の祠が諏訪地方に多数ある。それと守屋山信仰とはかさなるようである。

ところで、ここに一つの疑問がある。

さきのオミワタリが諏訪大社の上社から下社へ諏訪の神がわたるものとされてきたことである。だが下社はたしかに諏訪湖の近くにあるが、上社はかなりはなれたところにたっている。もし「諏訪の神が上社から氷上をわたって下社にいたる」のなら、上社は諏訪湖のもっとちかくになければならない。ところが、いま上社のまえは一面の田園地帯である。しかしよくみると、そこには必要以上にたくさんの小川がはしっている。いわば小川の乱流乱舞する地帯なのだ。

わたしは神社のちかくの丘の上にあがってその風景をながめていて「ああ、ここはむかし湖ではなかったか?」とおもった。

それを証明するかのように、茅野《ちの》市のせまい渓谷のところでそれらの小川は一本になり、そこに、甲州街道も中央自動車道もJR中央線もみなとおっている。つまりそこにしか車の道も人の道も水の道もないのだ。

ということは上社のまえの田園地帯は、ほかに逃げ道のない完全に包みこまれた空間なのである。すると、むかしそこは湖だった可能性がある。

とかんがえると、現在ある諏訪湖とほとんどおなじぐらいの大きさの湖がこの上社のまえにもあったのだ。むかしの諏訪湖はもっと大きかったのである。すくなくともいまの倍ぐらいはあった。さらに等高線をたどっていくと、下社のまえあたりにまで湖はひろがっていた、とおもわれる。それらすべてが、いまは小さくなったのだ。

なぜか?

蹴裂かれたからである。

どこで?

「岡谷市橋原あたりの両側から山がせまったところ」か、あるいは「辰野町の平出あたりの狭い渓谷ではなかったか？」とわたしはおもう。そこは諏訪湖の水が天竜川になっていくところだ。

その結果、諏訪湖の奥の部分、つまり諏訪湖の南半と北の一部とが陸化したのだ。ただし北半の大部分はのこった。それがいまの諏訪湖である。

なぜそういうことになったのか？

それはさきにのべたように「タケミナカタは稲作一辺倒ではなく五穀農耕をすすめはしたがかったからか？」「タケミナカタがモレヤノカミをはじめとする縄文人の生活をおもって蹴裂きを半分にとどめたからか？」あるいは「地形上それ以上の湖の水の溢出が困難だったか？」のどれかだろう。

こうして諏訪湖は奇跡的にも、むかしの日本の湖沼地帯の風景をとどめたのである。そしてその湖こそが縄文人のいまにのこるモニュメントといっていいだろう。そこに「お神渡り」があり、そこの上社から山が祭られるわけである。

また「七石《ひちぜき》」「七木《ひちぼく》」の信仰があり、その七石の一つの「御座石」には「大明神は岩のござに降りたもう」という神楽歌があるように神の依代とみられ、硯石《すずり》はそれを拝むことによって守屋山を拝するとされる。

ほかに風を鎮める「薙鎌《なぎかま》」などがあり自然信仰にみちあふれている。

さらに諏訪大社には、日本三大奇祭の一つとされる有名な「御柱祭《おんばしら》」がある。それはおおくの諏訪神社でもおこなわれている。それらはだれがみても田植祭のような弥生人の優雅な祭ではない。縄文人の威力をしめす荒々しい祭である。そういう荒々しい祭がタケミナカタをまつる祭である以上、出雲のタケミナカタはここ諏訪盆地で、みずからは出雲族であるにもかかわらずあえて「縄文文化をのこした」というほかない。

以上、「唐ネコと大ネズミ」「泉小太郎」「タケミナカタとモレヤノカミ」の三つの系統の「蹴裂伝説」をみてきたが、結局、蹴裂きは三者三様であることがわかった。

上田盆地では縄文人と「天皇族」およびアマ族が壮絶に戦った。

塩田盆地と松本盆地では縄文人がアマ族の願いをきいて開発に協力をし、みずからは去っていった。

さらに諏訪盆地では出雲族のタケミナカタと諏訪の縄文人のモレヤノカミとが融合し、どういういきさつがあったかはともかく、諏訪湖は半分蹴裂かれずにのこった。

前章で信濃の国は「謎の国」といったが、各地の人情も風俗もいろいろ異なるだけでなく、のこされた伝説もまたこのようにいろいろ違ったパターンがあることをわたしは知ったのである。

「信濃の国は面白いところだ」とつくづくおもったのであった。

7

オオクニヌシが亀岡の山を裂いた

イズモ族が「山の水稲作」をもたらした

京都・亀岡

「霧の湖」

晩秋のある朝、車で京都から国道九号線を西へむかう。丹波路である。

ところが京都の西山の坂をあがって老ノ坂トンネルをこえたとたん数メートルさきがまったく見えない。霧の海だ。びっくりして車のスピードをおとす。「これが音にきこえた〈亀岡の霧〉か」とおもう。

じっさい「亀岡の霧」は古くから有名だったらしく、江戸時代にかかれた本にも、

> 亀山（亀岡）地方、三四里の間、霧ふかくして、はなはだしきにいたりては夜分亥子《いのね》（午後十一時）の此《ころ》より下りて二三歩のうちならでは見えがたく、ようやく太陽を午未《うまひつじ》（午後一時）のころに見ゆることはままあるなり。（『桑下漫録』）

とある。濃霧はむかしもいまも変わらず亀岡で発生しているのだ。

それは科学的には「放射冷却現象」といわれるものである。昼間、太陽によってあたためられた亀岡盆地が、夜になると熱を放射して地上付近に暖かく湿った空気の層をつくりだし、それが大陸からやってきて盆地の底にしずんでいく寒気団にふれて急速に冷却されておきる。その結果、秋から初春

にかけて、亀岡盆地はしばしば地上二〇〇メートルくらいまで霧の海となる。

しかし、午後になると霧ははれる。すると、老ノ坂峠から亀岡盆地が眼下にひろがる。

盆地の中央を大堰《おおい》川がながれている。その右岸に亀岡の市街地がみえる。左岸は田園地帯である。

四方から山がせまり、山裾には点々と集落がみえる（図1）。

そういう亀岡盆地は、なるほど湖がスッポリはいるような形をしている。

そこで盆地の地質をしらべる。すると地質年代の更新世ごろまでは標高二八〇メートルの湖だったことがわかる（『新修亀岡市史』）。今日の河岸段丘や山裾あたりのラインである。

なんのことはない。亀岡の霧は、五百万年まえから数万年まえまで存在していた湖を再現してくれているのだ。

　その霧を地質学者は「冷気湖」とよんでいる。わかりやすくいうと「霧の湖」である。いいえて妙である。つまり大昔の亀岡の湖を見たければ「晩秋の早朝に亀岡にいけばよい」ということになるからだ。

　じっさい老ノ坂をこえるともう霧のなかである。「霧の湖」にスッポリはいってなにも見えない。宮崎駿の「ポニョの世界」である。

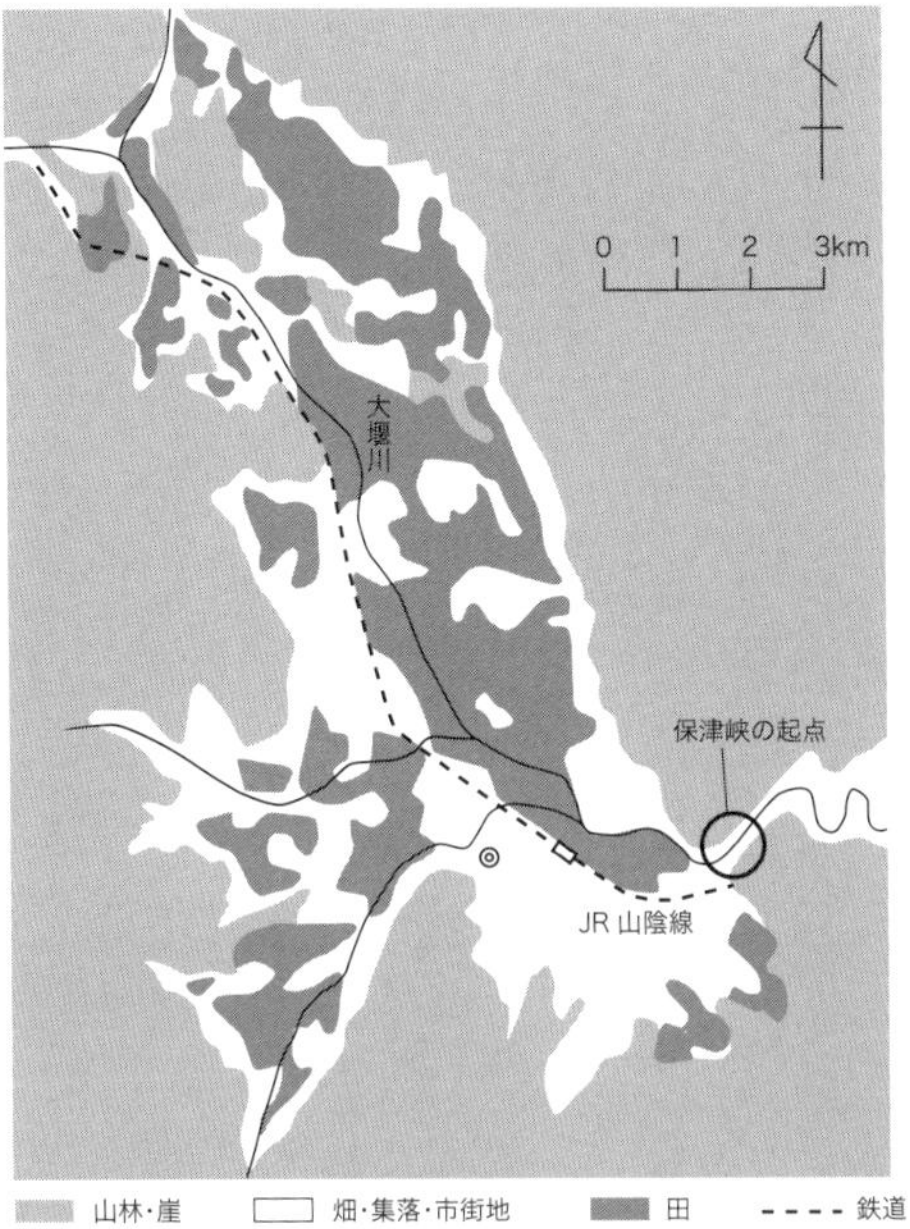

図1　亀岡盆地の土地利用

すばらしい「亀岡の観光資源」ではないか?

水害の町・亀岡

亀岡ときくと人はどのようなイメージをもつだろうか。

京都近辺あるいは近畿にすんでいる人ならともかく、それ以外の地域の人にとっては、たぶん「亀岡ってどこにあるの?」とききかえされることだろう。

しかし、じつはおおくの人々は亀岡を知っている。それは「保津《ほづ》川下り」の出発点だからだ。保津川下りをする人はみな亀岡という町までいって舟にのらなければならない。だからおおくの人は亀岡に足をふみいれている。ただその町が亀岡と意識されないだけだ。

保津川下りを経験した人ならわかることだが、峡谷の急流を舟でくだっていくのはスリルがあってたまらなく面白い。けれど「両側にそそりたつ峡谷が崩れおちたらどうなるだろう?」とおもうと、一瞬、ゾッとする。そしてそれは杞憂ではないのだ。保津川の峡谷はなんども崩れおちているからである。そのたびに亀岡盆地は水没してしまう。亀岡にとって保津川はアキレス腱なのである。

盆地といえばお隣りの京都もまた盆地である。

しかし京都盆地は、東西北の三方を山でかこまれてはいるが南部はひらかれている。南部にはかつて巨椋《おぐら》池という広大な水面があったが、それが開発されてしまった今日、車窓風景をみていても大阪とつながってきている。盆地とはいうものの京都盆地はけっこう開放的なのだ。

しかし亀岡盆地はちがう。

降水量が特別おおいわけでもないのに、急峻な山で四方をかこまれているせいか山地にふった雨は一気にくだり、盆地の中央をながれる大堰川に集中し、ときに湛水する。ところが大堰川の水を排出する谷はせまい。それはさまざまに蛇行するさきの保津峡である。だから「保津川下り」が人気を博するのだ。が、亀岡にとっては厄介なことだ。ときに増水した渓谷の水が盆地内を逆流して、亀岡盆地を太古の湖にかえそうとする。

「三方が山か」「四方が山か」ということは、それぐらい違うことなのである。

であるから、亀岡はいまも水害の危険をたえずはらんでいる。戦後のおもな水害をひろってみても、昭和二十八年九月、三十四年八月、三十五年八月、四十年九月……とたえまない。

これらは慢性的な保津峡の排水困難性によるものであり、それによって亀岡盆地では「湛水洪水」というべきものがおこるのである（図2）。

しかしそういった現象はなにも亀岡にかぎらない。日本中の盆地はどこでも、ふった雨水はしばらく盆地にとどまり、その水がぬけるかどうかはそこから海にむかう峡谷しだいなのである。しかもその渓谷は「砂山列島」である日本の岩石だからボロボロで、たえず土砂崩れをおこす。そうして下流の渓谷のどこかで大規模な土砂崩れがおきると、盆地は湛水どころではなく湖になってしまうのだ。

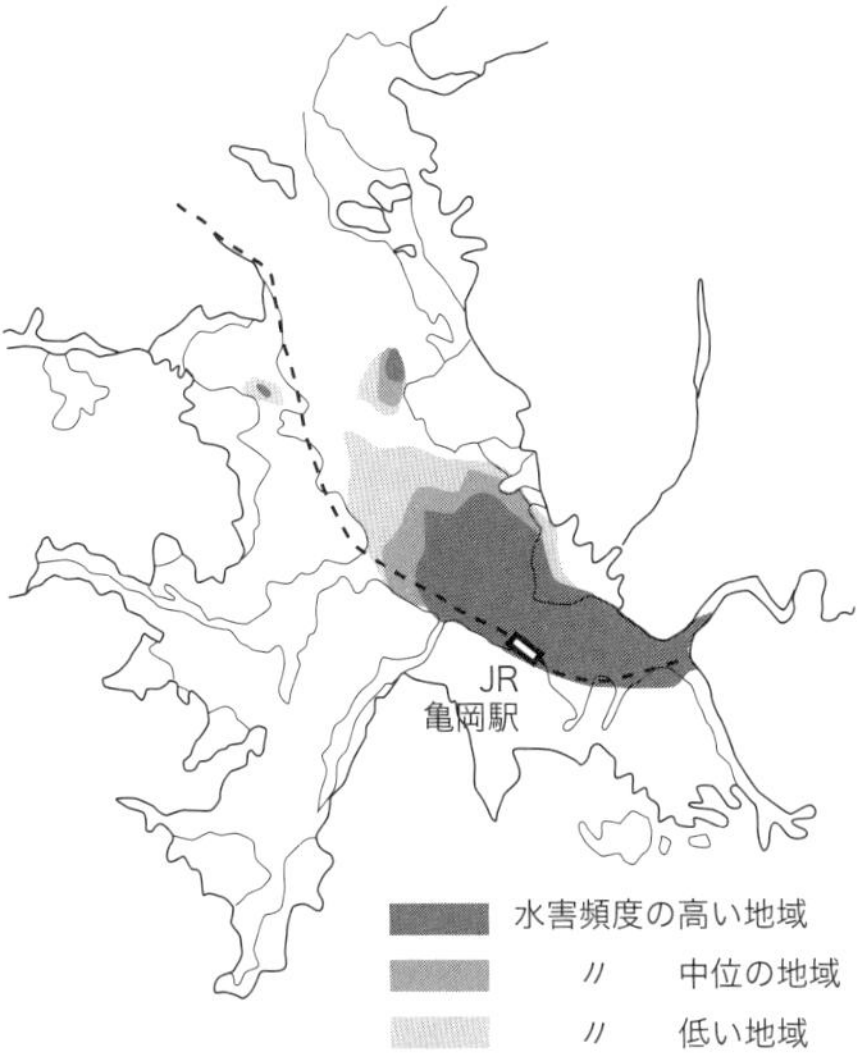

図2　最近の湛水氾濫地帯
（『新修亀岡市史』をもとに筆者作成）

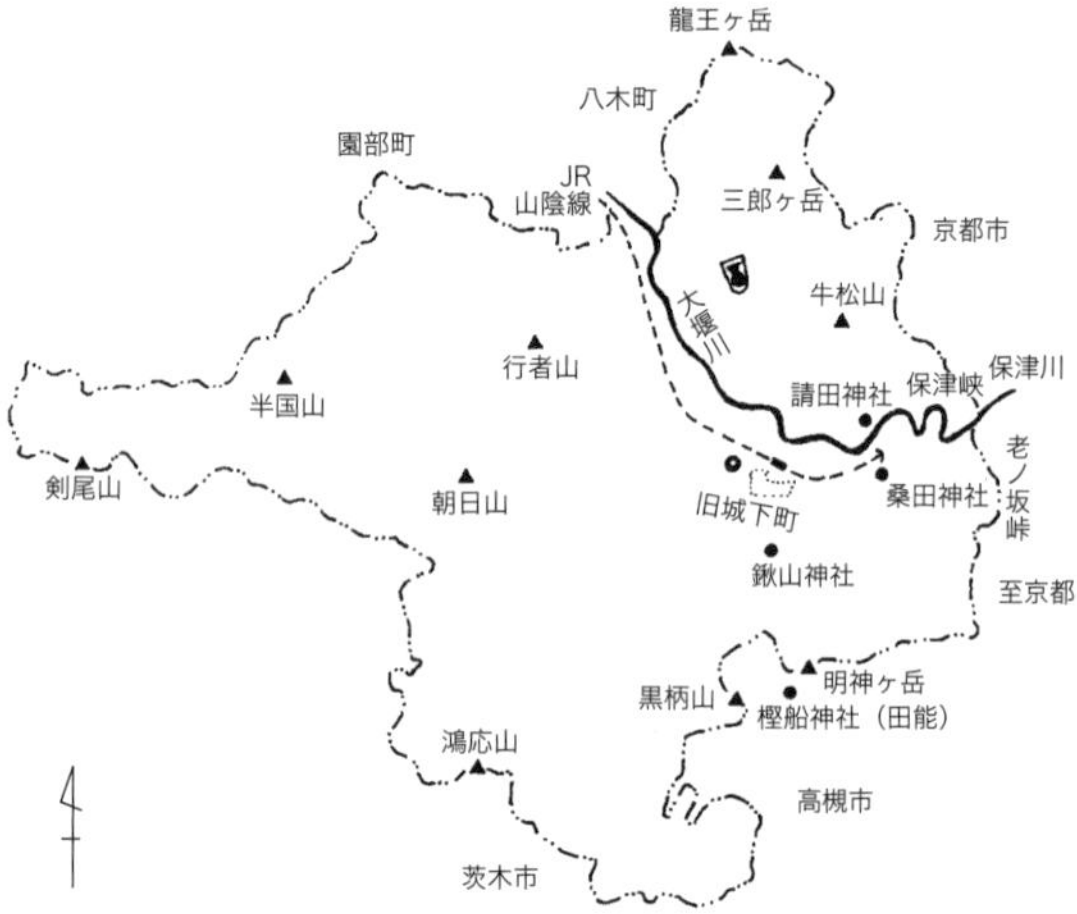

図３　亀岡市城と山と「蹴裂伝説」の地

その湖をなくすためには、つまり土砂崩れの土砂をとりのぞくためには、その土砂を押しながすもっと大きな土石流の発生をまたなければならない。つまり古い災害は新しい災害によってとりのぞかれる。そういう災害の繰りかえしが日本の国土なのである。

そのばあい、災害がとりのぞいてくれなかったら人間がとりのぞくしかない。それをとりのぞく方法はその渓谷の土砂を排出するか、あるいは新たに排水することのできる渓谷を開削するか、である。そういうことをはたして人間はやったのだろうか？

それを亀岡盆地でわたしはかんがえる。

亀岡の水はどこにながれていたか？

亀岡盆地は標高五〇〇〜八〇〇メートルの山々にかこまれている。北から東へ順に、龍王ケ岳、三郎ケ岳、牛松山とつらなる。南から西へは明神ケ岳、黒柄岳、鴻応山、剣尾山、半国山、行者山などがよこたわる。

なかに半国山は市内最高峰の山で、山頂から丹波の国の半分がみえるところから「半国山」とよばれた。その美しい姿は「丹波富士」として人々にしたしまれている（図3）。

しかし、このあたりは近畿でも有名な断層地帯だ。盆地の東端には亀岡断層や保津断層がとおっている。保津峡の入口附近にある請田《うけた》神社は、これら断層活動が集中する断層破砕帯上にある。すると、見た目には美しい山々だがその中身はいたってもろいのだ。

むかし亀岡盆地が巨大な湖だったころ、それらの水は今日のように東の京都盆地ではなく、南にむかってもながれていた。大阪平野の安威《あい》川や猪名《いな》川などとつながって、直接、大阪湾にはいっていたのである。

さらにおどろくべきことに、北にもむかってながれていた。由良川から日本海へというルートである（『新修亀岡市史』）。いまもそこに「丹波水戸《みと》」という地名がのこっている。「水戸は水の戸」である。それも地質学者のいうような洪積世という古い時代ではない。歴史時代においてさえ亀岡の水は南や北へながれていた可能性がある。大雨によってあちこちの渓谷が土砂でうまってしまうと、亀岡の水はそのつど、いちばん標高のひくい谷筋をえらんでながれていったからだ。

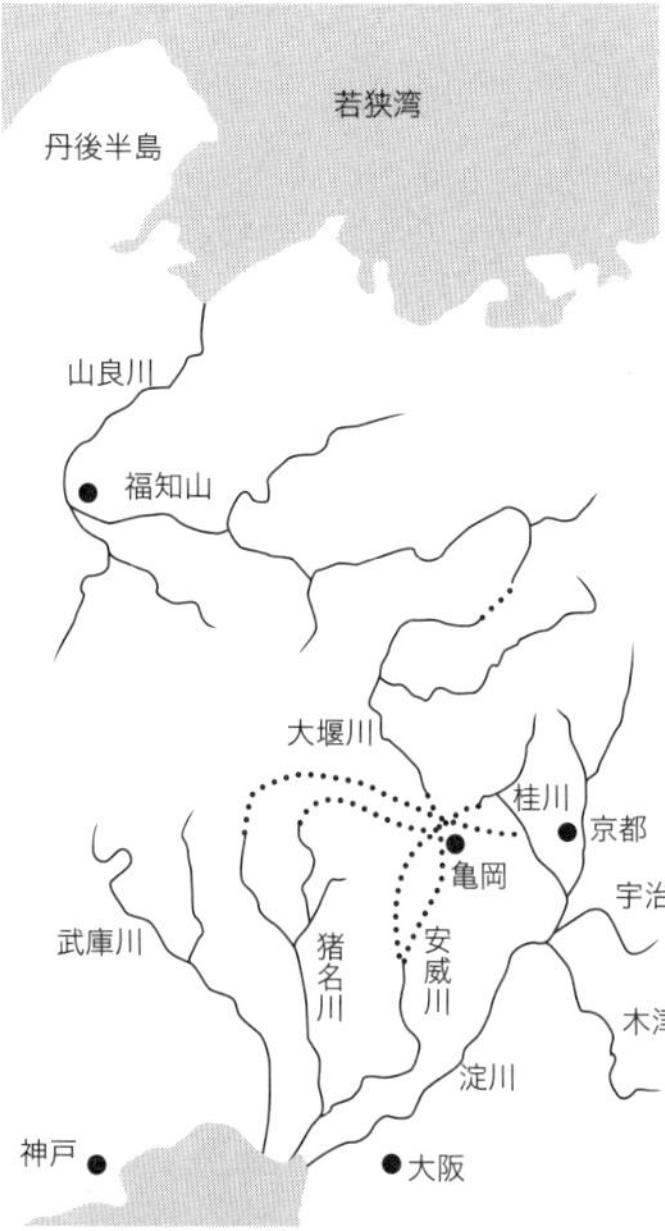

図４　亀岡盆地の排水の可能性をもつ水系路（点線）

そういった亀岡湖の排水路すなわち「排水渓谷」はいくつもある（図４）。

まず一本目は保津峡から嵐山へ、である。現在唯一の排水渓谷になっている。

二本目はさきの老ノ坂峠をこえて京都洛西の小畑川へ、三本目は亀岡の南にある黒柄《くろがら》山に発する東掛川の上流部の小泉というところから大阪平野の安威川へ、四本目は東別院町大野付近からおなじく安威川へ、五本目は柚原付近から余野川そして猪名川へ、六本目は本梅付近から田尻川そして猪名川へ、である。

さいごに七本目として、亀岡から大堰川を逆流して西北の旧八木町・旧園部町をへて観音峠を迂回し、旧丹波町の水戸、さらに北へ転じて由良川につながり日本海にいたる系路もあった。

そのころは現在の亀岡市も、旧八木町、旧園部町、旧丹波町などもおおかた湖の底だったろう。しかし、いまその湖はない。そして保津峡がただ一つの水の出口になってしまった。

このように盆地の水が選択的にながれていたというのは亀岡だけの特例ではなく、おおくの日本の盆地の宿命だったのである。

古墳の位置が「昔の湖岸線」をしめす

さて、亀岡盆地における人間の登場をみよう。

ここにはそうとう古くから人々がすんでいた。たとえば亀岡市内の鹿谷遺跡からは、黒曜石というガラス質の石でつくった旧石器時代の槍の穂先が出土している。

つづく縄文時代には、家屋の実態はあきらかでないものの、市内の千代川遺跡、三日市遺跡、太田遺跡、北金岐などから土器がいくつも出土している。

さらに弥生時代にはいると遺跡はたいへんおおい。薭田野《ひえだの》町太田では水田の一メートル下から土坑、壷、甕などの土器や木器が大量に出土し、環濠集落の跡とおもわれる溝までみつかっている。これら弥生遺跡のほとんどは河岸段丘の平坦部に分布し、水辺にちかく、眺めのよい高台であることがおおい。

しかしこの時代には、まだ現在の亀岡市街のかなりの部分が湖の底だったろう。現在の亀岡市街の標高は一〇〇メートルぐらいだが、そのころの湖岸線の標高は二八〇メートルあたりだった、とおもわれる

また古墳時代の亀岡盆地はどうだったろうか？

亀岡には古墳の数が非常におおい。『京都府遺跡地図』（一九八六）によると、市内には約六百九十基の古墳および群集墳がある。四世紀末から七世紀中葉にいたる二百五十年間にいとなまれたものである（図5）。

1　糖塚古墳　2　天神塚古墳　3　坊主塚古墳
4　千歳車塚古墳　5　三日市古墳　6　桜久保古墳
7　保津山古墳　8　野条古墳　9　瀧の花塚古墳
10　桝塚古墳　11　三ッ塚古墳　12　向山古墳
13　浄法寺1号墳　14　馬場ヶ崎古墳群
15　丸塚古墳　16　保津車塚古墳

図5　古墳時代の推定湿地・田園、扇状地、段丘、古墳（『新修亀岡市史』をもとに筆者作成）

このように古墳がおおいということは、土地の開発がさかんにおこなわれたことをしめすものである。さらに有力な豪族がいて、それにしたがう人々のムラがあったとおもわれる。なぜなら古墳はその土地を開発した首長の墳墓とかんがえられるからだ。

これら古墳時代の開発の中心は大堰川の上流左岸と下流右岸である。そこには二つの前方後円墳があり、大きな勢力のあった証拠である。

その前方後円墳のうち、前期古墳である向山古墳は盆地の南部、盆地を見おろせる小高い山のうえにあるが、それより大きい中期の千歳車塚古墳は大堰川上流の田んぼのなかにあり、全長八二メートル、後円部の径は約四六メートルという大きさをほこる。被葬者はわからないが、形は奈良の箸墓古墳に似ている。

すると大和朝廷に承認された豪族か、あるいは大和朝廷から派遣された重要人物の墳墓かとおもわれる。

『日本書紀』につぎのような記述がある。

武烈天皇が五十七歳でなくなったあと、男子も女子もなく跡嗣問題がもちあがった。大伴《おおとも》金村という大連《おおむらじ》がみなにはかって「いままったく跡継ぎがない。天下の人々はどこに心をよせたらよいのだろう。古くからいまにいたるまで天下の禍はこういうときにおきている。仲哀天皇の五世の孫の倭彦《やまとびこ》王が丹波国桑田郡においでになられる。こころみに兵士をつかわし、御輿《みこし》をお守りしお迎えして人主として奉ってはどうか」といった。大臣《おおおみ》や大連らはみなこれにしたがいお迎えすることになった。ところが倭彦王は、迎えにやってきた兵士を望見して恐れおののき、顔色をうしなわれた。そして山中に遁走して行方不明になってしまわれた。（『継体紀』）

亀岡は丹波国桑田郡にある。するとここに仲哀天皇の五世の孫がおられたのだろうか？

しかも仲哀天皇といえば「朝鮮進攻」を命じる神さまの意向を拒否して筑紫で亡くなられた大王である。『記紀』における悲運の大王の一人だ。さらにいえば悲劇の英雄ヤマトタケルの子だった。そういう血筋をうけた倭彦王がもし亀岡におられたとしたら、古代亀岡は政治的にも複雑な土地だったのだろう。

しかし興味がそちらへいくとわたしの話がややこしくなってくるので、千歳車塚古墳の被葬者がだれかはこのさい措く。

ともかく重要なことは、この地が大和とたいへん関係がふかく「大和朝廷がおこなったような本格的な国づくりがおこなわれた可能性がある」という指摘にとどめよう。前方後円墳の築造は、何度ものべるように国土開発そのものだからである。

そこで古墳の分布をみる。

図6　奈良時代の推定湿地と扇状地、条里制遺構
（『新修亀岡市史』をもとに筆者作成）

それらは、最初のころみな盆地を見おろす高台にあったが、そのご盆地の低地に移動する。低地の開発とともに人々の生活空間も低地にうつったからだろう。それは最初のころ盆地のシンボルとしてつくられたようだが、のちには政治的集団のちかくにまつられた可能性がある。しかしその詮索も措く。

興味ぶかいのは、大規模古墳にかぎらず中小古墳や方墳、群集墳などもほとんど等高線の一〇〇~二〇〇メートルのあいだにあることだ。これは古墳時代の亀岡の湖岸線が海抜一〇〇メートルあたりにあったことを示唆するものではないか？

図７　平安・鎌倉時代の推定湿地と式内社・寺院（『新修亀岡市史』を参考に筆者作成）

さらにそのあとの亀岡の沖積平野にはおどろくほどたくさんの条里制が見いだされる。古墳時代の開発をうけついで、奈良時代にここが重要な穀倉地帯だったことをしめすものだ（図6）。

ところが、それらの条里制は、亀岡の扇状地にはおよんでいない。その大半が沖積地の自然堤防の後背湿地など開発の容易なところにある。というのも扇状地には水がないから「公地公民」などという「国家の農奴」として働かされた人々にとっては植民意欲などおきなかったからだろう。そこが開発されるのは土地が私有化にむかう荘園時代になってからである。亀岡でわたしははからずも「日本農民の勤労観」をみる思いがした。

さて、平安・鎌倉時代には式内社や寺院も立地してさかえるが（図7）、最後のしめくくりは戦国時代の明智光秀である。

光秀は「主君殺し」として日本人には評判が悪いが、しかしここ亀岡では人気がたかい。というのも亀山（亀岡の旧名）在住はたった五、六年であったにもかかわらず、しかもそのほとんどが丹波平定で留守がちだったにもかかわらず、光秀は亀山の水害防除に力をつくしたからだ。

「国土を整備した人が庶民から敬われる」日本歴史の大鉄則はここ亀岡でも例外ではない。

オオクニヌシの「蹴裂伝説」

さてここ亀岡には「出雲の神さまのオオクニヌシがやってきて鍬をふるって峡谷の岩を切り裂き、水をながして亀岡の里をひらいた」という「蹴裂伝説」がいくつもある。

たとえば、

神代のむかし大己貴命《おおなむちのみこと》が国土をおさめていたころ、丹波の国は丹色《にいろ》（朱色）の泥湖だった。湖には大蛇がすんでいて、洪水を抱き、濁浪天をしのぎ、水は丹波水戸より日本海側にながれ、住民のくらしは楽ではなかった。そこへ出雲からオオナムチがやってきて、盆地が一望に見わたせる南黒柄岳の神原というところに八柱の神々をあつめ「この湖の水をながして沃野をつくろう」とおっしゃった。そしてりっぱな樫舟をつくり、樫田から舟にのり、一つの鍬をふりあげて保津請《うけ》田《た》の岩を切りひらいた。すると湖の水はみな保津川にながれでてしまい、湖の底がぬけ、あとに沃野がうまれた。人々は神さまたちがおこなった「国づくり」をよろこび、天岡山の麓にお宮をつくった。そのときつかった鍬をあつめると山のようになったので「鍬山神社」と名づけられた。

和銅二年（七〇九）のことである。（「鍬山神社の由緒」）

とある。

このばあい「保津川開削」のキーとなるのが樫舟である。神々をのせた樫舟は、いまの樫田地区の田能《たのう》（黒柄岳の東）を出発したとされる。田能はいまは大阪府高槻市に編入されているが、もとは南桑田郡に属していた。行政区はかわったが鍬山神社の宮司がひきつづきこの田能の樫船神社の神主を兼務している。

また鍬山神社の宮司は「樫船神社にはサルタヒコがまつられているので、出雲の神々を亀岡まで案内してきたのはサルタヒコではなかったか」という。サルタヒコは伊勢の出自とみられ海人《あま》族とかんがえられる。するとイズモ族とアマ族が共同して開発をすすめたものだろうか？

そのほか「亀岡湖」の開発については『神代系図伝』『請田神社伝記』、『山州名跡志』、『山城名勝志』などにおおくの記述がある。また亀岡には、湖を開発した開拓神をまつる神社が十社ぐらいもある。

そこで、樫舟をつくったという樫船神社のある田能の集落をめざして山道をはしった。田能は標高三三〇メートルほどのところにある。まがりくねった山道がとぎれると、とつぜん目のまえがひらけて風がふきぬけた。集落にはいったのだ。

樫船神社は田んぼと集落が一望できる小高いところにたっていた。「なるほど、神々はここから樫舟にのられたのか」とおもう。

町の人にきくと、市内の曽我部町や春日部町などにも「舟着岩」とか「船着石」といわれるものがあるというから、とうじ舟が重要な交通手段だったのだろう。ということは、ここらあたり一面は湖だったにちがいない。

さていよいよ湖の水をながした、という保津峡の請田神社をたずねる。ＪＲ亀岡駅の裏の線路ぞいの道を東にすすむ。

年谷川《としたに》という小さな川にぶつかったところで、川にそって北へくだる。線路をこえるとあたり一面は草っ原だ。ところどころに農地があるが、全体としては農地とも河原ともいいがたい。ここは洪水がおきたときの遊水地帯なのだろう。

目の前にあらわれた保津川小橋という小さなコンクリート橋をわたる。軽自動車がやっととおれるぐらいの幅しかない。しかし長さは五〇メートルほどもある。手すりがないのでスリル満点だ。洪水のときには水面下にしずむ「潜り橋」である。洪水の水を堰きとめないよう配慮されているのだ。

その潜り橋をわたったところで、川にそって幅二メートルほどの道を東にすすむ。

左手は崖で、シイ、カシ、スギ、モミジなどがはえた鬱蒼たる森だ。右手は二、三列ほど竹がうえられていて、その下に保津川がながれている。竹のあいだからチラチラと保津川がみえる。樹林が木陰をつくり、川風が竹の隙間をわたってひんやりと涼しい。その先は行きどまりなので車もとおらない。このうえなく快適な川ぞいの「回廊」だ。

突きあたりにくる。両側から山がせまっている。保津川の急流域つまり保津峡はここからはじまる。

その道の行きどまりに請田神社がある。無人の鄙びた社殿だ（写真1）。

とつぜんキャッキャッと声がするので川をのぞいたら、いましも保津川下りの船が眼下を通過するところだった。

写真１　請田神社

イズモ族が湖を蹴裂き天皇族が古墳を築く

出雲のカミサマは大和朝廷出自ではない。

とすると亀岡盆地にのこされたこれらの伝説は、大和朝廷以前に、つまり大和朝廷の指図によって前方後円墳が構築される以前に、亀岡においてなんらかの開発がおこなわれたことをしめすものではないか？

そのあと大和朝廷の勢力がはいってきて前方後円墳にみられるような開発をすすめた、とかんがえられるが、もしそうだとしたら両勢力の関係はいったいどうなっていたのか？　対抗か？　それとも協調か？

「出雲をどうあつかうか？」は日本古代史における難問の一つである。

『記紀』にはおおく「出雲神話」がかたられるが、青銅器をはじめとする考古学的出土は出雲ではこれまで皆無にちかかった。また出雲の国がアマツカミすなわち「天皇族」によって征服されたことが『記紀』にはしるされているが、そのごの出雲についてはほとんどなにもふれられていない。

そういうところから弥生・古墳時代の古代史においては出雲は、永年、なきがごとき状態だった。

それが、近年に一挙にかわった。

昭和五十九年七月、島根県松江市の西方三〇キロメートルにある斐川《ひかわ》町の農道予定地から、弥生時代中期とかんがえられる三百五十八本の銅剣が出土したからである（荒神谷遺跡）。つづいて平成八年には、そこから三キロメートルほどはなれたところで銅鐸三十九個も発掘された（加茂岩倉遺跡）。出雲は弥生時代において北九州や畿内におとらない文化の中心地だったことがわかってきたのである。弥生時代の出雲にはすごい文化があったではないか？

ここで上田篤の説を紹介する。

上田は、弥生の稲作には「北九州を起点とする江南系の〈溜り水式稲作〉と、出雲に端を発する朝鮮系の〈山の水式稲作〉の二つがあったのではないか」という。「溜り水式稲作」をもたらしたのは漢大陸からの亡命民だったろう。二千七、八百年まえごろから漢大陸で春秋、つづいて戦国時代がはじまり、何百という国が滅び、その結果、多数の王侯貴族が朝鮮半島から東南アジアに亡命した。その一部が日本に亡命したことは各地にのこる「徐福伝説」がしめしている。

かれらは銅や鉄や五穀などをもってきて日本に弥生時代をおこしたが、その稲作地は北九州の板付遺跡のように海岸低地にあって、海岸砂丘の裏にある潟湖《せきこ》などを水源とするものだった。水には不自由しなかったが生産性はあまりたかくなかったとおもわれる。「溜り水式稲作」とでもいうべきものだったろう。

これにたいし朝鮮半島で稲作をすすめた人たちがいた。かれらは紀元前一、二世紀ごろ地球気候の寒冷化にともない南下してきた。ついたところは日本海岸の各地で、出雲がその拠点の一つとなった。

かれらがもたらした農業には、山がちな朝鮮半島の影響で「山の水式稲作」というべきものだったのではないか。田んぼの水を山からひいてくるのだ。それが高低差のいちじるしいわが国の地形に適合し、いわば「水源涵養林農業」がすすんだとみられる。その「水づくり・田づくり」は困難をきわめたけれど、山の水は大量の栄養塩をふくんでいるから連作がきく。生産性もたかい。そうして今日の日本の支配的な稲作システムができあがったとおもわれるのである。

しかしそのためには山に森林が必要だ。『記紀』は「出雲のリーダーの須佐之男《すさのお》の子の五十猛《いそたける》が朝鮮からたくさんの木種をもってきて日本の山にうえた、そうして日本の山は「青山」になった」、という。松村静雄によればかれらは出雲族と同系のキ族である。いまも「キの国」つまり紀伊の国に伊太祁曽神《いたきそのかみ》としてまつられている。こうしてイズモ族あるいはその同系のキ族は「山の水式稲作」によって一世を風靡した、とかんがえられる。

そういう稲作を引っさげてイズモ族らは、全盛期には日本海から瀬戸内海、さらに熊野灘をまわって伊勢湾にまで進出したようだ。秋葉・熱田・熊野・賀茂・稲荷・愛宕・八幡・祇園・大鳥・大社などの各神社の祭神のおおくがイズモ族系列であることをみてもわかる。もっともこれにはさきのサルタヒコのようにアマ族の協力があったかもしれない。

ところが、イズモ族系列以外でそういう「山の水式稲作」の価値をみとめた人に、イズモ族に敵対したアマツカミ族のリーダーの大孁日貴《おおひるめのむち》すなわち天照大神《あまてらすおおみかみ》があった。『日本書紀』にアマテラスが「保食神《うけもちのかみ》すなわち倉稲魂命《うかのみたまのみこと》からすぐれた稲をえ、その稲種を高天原にうえたらタワワに稔った」とされる。ウカノミタマは「食糧のタマ（魂）」の意でイネのことだ。「山の水式稲作」がもたらしたすぐれたイネだったただろう。アマテラスは、その「山の水式稲作によって日本の湿地帯をぜんぶ稲作地帯にかえよう」とかんがえた。そうして強力な鉄をもつ「軍事種族」のアマツカミ族は水運にたけたアマ族と連合しあるいは通婚して「天皇族」を形成し、イズモ族を征服する。天皇族のまえには強大な勢力をほこったイズモ族のリーダーのオオクニヌシも降参する。出雲の「国譲り神話」である。

そしてとうとうアマテラスの子孫である「天皇族」は大和に進出し、待望の稲作国家をつくった。『記紀』はその「国取り物語」である、と上田はいう。

そういう経過をかんがえれば、イズモ族がさきに亀岡において「蹴裂き」をやり、のち大和に政権を確立した天皇族が本格的に進出してきて古墳をつくった、ということも十分かんがえられる。それを崇神大王のときとすると二世紀末あるいは三世紀の中ごろか？　四道将軍の一人の丹波道主《たにわみちぬし》（『日本書紀』）あるいは日子坐王《ひこいますおう》（『古事記』）を丹波に派遣したというのもその一環だったろう。

「文献」と「古墳」と「伝説」とは、そういう関係としてとらえることができるのではないか？

樫舟がうごく亀岡祭

黒柄山《くろがらやま》山麓の上矢田町に、亀岡の「蹴裂伝説」をつたえるさきの鍬山神をまつる鍬山神社がある。年谷川によってつくられた扇状地の扇頂だ。もとは現在の地より西の医王谷にあった、というが、平安中期ごろにいまの場所にうつされたそうである。

鍬山神社には大己貴命《おおなむちのみこと》がまつられている。この神はほかに大山咋神《おおやまくいのかみ》やオオクニヌシなどいくつもの呼び名がある。

「鍬山神社の由緒」によると「オオナムチをはじめとする神さまたちが樫舟をつくって、樫田というところから舟にのり、一把の鍬をかかげ保津請田にむかい、そのあたりの岩を切りひらいた」とある。亀岡にはいまも、かつての神さまたちの樫舟の巡行を再現する「亀岡祭」がある。これは「蹴裂き」をたたえる祭といっていい。

秋がふかまる毎年十月二十日から二十六日にかけて、旧亀岡城下の町角から祇園囃子の音がひびいてくる。「口丹波の祇園祭」としてしたしまれる秋祭だ。十一の山鉾町が町ごとに鉾をかざり、囃子をきそいあう。宵々山と宵宮の夕暮になると、町の軒ごとにご神灯がともる。

もちろん京都の祇園祭より規模は小さいが、小さいだけにかえって情緒がふかい。囃子《はやし》の主役になるのは子どもたちで、その準備に一年をかける。大人も子どももいっしょになって稽古にはげむ。その甲斐あってか、本番ではたかい山鉾のうえでみな堂々と演奏をする。

二十五日はいよいよ本祭だ。羽衣山鉾、八幡山鉾、鍬山、武内山鉾、稲荷山、三輪山鉾、翁山鉾、蛭子山、難波山鉾、浦島山、高砂山鉾という十一基の山鉾が市内の呉服通りにあつまる。

午前十一時をすぎると、旅籠《はたご》町通りから柳町通りにかけて、お囃子とともに山鉾の巡行がはじまる。距離は約一キロメートル。十一基すべての巡行がおわるまで一時間かかる。華麗なる巡行絵巻だ。沿道は道幅がせまいうえに、巡行を一目みようと亀岡近郊からつめかけた大勢の観客でうめつくされる。

そもそもこの祭は鍬山神社の鍬山宮と八幡宮の二社の例祭で、亀岡盆地を開発した鍬山神であるオオクニヌシをたたえる祭だった。

祭の起源はわからないが、中世には矢田荘の鎮守としてまつられた鍬山と八幡の二神の神輿《みこし》の巡行があり、それが発展して現在のようにおおきくにぎやかな祭になったという。

しかし戦国時代には一時、中断し、社殿も荒廃するにまかせられたが、世の中が落ちつきをとりもどすと亀山城主が神社の復興に力をいれた。

慶長十四年（一六〇九）に亀山藩が成立し、神社には荘園が寄進されて今日みる姿に復興された。そして延宝九年（一六八一）に亀山の郷長の杉原守親らによって祭が再興された、という（「丹波史談」永光尚）。

そのきっかけとなったものは、じつは水害だった。そのころ亀岡に大きな水害がおきたので、杉原は、神社の荒廃をかえりみないと神罰によって水害や災害をうける。ちかごろあった水害も、神罰がくだったからだ。祭礼を復興して神をまつり、ながく後世につたえよう。と強力に主張した。

図８　樫舟の図（『杉原家文書』）

「氏神の祭祀をおろそかにしたために災害がおきた」ということをきいた住民たちは、金をだしあって神輿二基を京に発注した。慶安年中には樂人がのって神輿の渡御をはやす「樫舟」までつくられた。それを実証する絵をわたしは鍬山神社でみつけたのである。「矢田祀記別録　坤《こん》」のなかに「樫舟の図」という一枚の祭礼の絵があったのだ（図8）。「出雲の神々をのせた樫舟祭の絵」である。その絵のなかの鉾は「宝暦元年（一七五二）につくられた」とある。「日ごろ人々が質素倹約して山鉾を再建した」のだ（『引き山記』）。船首には竜頭がつき、舟の中心には榊がたっている。装飾をほどこした船体に四つの車輪がついている。それを十六人の舟子が綱でひっぱっている。（「桑下慢録」）。杉原守親が復興した「亀山祭」である。

現在の「亀岡祭」もまたこの杉原守親が復興した「亀山祭」のスタイルをうけついでいる。それをみていてわたしは「蹴裂きがいまに生きている」とおもったのだった。

8

アメノヒボコが津居山を切った

渡来民は鉄器をもちいた

兵庫・出石

但馬とは？

兵庫県といえば、肉の好きな人なら「神戸ビーフ」とこたえるだろう。

さらに兵庫県のなかの但馬《たじま》を知る人はすくないが、もし知っている人がいたら「但馬牛」というかもしれない。ところが但馬の人にいわせると、神戸牛も、松坂牛も、近江牛も「中身はほとんど但馬牛だ」と胸をはる。

しかしいずれにせよ、こういう「ブランド牛」の話は明治以後のことである。

が、但馬牛というものがもてはやされるようになったのにはわけがある。むかしから但馬の牛は、食用としてではなく役牛としておおくもちいられたからだ。山高く雪深い但馬において、中国地方に産するさまざまな特産品の運搬に貢献したのだろう。

その但馬が属する兵庫県というのは、ややこしい県である。

本州という細長い島のなかで、両端の青森県と山口県をのぞく三十一都府県は、みな日本海か太平洋・瀬戸内海のどちらか一方にしか面していないのに、兵庫県だけはその両方に面しているからである（図1）。

　さらに両端にある県のうち青森県は旧国名でいうと陸奥の国の一部である。いっぽう山口県は長門の国そのままだ。そしてその他の都府県も一ないし二の昔の国からなっていて、例外的に三つの昔の国からなる静岡県、大阪府、岡山県があるぐらいだが、兵庫県は、なんと摂津・淡路・丹波・播磨・但馬と五つの昔の国をようしているのだ（図1）。

　いったいこれはどういうことか？　なぜ兵庫県だけがそんなにたくさん昔の国をかかえてしまったのだろう。

図１　兵庫県の「昔の国々」と城崎、豊岡、出石

　そのことの詮議はおくとしても、当然のことながらそれら五つの国の文化はみなちがう。丹波と播磨と淡路には、それぞれ内陸、沿岸、島という大きな違いがある。摂津と但馬に共通するものといえばそれこそ「牛」ぐらいである。これらの国々はおよそ冗談にもならないぐらいいちがうのだが、なぜそんなにちがうものがいっしょになったのか？

　すると「おまえはいったい何をいいたいのか？」と問われるかもしれない。

　それは、たとえば関東の人に「但馬は何県にあるの？」と質問してもなかなか正解がえられないだろう、ということである。「京都府？」とか「鳥取県では？」あるいは「岡山県に属している？」などといわれるかもしれない。つまりややこしい兵庫県にあって「さらにややこしいのがじつは但馬の国である」ということを知ってもらいたいからなのだ。

つまり但馬とは、それほどよくわからないところなのである。なにかの拍子で神戸や芦屋や、篠山や洲本や、加古川や姫路などとおなじグループにいれられてしまっただけなのである。

しかしそれにしても「なぜそんなに但馬にこだわるのか？」というと、私的なことで恐縮ではあるけれど、但馬はじつはわたしの生まれ故郷だからなのです。

但馬の宣伝をしよう

そこで少々、但馬の宣伝をさせていただこう（図2）。

但馬にあって有名なものにまず城崎《きのさき》温泉がある。江戸時代から有馬温泉とならんで関西の二大温泉といわれてきた。その地位と名声は今日もかわらない。

それにつづくものは豊岡市の玄武洞だろう。百六十万年まえにおこった火山活動により溶岩が急速に冷えてできた六角形の柱状節理がつみかさなった洞窟で、国の特別天然記念物に指定されている。玄武、青龍、白虎、朱雀北、朱雀南の五つの洞があり、そこには一種不思議な美しさがあるといわれる。

またその豊岡市には日本唯一のコウノトリの生息地がある。ツルに似た大型の白い鳥で一部に風切羽など黒い羽をもち、幸運をはこんでくる鳥とされて世界的に有名で、国の特別天然記念物に指定されてきた。しかし一九七一年に野生最後の一羽が死んでしまったが、そのご旧ソ連から六羽のコウノトリがおくられ、いまは「兵庫県立コウノトリ公園」で放鳥されている。

さて四番目には出石《いずし》の城下町があげられるだろう。

江戸時代に美濃出身の仙石家の城下としてさかえたが、明治九年の大火で八〇パーセント以上の家々が焼失した。ところが文化七年（一八一〇）の絵図がのこっていたので明治以降、その町割にしたがって、寺院や町家など数おおくが再建された。さらに焼失をまぬがれた武家屋敷や社寺なども整備されて、今日、江戸時代後期の城下町の姿をつたえる貴重な街並となっている。

東西、南北とも六〇〇メートルというさして大きな城下町ではないが、周囲を山並にかこまれたしずかな環境のなかにあって、気品ある武家町として観光客の人気をあつめている。さいきんでは国の重要伝統的建造物群保存地区にも指定されている。

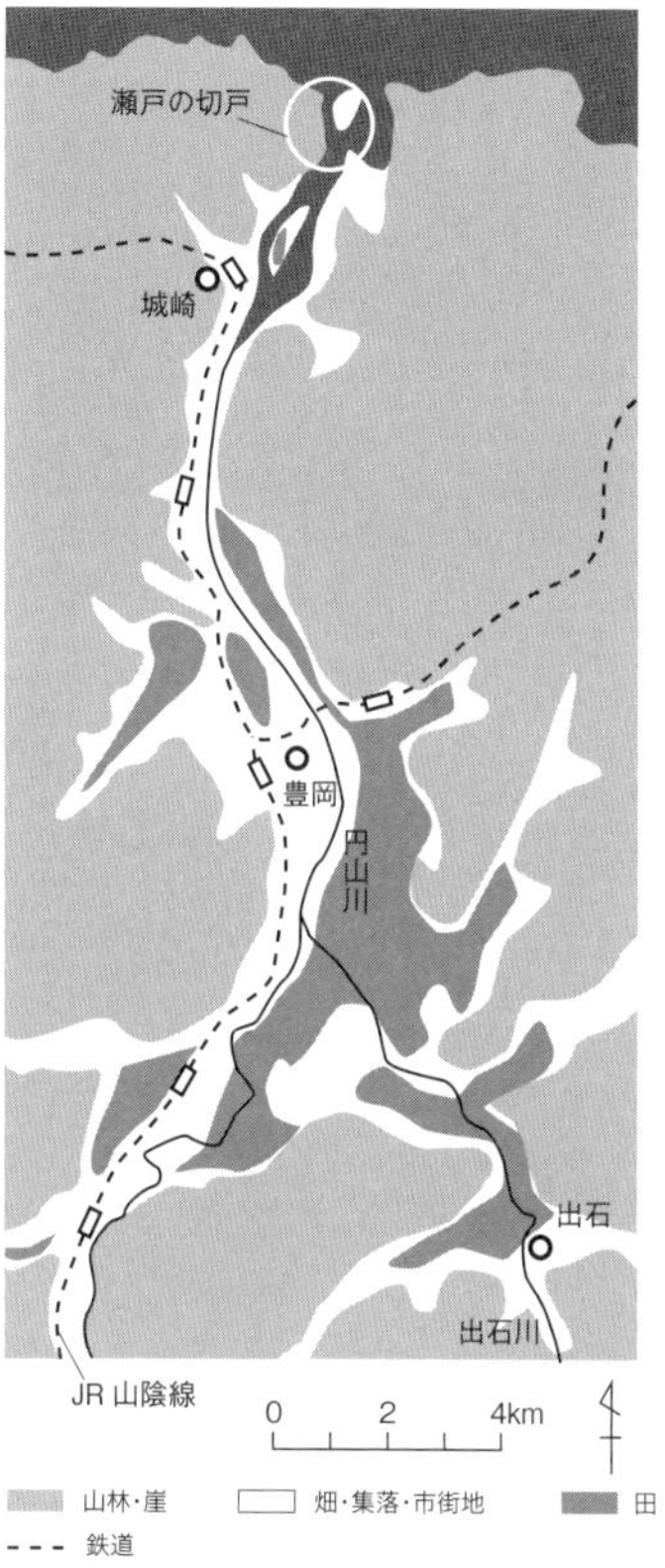

図2　豊岡・出石盆地の土地利用

出石の「泥海」

ところが出石といえば、もう一つ忘れられないものがある。

出石神社だ。

出石神社は但馬の国の一の宮として古くから人々の崇敬をあつめてきた（写真1）。

しかしそれだけなら全国に一の宮はたくさんある。出石神社だけをとりたてていうほどのことはない。であるのにあえて出石神社をとりあげるのは、ある先輩に面白い話をきいたからだ。というのは「国土交通省の幹部が東京から関西に赴任したとき、真っ先に出石神社にまいる」というからである。

写真１　但馬一宮の出石神社

なぜ高級役人が出石神社に参拝するのだろうか？

出石神社は、そのむかし朝鮮半島からやってきた新羅の国の王子の天日槍《あめのひぼこ》をまつっている。さらにヒボコがもたらした、とされる八種の神宝をもあつくまつっている。そういういきさつは『記紀』にくわしくしるされている。

が、わたしが問題にするのは、そういった神宝やいきさつではない。『記紀』に記述はないが、ここ但馬にたくさんある民間伝承についてである。それは「ヒボコがやってきたころ出石は泥海だった、とうてい人がすめるような土地ではなかった、その人のすめないような泥海の土地を開拓して人のすめる土地にしたのはヒボコだった」というからである。

その元となっているのは出石神社の由緒である。

中世の戦乱のさなかの永正元年（一五〇四）、但馬地方を支配していた山名氏は出石城を垣屋氏に攻められ、その巻きぞえをくって出石神社とその神宮寺は壊滅的な被害をうけた。そのとき出石神社の由緒をかたる「社寺縁起」などもすべて焼失してしまった。

その二十年ごの大永四年（一五二四）に、神宮寺の一人の僧が出石神社の再建にたちあがった。沙門という。

そのとき沙門がつくった「勧進状」のなかに、アメノヒボコの話とおもわれるものがある。

郷土史家の石田松蔵さん（一九一八―一九八〇）は「その勧進状のなかにはアメノヒボコの名前こそないが、そこにある〈瀬戸の岩戸の開削〉という記述は文字にかかれた最古の資料だ」と指摘している。

その「勧進状」によると、

そもそも大明神は新羅の国から日本の島にむかい、但馬の津居山の浦についた。ところが国中の郡・里・郷は海水を満々とたたえ、人々の住むところもなかった。そこでもっていた剣で瀬戸の巌を切った。すると川の水が海にながれでて、あとに草や木や林がうまれ、人々は市をなした。

崇神天皇の世のことであった。

（『よみがえる古代の但馬』）

もちろん、大明神とはアメノヒボコのことである。

円山川は川ではなく入江だ！

では「泥海」といい「海水」というものはいったいなにか？

出石盆地にふった雨は出石川となって北流するが、やがて円山川という大きな川に合流して日本海にそそぐ。それは延長およそ八〇キロメートル、但馬地方最大の川である（写真2）。

写真２　二見附近の円山川

但馬地方はむかしから雨がおおい。「弁当忘れても傘忘れるな」という俚諺があるぐらいだ。

そのためか洪水もおおい。とりわけ円山川流域はむかしから洪水の多発地帯だった。しかもその被害のほとんどは、但馬最大の豊岡盆地と出石盆地に集中していた。

円山川の水害でもっとも古い記録は安土桃山時代の天正元年（一五七三）である。それいご四百年間の水害記録は二百七十回にのぼる。うち大水害は江戸時代七回、明治時代十三回、大正時代八回、昭和時代九回、平成三回。最近では平成十六年（二〇〇四）の二十三号台風のときに浸水面積四〇〇〇ヘクタール、浸水家屋約八〇〇〇戸、全半壊家屋約四〇〇〇戸という被害をだした（写真３）。

なぜこれほどまでに円山川は水害がおおいのか？

それは円山川の構造に原因がある。江戸末期に各地の藩の財政の立てなおしに辣腕をふるった二宮尊徳（一七八七〜一八五六）は、

円山川の上流は急流だが、出石・豊岡から日本海までの勾配はごくわずかで、しばしば海水が逆流する。そこで治水の術はすみやかに水を海にながしこむことしかない。しかし円山川は海との高低差がわずかなため方法がない。海を低くすることは人間の力ではできない。（「京極家文書」）

とかいている。

尊徳が指摘したように円山川の源流から和田山といわれるあたりまでは急流だが、下流の日高から

豊岡にくると川の流れは急にゆるやかになる。そして河口から一六キロメートル上流にかかる豊岡市円山大橋附近では、海水と淡水が混ざりあう「汽水域」になっている。そのあたりではヒラメやスズキなどの海の魚がとれるそうだ。

さらに豊岡盆地の田んぼの標高をしらべると三、四メートルである。海から一五、六キロメートルもはいっているのに海面との差はそれぐらいしかない。そこからさらに一〇キロメートル奥の出石の標高も五、六メートルだ。

写真３　平成16年台風23号で浸水した豊岡市街
（出典：「円山川風土記」但馬県民局）

したがって、海水がしばしば豊岡・出石盆地にまで進入するのもむりはない。満潮時には海から二五キロメートルもはいった日高町まで潮が逆流することもある。

いっぽう円山川の河口ちかくになると、川幅は四〜五〇〇メートルにひろがる。海から五キロメートルほどはいった楽々《ささ》浦《うら》ふきんでは一〇〇〇メートルにもたっする。

明治から大正にかけて活躍した文人の大町桂月は、その円山川の様子をつぎのようにしるしている。

豊岡をすぐれば線路はただちに円山川に添う。左右の山はただちに水湄《すいび》よりおこる。川の巾ひろし。否、川といわむより江といふべし。但馬の国の小なるに似ず、円山川の下流は大陸的なり。その風致は意外に感じて、おぼえず心おどる。（『城崎温泉の七日』）

桂月は「これは川というより入江だ」という。極端にいうと、

図3　9000年前の古豊岡湾復元図
（出典：「円山川風土記」但馬県民局）

ここにあるのは円山川ではなく「円山江」なのだ。その入江は豊岡盆地から出石盆地まではいりこんでいるのである（図3）。

じっさい国土交通省の調査によると、円山川の河口から一六キロメートル上流地点までの河川勾配は一万分の一という緩やかさである。つまり河口と海から一六キロメートルはなれた豊岡との水面の高低差は一・六メートルしかないのだ。

地形的にみるとたしかに豊岡も出石も盆地である。しかし、盆地はふつう四囲を山にかこまれている。それが日本列島のほとんどの盆地の姿である。

ところが豊岡・出石盆地は、いまのべたように山から海までほとんどつながっているめずらしい盆地といっていい。盆地というよりは「海岸が内陸に貫入したもの」かもしれないのである。

その証拠に、豊岡・出石盆地には、江や海に由来する地名がおおい。内陸部の出石郡ではいまなお長沙、尾崎、片間（船舶を休泊するところ）、おなじく城崎郡では船町、結浦、戸島、楽々浦、小尾崎、森津、二見浦、簸磯、今津、桃島、小島など海や島にかんする地名がある（桜井勉『校補但馬考』）。

その意味で、アメノヒボコの「泥海」開発は、これまでみてきた「蹴裂き」の国土開発とは少々異なるようなのだ。

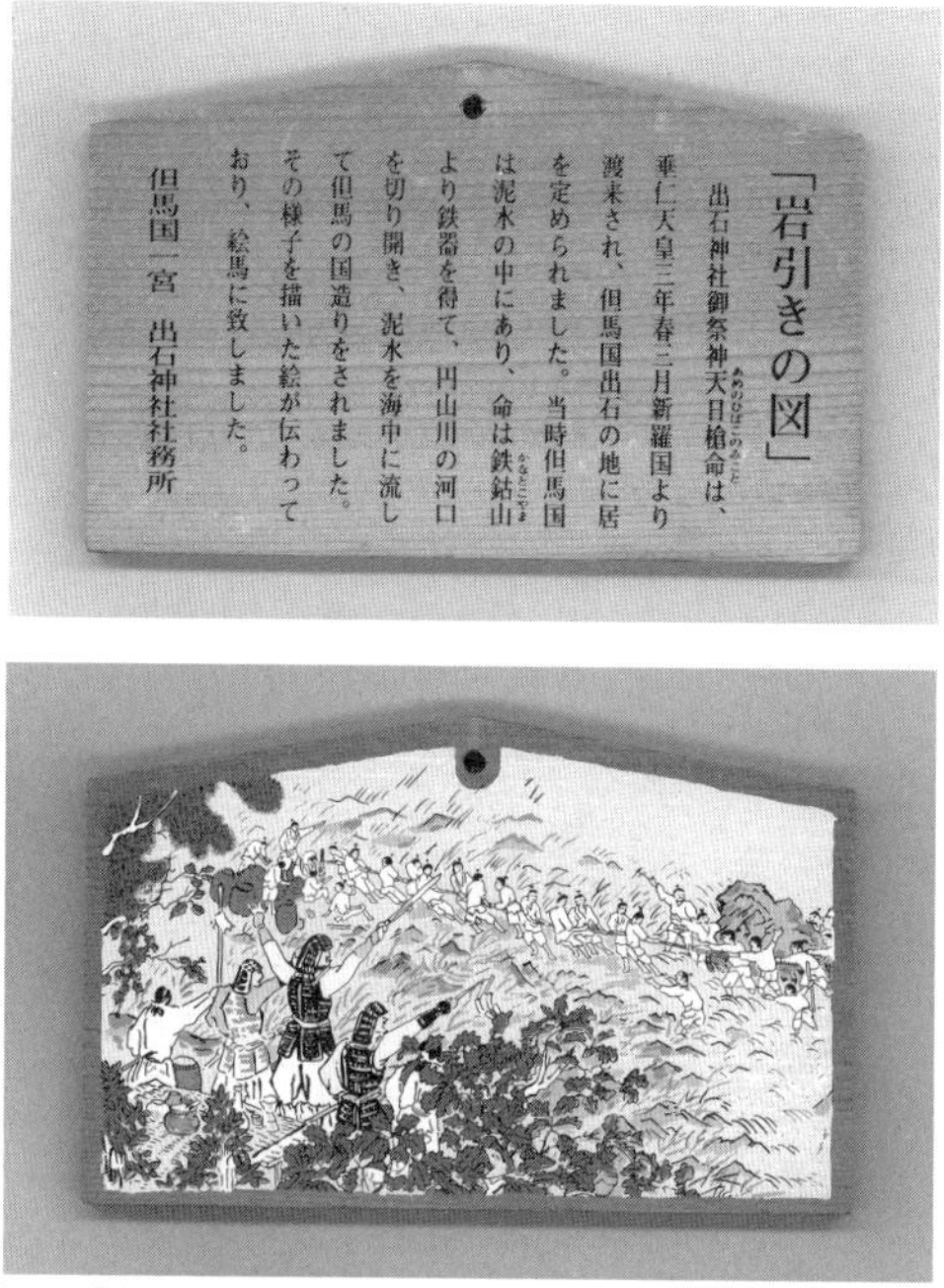
「岩引きの図」
出石神社御祭神天日槍命《あめのひぼこのみこと》は、
垂仁天皇三年春三月新羅国より
渡来され、但馬国出石の地に居
を定められました。当時但馬国
は泥水の中にあり、命は鉄鈷山《かなとこやま》
より鉄器を得て、円山川の河口
を切り開き、泥水を海中に流し
て但馬の国造りをされました。
その様子を描いた絵が伝わって
おり、絵馬に致しました。
但馬国一宮　出石神社社務所

写真４　「岩引きの図」（ヒボコの国づくりをえがいた絵馬）

瀬戸の水門を開削して水をながした

そのためだろうか、いまも水害がおおいとなると「アメノヒボコ伝説」はかならずしもむかしの話ではない。国交省の官僚たちが出石神社にまいるのも、洪水をくりかえした円山川を千六、七百年まえに制御したアメノヒボコにあやかりたいからだろう。

その技術は、さきほどからのべているようにアメノヒボコが渡来人であるから大陸の技術だったかもしれない。とすると、それはいったいどういう技術なのか？

出石神社の由緒によると、

ヒボコは、円山川河口の瀬戸の岩石をきりひらいて泥水を日本海にはなち、耕地をつくろうとかんがえ一大開削工事をはじめた。現在「瀬戸の切戸《きりど》」といわれているところである。

ヒボコの尽力によって泥水は海へながれ、出石地方は美田にかわった。そのときつかった鑿《のみ》は出石町の奥の和田山町と夜久野町（京都府）の境界にある鉄鈷《かなとこ》山から採取した砂鉄を麓の但東町畑で精錬したものである。

出石神社には、そのときの様子をえがいた絵がある。「岩引きの図」という（写真4）。大勢の人が大岩に綱をかけてひっぱっているのだ。ただし描かれたのは戦国時代のころのようである。

また出石から二〇キロメートルほどはいった奥の養父《やぶ》市建屋《たきのや》の斎《いつき》神社にも「泥海伝説」がある。

むかし円山川の下流域では河口がふさがれていて一面の沼沢地だった。但馬五社の神（朝来郡の粟賀、養父郡の養父、出石郡の出石、城崎郡の小田井・絹巻）が沼沢地の干拓を合議し、斎神社の彦狭知《ひこさしり》命の力をかりて河口の瀬戸を開鑿して水を日本海にながし、美田に造成した。

（『兵庫の伝説』）

また「地元の有力豪族が〈黄沼前《きぬさき》の沼〉を干しあげた」ともいう。

国造《くにのみやつこ》である大己貴《おおなむち》命は「この洲の多い国は、水さり土を固めたなら人間の生活できるよい場所になるだろう」と申され、磐析《いわしゃく》の利鋤《りすき》命と嶺析《ねしゃく》の利鎌《りかま》命の二神に、水戸島、打水《うたみ》の崖《きし》（戸島―二見の間）を切りひらく工事をさせた。汚れた水が日本海に流れ出し黄沼前の沼はしだいに干あがった。

（児島義一『きのさき語りぐさ』）

「黄沼前の沼」という名は、豊岡・出石の一帯が土砂で黄色をおびた沼だったところからついたといわれる。さらに日本海岸の津居山《つい》にある西刀《せと》神社にもおなじような「泥海伝説」がつたわる。

仁徳天皇の御代（三一二年）、円山川流域は「黄沼前海《きぬさきのうみ》」とよばれ、沼地のような一大入江だった。このとき海部直《あまべのあたい》命（但馬五社絹巻神社の祭神）は御子の西刀宿禰《せとのすくね》に命じて瀬戸の水門を浚渫《しゅんせつ》し、川の水を海にながした。円山川の流域は蒼生安住の地になった。

雄略天皇の御代（四五八年）には瀬戸の水門がふさがり、水はせきとめられて泥海になり、悪い獣や害虫がはびこって人のすむ場所もなく、村人が困窮した。

そこで城崎郡司の海部直命の御子の西刀宿禰はこの瀬戸の水門を浚渫して開発に大きな業績をたてられた。のち城崎郡司になられ雄略天皇の二年八月に薨じられたので、瀬戸の丘（日和山）に祠を建ててその霊を祀ったのが西刀神社であり、瀬戸の地名もここからきている。瀬戸浚渫にもちいた鍬を相殿におさめて奉斎している。


（「西刀宿禰の遺業」西刀神社）


これらはいずれも「瀬戸の水門を開削して水をながした」という話である。

しかし見方をかえてこれらの伝説をみると「出石は、じつは狩猟・漁労民にとっては泥の入江の最奥にある好都合な港ではなかったか？　だが農耕民にとってはどうしようもない〈ヘタ地〉だったのだ。そこで「アメノヒボコを先頭に以上の開発がおこなわれた」とおもわれるのである。

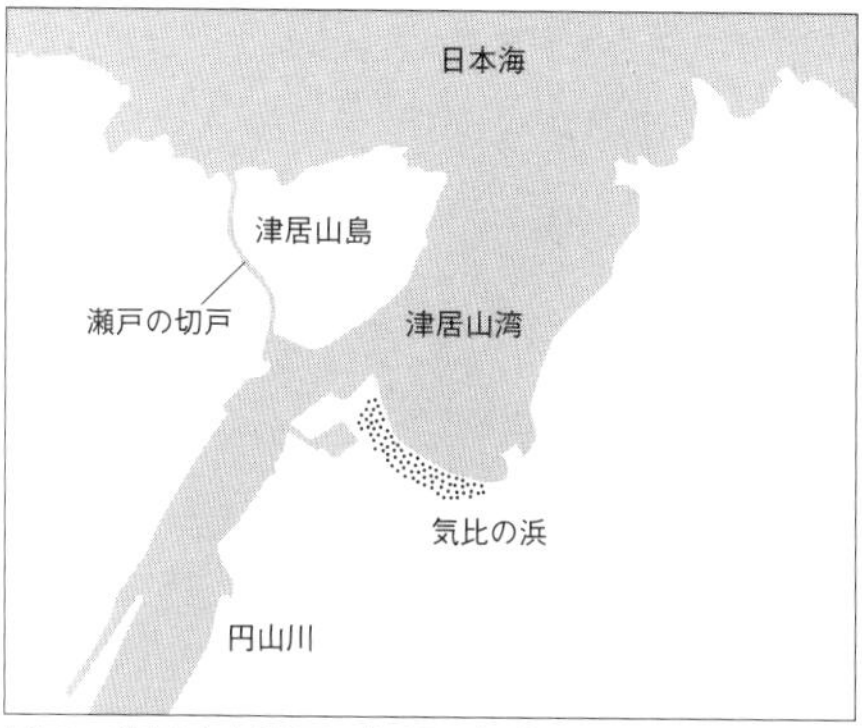

図４　津居山と瀬戸の切戸と気比の浜

瀬戸の切戸は「気比の浜」開削排水路だった！

そこで、さっそく「瀬戸の切戸」をたずねる。

豊岡をすぎ、城崎から円山川の河口へむかって車をはしらせる。一〇キロメートルほどゆくと正面に津《つ》居《い》山という小高い山がみえてくる。山といっても標高一六〇メートルほどの日本海につきでた「大きな崖」だ。その山すそに瀬戸という集落がある。その集落をつらぬいて一本の運河が海にむかって通じている（図４）。

運河の幅は一〇ないし一五メートルぐらいか？　そこに漁船が何

写真５　瀬戸の切戸の運河と水門（右が津居山）

艘もつながれていて、運河ぞいには家々がたちならんでいる。運河の河口ふきんでは、両側から高さ五メートルぐらいの崖がせまり、出口のところにはコンクリートの大きな水門がある。「瀬戸の切戸」とはこのあたりをいうようだ（写真５）。

いっぽう津居山の東側にはひろびろとした湾があり大きな漁船が出入りしている。そして川幅のひろい円山川とつながっている（写真６）。そこにある津居山港は冬期の松葉ガニ漁でしられ、シーズンになると毎朝、競《せ》り市がひらかれてにぎわう。

その津居山湾の奥の海岸に「気比《けい》の浜」という海水浴場がある。このあたりにはめずらしく岩場ではない。つまり砂浜なのだ。

この現場をみていて、わたしは不思議におもった。というのは「円山川から津居山湾へでる出口はとてもひろいのに、どうしてさきほどのせまい瀬戸の切戸という運河を掘らなければならなかったのか？」

その理由について国土交通省豊岡支所でたずねてみたけれど「どうなんでしょうね？」といった返事しか

写真６　気比の浜の海水浴場から津居山湾をみる

かえってこなかった。

しかたがないのでわたしなりに推測してみた。

まず「瀬戸の切戸の開削も運河の浚渫もみな事実だろう」とおもう。なぜならそれらをみると、いかにも人間がやったような「直線的で人工的な空間」だからだ。

では「なぜやったのか?」というと、それはさきほどの「気比の浜」のせいではないか。つまり海水浴場とみえた気比の浜は、じつは天橋立とおなじように砂《さ》嘴《し》だったのだ。日本海の漂砂が堆積してできた「天狗の鼻」である。その「天狗の鼻」がどんどん増殖していって、とうとう円山川をふさいでしまった。すると豊岡・出石盆地は泥海となってしまったのである。

そこで、なんとかしてその「天狗の鼻」をへし折らなくてはならない。しかしすでに円山川の水位はたかく、また「天狗の鼻」あたりは土砂が大量に堆積していてその開削工事は難をきわめる。

そこで円山川の水を一時排出するために「天狗の鼻」の横に水路を掘ったのである。さきの運河だ。たぶんその運河は海側から内陸側へむけて掘られただろう。そうしてさいごの壁は、円山川の水圧によって破砕させたとおもわれる。

そうすると、円山川の水はその運河をとおって一挙に日本海にながれていった。「天狗の鼻」にかかる水圧もへり、水位もさがって「天狗の鼻」もけずりやすくなった、というわけだ。

つまり「瀬戸の切戸は、気比の浜という天狗の鼻を開削するための一時の排水路だった」とかんがえられる。

するとこれは、有名な古代大阪の「難波の堀江」とまったくおなじではないか。大阪湾でも、湾岸流がはこんでくる漂砂によって「茅渟《ちぬ》の海」という入江の入口に砂嘴ができた。今日の上町台地である。その砂嘴が発達したために背後のチヌの海は湖になった。さらに南から大和川、北東から淀川がチヌの湖にながれこんできてチヌの湖はどんどん肥大化していった。周辺の田畑も家も浸水した。

そこで仁徳大王は、砂嘴すなわち上町台地に堀を切って内陸にたまった水を一挙に海にながしてしまった。そうして淀川をさえぎっていた砂嘴の先端の開削をよういにした。河内平野がふたたび沃野になった。「難波の堀江」といわれるものである。

おなじように津居山湾でも砂嘴が発達して円山川の流れがふさがれ、出石・豊岡盆地は「泥海」となったのではなかったか？

そこで瀬戸の崖をきった。砂嘴の開削がよういになった。

瀬戸の切戸は、いわば「難波の堀江」の但馬版ではなかったのか？

いや、アメノヒボコは応神大王（『古事記』）または垂仁大王（『日本書紀』）のころに来日した、とされるから、いずれにしても仁徳大王より古い。ということは、逆に「難波の堀江」が「瀬戸の切戸」の難波版といっていいのかもしれないのである。

アメノヒボコはなぜあちこちまわったか？

いずれにせよアメノヒボコは「但馬でそういうことをやったのではないか？」とおもわれる。

では、どういうふうにして瀬戸の切戸を切ったのか？

アメノヒボコ伝説にはおおくの異伝がある。『記紀』では新羅の国の王子としてえがかれている。『風土記』には神として伝承されている。ヒボコはとにかく謎がおおい。

しかし、いったいぜんたい、ヒボコはなぜ日本にきたのだろうか？

『古事記』によると「ヒボコが日本にきたのは逃げた女房を追ってきたため」ということになっているが、それは非常に面白い話ではあるけれど、いまその問題に立入る時間がない。残念ながら割愛してヒボコが出石にくるまでの経過をおってみよう。

『日本書紀』によると、それは大略つぎのような話である。

垂仁天皇三年春、新羅の国の王子のアメノヒボコが日本にやってきた。そしてもってきた七つの神宝を但馬の国におさめた。

はじめヒボコは船にのって播磨の国にきて穴栗邑《しさわのむら》に滞在した。天皇が使いをやって「おまえはだれか」とたずねられた。ヒボコは「わたしは新羅の国の王子です。日本の国に徳王がおられるとききき、その徳をしたい、自分の国を弟の知古にゆずって一族郎党をひきつれてやってきました」といって八つの神宝をたてまつったという。

天皇はヒボコに播磨の国の穴栗邑と淡路の国の出浅邑《いでさのむら》の二つの邑をあたえようとしたが、ヒボコは「もしお許しいただけるなら、諸国をめぐって自分の心にかなう土地をえらばせていただきたい」といった。

天皇の許しをえたヒボコは宇治川をさかのぼり、近江の国の吾名邑《あなむら》にはいってしばらくすんだ。さらに若狭の国をへたのち、海路、但馬の国にきてここに居をさだめた。そして出嶋《いずし》の太耳《ふとみみ》の娘と結婚した。

つまりヒボコは、播磨、宇治、近江、若狭をへてさいごに但馬の出石にたどりついた、という。

そこに鉄があったから

ではヒボコは、なぜ「天皇があたえよう」とした土地をことわって、あちこちの国をまわったのか？ そしてさいごに但馬の出石におちついたのだろうか？

その鍵となるものは「出石の小刀」である。

それは但馬の国におさめられた神宝であるが、その出石の小刀をめぐって、のちいろいろ事件がおきる。

垂仁天皇八十八年のことである。天皇は「出石の小刀」をみたい、といわれた。アメノヒボコの曾孫《ひいまご》の清彦がもってきて天皇にたてまつったが、おさめられた神蔵から消えてしまった。そこで天皇が清彦にたずねると、清彦は「昨夜かえってきましたが、今朝になってまたいなくなりました」とこたえた。のちその小刀は淡路島にゆき、土地の人に神とあがめられてヤシロにまつられた、という。

（『日本書紀・垂仁紀』）

といった話があるからだ。いったいこれはなにを意味するのか？

まず出石の小刀は鉄の刀とかんがえられる。それは神宝のなかでもいちばん大切なものとされたものだろう。

とうじ朝鮮では鉄を産したが日本ではなかなか産出できず、みなそれを渇望した。鉄は日本では奪いあいだった。天皇と清彦あるいは淡路の人々もそうだったのではないか? つまりヒボコが朝鮮からもたらした鉄のせいである。

それだけではない。

ヒボコは、じつは砂鉄など鉄の原料をさがして日本各地をあるいたのではなかったか? 播磨、宇治、近江、若狭にはすべてその採鉄の可能性がある。

たとえば『播磨風土記』に「アメノヒボコが鉱物資源をうるために葦原志挙乎命《あしはらしこお》や伊和大神と闘争した」という話がある。

またアメノヒボコをまつる近江の式内社鉛練比古《えれひこ》神社(余呉町中之郷)の縁起に、
天日槍が新羅よりきたり、中之郷にとどまり、坂口郷の山を切り余呉湖の水を排して湖面を四分の一にし、田畑を開拓し、余呉の庄と名づけしなり、という伝説あり。(『近江伊香郡志』)

という。ここで「山を切り」というのは、第四章の甲府盆地でものべたように蹴裂きとならぶ開削技術だったろう。またこのエレヒコ神社の裏山には「鉛練《えれ》古墳」があり、大土木工事がおこなわれた証拠とかんがえられる。

さらに「近江国の鏡邑《かがみむら》の谷《はざま》の陶人《すえびと》は天日槍の従人なり(『日本書紀・垂仁紀』)」という記述もあるが、製鉄も陶芸もともに高温の火をあつかう。じっさい近江の兵主《ひょうず》神社周辺には、金蔵《かなぐら》製錬工人と須恵器《すえき》制作工人の痕跡が濃厚に分布している。

そこで考古学者の原口正三さんは「近江のばあい、国の役所の近傍で製鉄をやって一種のコンビナートが形成された」（『天日槍』）という。

また民俗学者の谷川健一さんは「越前から但馬海岸にかけてアメノヒボコの足跡とみなされるものが点々とあるから、かれは金属精錬の場所をさがしもとめた」としている（『青銅の神々』）。

そうしてヒボコがおちついたところが但馬だった。そこに鉄があったからだろう。

但馬では、但馬地方の古墳から出土する遺物のなかに砂鉄がある。出石にある床尾山の連山である鉄鈷山《かなとこやま》は、アメノヒボコが瀬戸の岩を切りひらいたとき、鉄の道具をつくったところとつたえられる。

郷土史家の石田松蔵さんは「鉄鈷山には〈鉄をきたえた〉という伝承をもった人々がいる。出石の奥の但東町の畑という集落の鍛冶という姓をもつ家々だ」という。出石には「鍛冶屋」という地名まである。

すると、ヒボコの土地開発技術は「それまでの日本にはあまりなかった鉄器をつかった治水技術だった」とおもわれるのだがどうだろうか？

じっさい前方後円墳や蹴裂などの大土木工事を遂行するには鉄の農具や工具が欠かせない。鉄の鑿《のみ》で岩を割るだけでなく、鉄製の斧で大量の杭をつくる。杭は「溝杭《みぞくい》」といわれるように水路建設に必須のものだった。

また水路ができれば、大量の資材をはこびこむこともよういになる。

巨大な前方後円墳が全国各地につくられたころは、どうじに鉄の生産が軌道にのっていったころでもあったのだろう。

じっさい、ヒボコという名前からしてそうである。

天日槍の「槍」はホコとよむ。そのホコについて『記紀』に「イザナミとイザナギの二神が天沼矛《あめのぬぼこ》で海をかきまぜたら、そのしたたりおちた塩からオノゴロ島ができた」という神話がある。ホコは長柄の武器だったのである。

そのホコにヒがつく。ヒはいろいろの意味に解されるが、その一つに霊能を意味する接頭語ということがある。霊験《くしび》、降霊《ひふり》などのヒである。

するとヒボコは「霊能ある矛」ということになり、それは「鉄の矛」ではなかったか？

これは一つの推測であるが、アメノヒボコ伝承には鉄のイメージが濃厚につきまとう。「右手に鉄剣、左手に稲穂」をかかげて大和に日本国家をつくりあげた天皇族の「国取物語」である『記紀』に、くりかえしアメノヒボコのことがかたられるわけである。

もうひとつ、鉄とともに火ということもある。というのはなぜ砂嘴の気比の浜を切らず瀬戸の崖を切ったか、ということだ。さきにのべたことのほかにかんがえられるのは「砂」を切るより「岩」を切るほうがよういだったということだろう。たしかに鉄で岩を割って舟ではこびだすことができる。しかしいままでみてきたおおくの蹴裂きの現場が岩であることをかんがえると、火でもって岩をわる、ということもあったのではないか？

これは一つの課題としてのちにまた検討しよう。

9

ウナキヒメと力持ちが由布岳を蹴った

ヒメ・ヒコが国土をつくった

大分・湯布院

由布岳と湯布院

わたしがはじめて湯布院をおとずれたのは、もう二十年以上もまえのことだ。あれから湯布院はすっかり有名になった。

すると「あの山あいのしずかな温泉宿や露天風呂はどうなったのだろうか？」などと、とおい記憶をよびおこしながら、半ば期待と不安をつのらせつつわたしは、大分空港から高速バスにのった。

バスは市街をとおることなく、すぐ山間にはいった。

高くつらなる九重連山の山麓をぬって、五十分ほどでJR由布院駅についた。駅前におりたつと、見おぼえのあるなつかしい由布岳が目にとびこんでくる（写真1）。その下に湯布院がある。

この町が日本中にしられるようになったのは、町の老舗旅館の経営者たちが映画祭や音楽祭などを企画し、それが評判をよんで「湯＋文化」の町づくりをマスコミが大きくとりあげたからである。いまや日本中で「いってみたい温泉の第一位」にえらばれているのだそうだ。

「湯布院」はかつては「由布院」とかいた。昭和三十年に由布院町と湯平村が合併し、由布院の「由」

を湯平の「湯」にかえて「湯布院町」となった。しかし平成の大合併で由布市になった。いまは由布市湯布院町である。

由布市の「由布」というかわった地名は、ふるく『豊後国風土記』に柚富《ゆふ》郷として登場する。「この郷のなかに栲《かじ》の樹がたくさんはえている。人々はカジの皮をとって木綿《ゆふ》をつくったので柚富郷といった」とある。そのためか『万葉集』でも木綿《ゆふ》とかかれ、平安時代の『和名抄』いご、今日の由布になった。

写真１　由布岳とその裾野の湯布院の町

また由布院の「院」は、周囲に垣や塀をめぐらした「大きな構えの家」をいう。「古代の地方の租税をおさめておくための官設の〈倉院〉を指したところから、それら倉院のある地域の範囲を地名として呼ぶようになったものとおもわれる（甲斐素純）。「屯倉《みやけ》」のようなものだろう。

それがここにあったようで、歴史の古さを感じさせる地名である。しかしその湯布院もじつは由布岳あっての湯布院である。第一、温泉からしてそうだ。由布岳という火山あっての温泉である。

由布岳は二十万年前の火山活動によって、ある日とつぜんできた山といわれる。高さは一五八三メートル。盆地のどこからでもみえる。まわりの山々より抜きんでてたかく「豊後富士」といわれるが、どこかふっくらした女性的な山だ。

由布岳を起点に、時計まわりに雨乞岳、倉木山、城ケ岳、高尾山、野稲岳、カルト山、福万山などの山々がつづく。

しかしそのなかにあって、火山活動でできた由布岳のシルエットは特別美しい。というのも山麓から頂上にかけて樹木が一本もないからだろう。つまり山容が女性の肌のように滑らかなのだ。

いまは枯草色をしているが、春になれば緑の草が全面をおおい、牛が放牧され、のどかな風景が展開される、という。

「湯布院には雨の日にくるべきです」

むかし野外で、この由布岳の景色をながめながら湯をあびた。そのときたまたまみた観光のチラシに由布岳を詠んだ歌があった。まえにも引用した与謝野晶子の歌だ。わたしはべつに晶子さんのファンではないけれど、彼女の歌にはパンチがある。

われは浴《あ》ぶ由布の御嶽の高原に　銀柳の葉の散り染めし秋

この歌のように、気品のある由布岳の山容はむかしとなにもかわっていないが、今回おとずれてみて町の変化にはびっくりした。

駅舎がモダンな意匠になっている。民俗村とよばれる小物や土産物をうる店が群集している。たくさんの美術館やギャラリーが自己主張している。それに、タイルで整備された川辺の遊歩道、「金鱗湖」とそのまわりのレストラン、観光地におなじみの人力車群、ひっきりなしにやってくる観光バス、運動場のようにだだっぴろい駐車場、大声をあげる「神風観光」のコンダクターたち、それに負けない韓国語や中国語の氾濫……。

覚悟はしていたがやっぱりショックである。今日の「観光」は「観物」ではないか？　とあらためておもう。

観光は「土地の〈光〉を観る」のにたいして、観物は「土地の〈物〉を観る」。

観光は一つでもいい。心にうったえる「光」をもとめる。観物は物相手だから見物する物の数が問題である。人も旅行会社もその数を競う。

いいかえると観物は戦争である。「いかにたくさんの〈敵の首〉をとってくるか」だ。観光は啓示である。「いかに〈神さま〉にふれるか」である。というのも観光の「光」とは心にしみるものであり、心にしみるものを発見できれば「高いお金と時間をかけてきた甲斐がある」とおもうからである。そしてその心にしみるものは、つきつめれば「神さま」なのだ。

すると、湯布院にはいったいどういう「神さま」がいるのだろうか?

もっとも、おおかたの「観物客たち」は「神さま」のことなど知ろうとはなさらない。旅行会社にお金を払って、ある日集合し、飛行機にのり、バスにのり、ガイドブックをもち、群になり、記念写真をとり、料理をたべ、温泉につかり、土産物を買ってかえる。しかも見知らぬツアー客どうしが話をすることはない。みな黙々と行動する。「巨大な個人群」の行進である。そうして現地にいってガイドブックの記述を確認して満足する。観た物の数を自慢し、心なんかどうでもいい。

では、どうすれば「観物客」でなく「観光客」になれるのか?

一人になることだ。晶子さんのようにである。

一人きりで裸になり、ゆっくり湯にはいり、ゆったり身体をのばし、大きく息をすい、そして夕暮の由布岳をみる。そのとき落ちてくる一葉の銀柳に、一瞬!「湯布院の神さま」を感じる。

わたしは少々イカレテいるのだろうか?

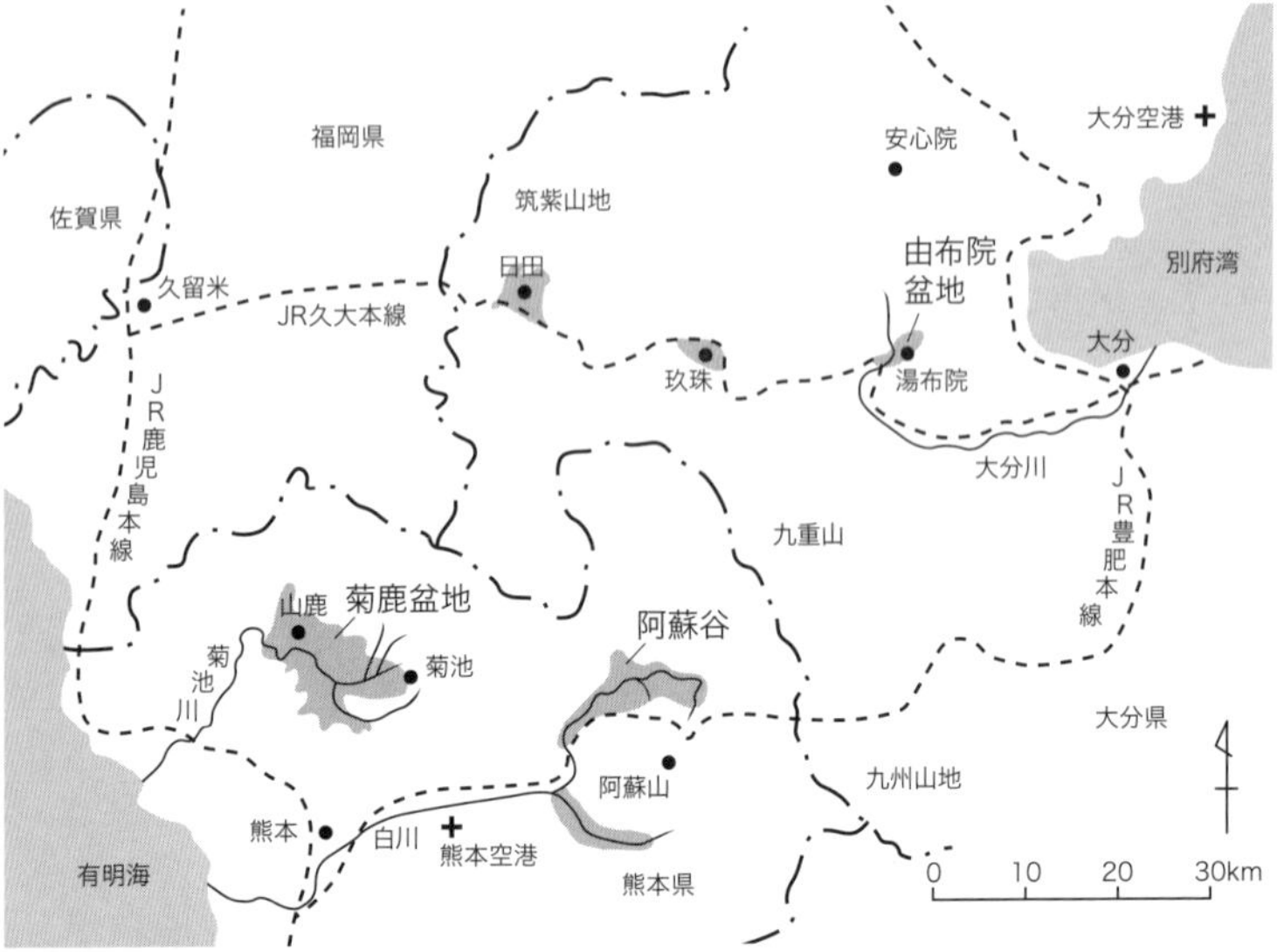

図1　九州中部の盆地

たぶん、そうだろう。

しかし問われるかもしれない。「湯布院は温泉だけでなく文化もある町づくりの成功例として全国に喧伝されている。それはいけないことですか？」

わたしはおもう。

「いけないことはない。それでいい。しかし湯布院にはだれもこない雨の日にくるべきです。そのときに、きっと神さまに会えるでしょう。」

瓢箪から駒がでるか

地図をひろげてみる。

すると九州中部の豊肥火山地域、つまり豊の国と肥の国のまたがるところに、由布院盆地、玖珠《くす》盆地、日田盆地、安心院《あじむ》盆地、菊鹿《きくか》盆地、阿蘇谷などじつにたくさん盆地がある（図1）。加賀の白山に発し雲仙から東シナ海にいたる「白山火山帯」と、阿蘇に発し桜島をへて南西諸島にいたる「霧島火山帯」とがつくったものだ。つまり両火山帯の交わるところにこれら盆地群が生まれたのである。九州中部が「火の国」である証拠である。

そしてそれらのおおくには「むかしそこに湖があった」という伝説がある。由布院盆地もその一つだ（図2）。

ところが『町誌』をみると「由布院はむかし湖であったという人もいれば、全体が高原であったという人もいる。そのどちらも正しいとおもう」（『新由布院』）とかかれている。

「またか！」とおもう。もう「うんざりである」。

どうしてこうまで科学と伝説は対立するのだろう。

こまった行政は「両論併記」である。これが日本の「知的現実」だ。だれもその知的現実にたちいって議論をしようとはしない。学者も、である。

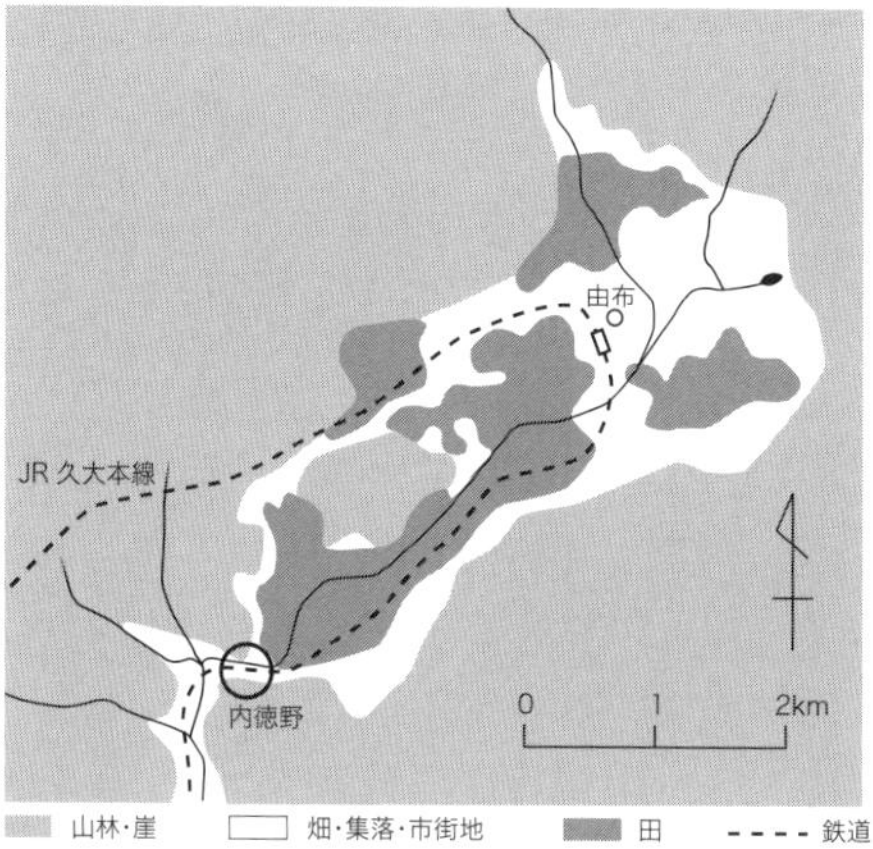

図2　由布院盆地の土地利用

しかし、それではわたしは困る。「蹴裂伝説」をしらべにきた以上、はっきりしてもらわなければならない。

「由布湖」があったとする人はつぎのような理由をあげる。

郷土史家の首藤實恵さんはいう。「由布山は数十万年まえ、由布院盆地の陥没により隆起して火山活動をしたと推測されている。いらい満々と水をたたえた淡水湖としられた」（『由布院の夜明け』）。

また梅木秀徳（FM大分会長）さんは「由布院盆地や日田盆地が湖であったというのは伝説の世界だけではない。じっさいに由布湖、日田湖が存在した。大分県下にはほかに玖珠《くす》湖や安心《あじ》院《む》湖などがあったことが地質学や地形学のうえからも証明されている」(前掲書)とかかれる。

さらに堀藤吉郎(元別府市温泉課長)さんは「盆地の地形からみて太古は〈一大火口湖〉であったことは充分うなずける」(『由布山』)といわれる。

以上のような見解があるのになぜ「両論併記」なのか?

わたしは『町誌』の執筆者である郷土史家の志手駒男さんにあった。

単刀直入に「由布院盆地はむかし湖だったのでしょうか?」と質問した。志手さんは「個人的には由布院盆地は湖だったとおもいます。ただ、だからといって蹴裂きがあったとはいえない。蹴裂伝説は古代のロマンです」とおっしゃる。

そして由布湖を否定する人々は「つぎの三つの証拠をあげる」と説明されるのである。

一つは、湯布院町佐土原地区の源泉ボーリング調査の結果、地下二、三〇メートルから二万三千年前の木片がでてきた。

二つは、由布院小学校の駐輪場付近から、弥生時代の土器が発見された。

三つは、由布院盆地が湖であれば珪藻土が出土するはずだが、珪藻土は出土しなかった。珪藻土は地中に埋もれた微小なプランクトンで地質年代を知る手がかりとなるものだから、それがでないのは問題である。

地質学者からの回答である。

つまり盆地の底から古い時代の遺物が発見された、ということは、「盆地の底に人々が住んでいた」という証拠であり「したがって湖はなかった」というのだ。

そこでわたしはいった。「何千何万年ものあいだ湖の水位が一定であるはずがない。また湖の底にも段丘などがあって鍋の底のように一様ではない。さらに縄文人が土器をたまたま舟から落っことしたことだってあっただろう。土質も荒らされてしまっただろう。だからそういった二、三の証拠だけで湖がなかったといえないのではないですか？」

志手さんは笑ってこたえなかった。

いっぽう、由布湖の存在を肯定する人はシジミ貝の化石の発見された場所にこだわる。ＪＲ南由布院駅周辺の山崎集落から柴石が採掘され、そのなかからシジミ貝の化石がみつかった。シジミ貝はふかいところには棲息しない。であるのに標高四六三メートルでシジミ貝がみつかったということは、そこが湖だった時代の水際線だろう。その等高線をたどっていくと「弥生時代の由布湖の姿がみえる」。

それにしたがうと、いまの由布院盆地の約八〇パーセントは湖である。いまある湯布院の町のほとんどが湖の下なのだ。

さらに由布院盆地内で発掘された弥生時代以前の遺跡の分布をみると、いずれもさきのシジミ貝の化石採掘点よりさらに高いところにある。であるから「弥生時代以前に湖はあった」とする。

以上の話をきいて、わたしもさっそく国土地理院の縮尺二万五千分の一の地図上に、シジミ貝が見つかったのにちかい標高四六〇メートルの等高線をかきいれてみた。すると、全体がなんとなく瓢箪を逆さにしたような形になった（図3）。

瓢箪の「底」が由布岳の裾の金鱗湖あたりで「口」にあたるのが南由布院駅近辺だ。そしてその瓢箪の口から由布院盆地内の水が大分川となってながれでて、最終的には別府湾にそそぐ。

「太古の由布院湖の姿が瓢箪である」というのにわたしは満足した。

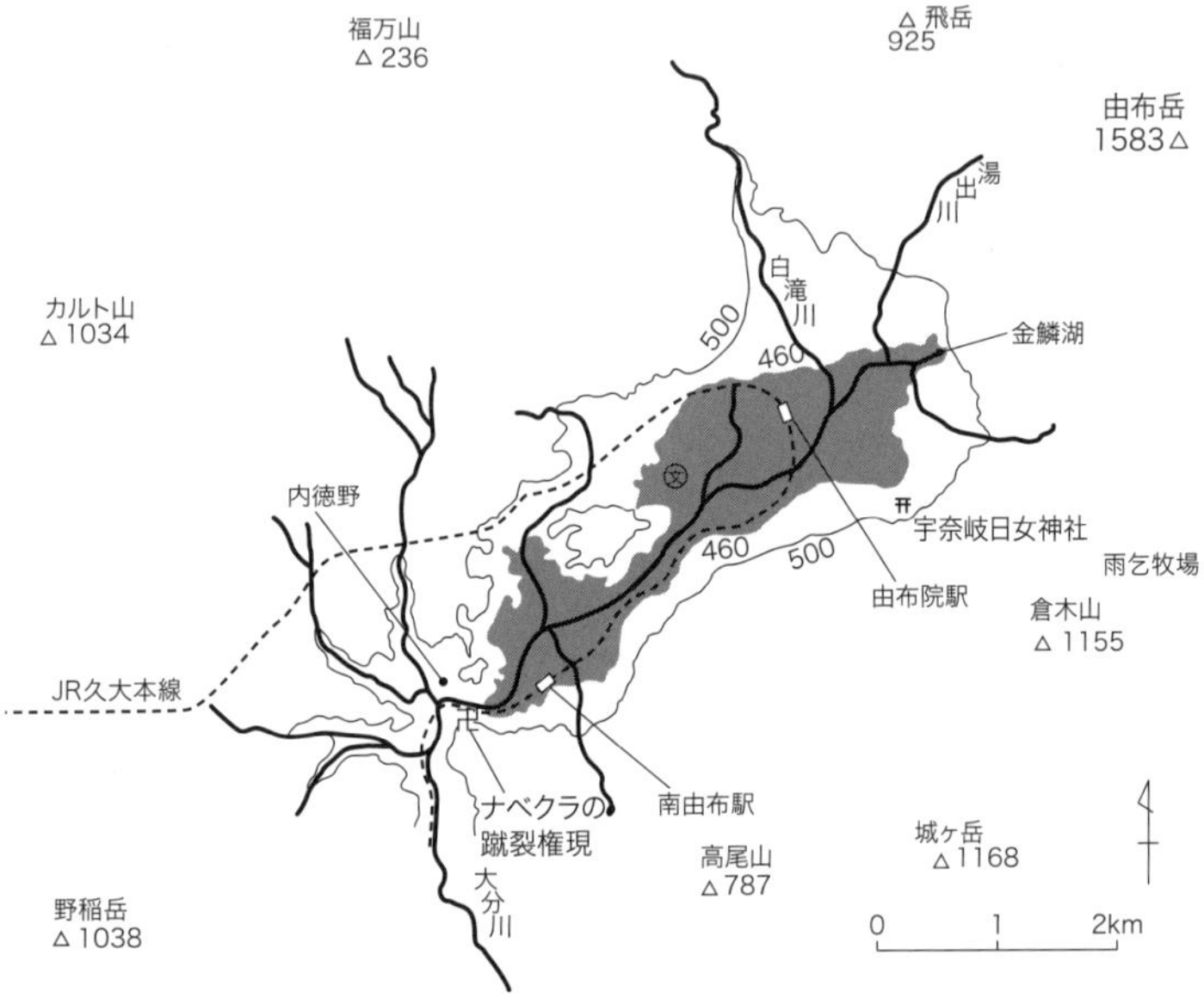

図３　由布院盆地と由布湖（推定湖水面、筆者作成）と蹴裂伝説の地

きっと「駒」がでてくることだろう。

ウナキヒメの「蹴裂伝説」

さらに湖があっただけではない。「その湖が開拓された」という伝説がある。「宇奈岐日女伝説」とよばれるものだ。以下に大略をしるす。

由布岳の山霊の化身ウナキヒメが一人の大男に「おまえは力持ちだからこの湖の岸辺を蹴って水をなくしてごらん」といった。そこで大男は、壁のいちばん薄いところをひと蹴りした（JR久大本線の南由布駅ちかくの内徳野か？）。すると山肌がくずれて大きな穴がポッカリとひらき、湖の水が音をたててながれでた。その川は大分川となって海にそそいだ。湖はみるみるなくなり、そのあとに沃野ができた。人々は大男を開発の恩人とし、蹴破った谷間をみおろすナベクラに「蹴裂権現社」としてまつった。蹴裂権現社はいまもある。

（湯布院町『広報ゆふいん』）

由布院盆地が干あがったあと、またつぎのような話もある。

湖に一頭の竜がすんでいた。

湖水がなくなったため竜は神通力をうしない、のたうちまわりながら由布岳の麓にわずかにのこった水をみつけてやってきてウナキヒメに「湖のすべてを望みません。ただ方十数町の安住の池をおあたえくださいませ。そうすれば永久にこの平野をまもります」と乞うた。竜がのたうったあとは盆地を曲流する白滝川となり、竜の安住した池が岳本の池（今の金鱗湖）となった。

この池はむかしはもっと大きかったが、慶長元年の地震のときの山崩れで埋まってしまい、いまは一町歩にもみたない小さな池になってしまった。江戸時代に儒者の毛利空桑がこの地にあそび、池の魚の鱗《うろこ》が夕陽にかがやくさまをみて「金鱗湖」と名づけた。

こうして由布院盆地はみごとに沃野にうまれかわった。人々はウナキヒメに感謝して社をたて、大男のために前徳野の山上に蹴裂権現をつくってまつった。（『大分の伝説』梅木秀徳）

ここで大男とはいったいだれか？　伝説ではウナキヒメの従者とされるが、そのことについてまたあとでふれよう。

なお竜は川の暗喩であるからこのばあいは白滝川をいい、由布院盆地をでてからは大分川をさすものとみられる。

蹴裂権現から由布岳がのぞまれる

さて、その大男が蹴ったという岸辺はどこか？　わたしは「瓢箪の口」である南由布駅にむかった。

由布院駅まえで電動モーターつきの自転車をかりて「瓢箪の口」の南由布駅をめざす。片道二十五

写真２　蹴裂きの場所（内徳野）と大分川

分の道のりだ。

由布院盆地を見おろしながら南側の山裾の道をゆく。道は地図にかきいれた標高四六〇メートルあたりをとおっている。弥生時代の由布湖の湖岸線と推定されるラインである。「もしこの盆地に伝説の湖があったら、その湖岸から由布岳の雄大な姿が由布湖にうつったにちがいない」などとおもいながら。

南由布駅をすぎて内徳野のＪＲの線路をこえると、両側から山がせまってきた。峡谷だ（写真２）。

峡谷をながれる大分川は幅の狭いところでは一〇〇メートルぐらいである。たしかにここにあった山塊を蹴破れば、由布院湖の水は一挙にながれでたにちがいない。大男が蹴った岸辺はここら辺かもしれない。

さきの志手さんが「蹴裂権現社のあるあたりはむかし小字であってユキアイビラといったが、明治の地租改正のときになくなってしまった。ユキアイビラとは両方から山と山が〈ゆきあっている平《ひら》〉をいう」と話していたことをおもいだした。

橋をわたるとすぐ左手に「蹴裂権現社」のお旅所があり、そこから一直線に山上へながい石段がつづいている。蹴裂権現はその上なのだ。

百二十段ほどの石段を一気にかけあがった。のぼりきるとネコの額ほどの平地があり、小さな祠があった（写真3）。あたりは数メートルにわたるむきだしの地層である。あとできいた話では、六千三百年前のアカホヤ火山が噴火したときのものだそうだ。

蹴裂権現からは、はるかに由布岳がのぞまれた。

写真3　蹴裂権現の祠

力持ちは蹴裂権現になった

こうして力持ちの大男は蹴裂権現になった。

権現とは「仏が衆生をすくうために仮の姿をとってあらわれること」で「本地垂迹説」すなわちインドの仏さまが日本の神さまになった説からでたものだろう。もちろん『記紀』や『風土記』などとは時代が異なり、仏教時代になってかんがえだされたものである。

そうして「湖の壁を蹴破った力持ちの権現は、さらに由布院盆地の恩人として〈道臣命《みちのおみ》〉と名づけられ、中川（内徳野に接続する地）の字《あざ》ナベクラの地にもまつられた」（渕敏博『ゆふいんの女神と大湖水伝説』）とある。

「〈道臣〉に命名された」ということは、その地の豪族が大和朝廷の体制において一定の身分をあたえられたことを意味する。

たとえば神武大王は、目的地まで案内してくれた日臣命《ひのおみ》をほめて「おまえは忠勇の士で、わたしをよくみちびいてくれた手柄がある。それでおまえの名を道臣《みちのおみ》にしよう」（「神武紀」）とある。「道臣」は大王あるいは天皇の命にしたがって仕事をまっとうした人間にご褒美としてあたえられた名称のようである。

「ウナキヒメという神さまはいません」

ウナキヒメは、まえにものべたように由布岳の山霊とされる。

由布岳は火山であるから、すると「ウナキヒメは火の神さまか?」とはおもうものの、ウナキヒメの素性がもうひとつはっきりしない。

そこで宇奈岐日女《うなくひめ》神社にむかう。この社では「ウナキヒメ」ではなく「ウナクヒメ」という。ヤシロは倉木山の麓の大きな杉木立のなかにあった。石畳のほそい参道にそって社務所があり、その奥に社がある（写真4）。一平方キロメートルの広さがあるという広いヤシロだ。

その境内の一角に、平成三年の十九号台風でたおれた杉の切り株が三つならんでいる。樹齢六百余年といわれる化け物のように大きな切り株だ。台風のときには境内にあった百四十四本の樹木もたおれたそうである。

宇奈岐日女神社は、社伝によれば「景行天皇十二年に創祀。嘉祥二年（八四九）に従五位下に、元慶七年（八八三）に正五位下に叙せられた。豊後国式内社」とある。そして六柱の祭神の名がつらねられている。

しかし、そのなかにウナキヒメの名はない。

宮司さんに「どうしてウナキヒメの名前がないのですか?」とたずねた。すると「ウナキヒメという神さまはいません。ご祭神は六柱で、天皇のご子孫の三柱の神と、アマツカミ系の三柱の神です」といわれた。

わたしは「でも神社の名は宇奈岐日女でしょう?」とかさねてきいた。宮司さんは「菅原道真をまつっていても大宰府天満宮というように、ウナキヒメはたんなる象徴的な名称です」

写真4　宇奈岐日女神社の参道

さらにくいさがって「権現さまに〈由布院湖の水を抜け〉と命じた神さまではなかったのですか? その素性を知りたいのですが……」というと「ウナキヒメは人間ではありません。蹴裂権現はべつの場所にまつられていますからそこへいってください。パンフレットに書いてありますから読んでください。二百十円です」
会話はそこで打ちきられた。
あとできいたことだが、宮司さんは誰にでもわたしとおなじような対応をされるそうだ。よほどそういった質問がおおいのだろう、答えが堂にいっていた。
そこでしかたなく町の図書館にいった。

ウナキヒメは速津媛か?

宇奈岐日女神社は通称「六社の宮」とよばれ『六国史』や『延喜式』

にも登場する歴史のふるい神社だ。

ではなぜ「六社の宮」とよばれるのか？

郷土史家の甲斐素純さんは「はじめウナキヒメという神さまだけが祭られたが、後世になって修験道が発達し、由布岳の山岳信仰がさかんになってきたので六という観念が移入され、しだいにそれと習合していったものとおもわれる」（『湯布院を歩く』）とする。

「そうか。宮司さんは山岳信仰と習合したあとの六柱の神さまのことだけを話されたのだ」。わたしは合点がいった。

その説に賛同するかのように「ウナキヒメはもと由布岳を神体山とする火山神であった。それがのち農業神へ変化し、後世になってふたたび修験道の移入とともに由布岳とむすびついて六所権現へ変化していったのだろう」（『町誌湯布院』別巻）という見方もある。

しかし甲斐さんは「ウナキヒメは豊の国の女首長の速津姫《はやつ》だったかもしれない」ともいわれた。これは聞きずてならない発言だ。

ハヤツヒメは景行天皇が熊襲《くまそ》討伐で筑紫《つくし》にいかれたときに登場する。

天皇は碩田国《おおきたのくに》（大分県）につかれた。その地はひろく、おおきく、うつくしい。よってオオキタと名づけられた。（中略）海部《あまべ》郡の宮浦につかれた。女の人がいて速津媛《はやつひめ》という。ひと所の長である。天皇がおいでになるときいてみずから迎えにでられた。そうして天皇に、山奥にいる五人の土蜘《つちぐ》蛛《も》退治を進言した。

天皇はその進言をきいて土蜘蛛を退治したが、ハヤツヒメはその功によりその国を速津媛国と名づけてもらっている。のち速見郡にあらためられた。

（『豊後国風土記』）

ハヤツヒメは海部郡に住んでいたからアマ族の女とかんがえられるが、ツチグモはさき（5章）にのべたコシ族であるから、両者は対立していたのだろう。

そのハヤツヒメを地元では「ウナギヒメ」とよんでいるところから、歴史学者の中野幡能さんは「由布院は弥生いらいの遺跡をもつ沼である。動物のウナギを沼沢の精霊としてまつったのが古来の祭神ではなかったか」（『式内社調査報告』第二十四巻）とする。

しかしわたしは、九州には「土蜘蛛」とか「打猿」などとよばれる先住民がいたが、直感では「いくらなんでも〈ウナギ〉はないだろう」とおもう。

ほかに、ウナグには「うなじにかける」というように「首のうしろの部分に物をかけること」をいうことから「由布院盆地にすみ、勾玉《まがたま》を首にかけた女酋もしくは巫女で、湖底を開発してゆたかな平野をひらいた一族のリーダー」（梅本秀徳『大分の伝説』）とする意見もある。宇奈岐日女神社の解説書にも「ウナグとは勾玉《まがたま》などの飾りを意味し、勾玉をつけた身分のたかい女性が巫女としてつかえた神社」とかかれている。

けっきょく、ウナキヒメの素性については、ハヤツヒメもふくめて推測の域をでない。

ヒメとヒコはいまも対面している

そこで、わたしも推測をこころみる。

ウナキのウナは「大峰《うな》」あるいは「海《うな》」だろう。

「大峰《うな》」というのは、由布岳の南に城ヶ岳（一一六七メートル）という山があり、別名「頸《くび》の峰」といった。この山の下の水田の稲をシカが食べるので、ある人が柵をつくって首をいれてきたシカのウナジを切ろうとしたが、かわいそうになって許した（「豊後の国風土記」）。それが美談となりこの山を「ウナの山」といった。いまは頸の峰になったが、元のウナをとってウナキヒメとなったのではないか？

もう一つの「海《うな》」は海上《うながみ》、海原《うなばら》などというウナでウミのことを意味している。そのウミは信濃の章（5章）でもみたように「広大な水面」をいい、湖もふくむ。つまりここでは由布湖を意味する。

いずれも地名である。

いっぽうウナキのキは、これも5章でみたように紀《き》族であろう。

壱岐、隠岐、安芸、磯城《しき》、伯耆《ほうき》、讃岐、葛城など西日本には終りにキのつく地名がおおいが、それらはすべてキ族名ではないか、とする見解がある（松岡静雄）。じっさい、それらキのつく地名のところはたいていイズモ族の勢力範囲だ。そしてイズモ族とキ族は同系か、あるいはまったくおなじものとかんがえられることは7章でのべた。

すると、ここにはウナキというキ族がいたのである。ウナキヒメはそこの女酋長である。ところがその女酋長の従者に大男がいた。それはいったい何者か？

古代日本において支配的だった政治制度に、男女がいっしょになって国をおさめる「ヒメ・ヒコ制」というものがある。『魏志倭人』にいう「ヒミコと男弟」であり、アマツカミ一族におけるアマテラスと高木の神（高御産巣日神）であり、崇神大王と叔母の倭迹《やまとと》迹日百《とびもも》襲姫《そひめ》であり、ヤマトタケルとやはり叔母の倭《やまと》姫であり、さらに日本の古制を色濃くのこしていた沖縄の聞得《きこえ》大君と国王である（上田『一万年の天皇』）。そこではヒメが祭事をおこないヒコが政治をおこなう。祭政分離が男女のあいだで分担しておこなわれたのだ。

とすると、ウナキヒメとその従者である大男というのも、ヒメ・ヒコの関係ではなかったか？ウ

写真５　雨乞岳附近からみた由布院盆地

ナキヒメは巫女であり、大男は王なのである。二人はいっしょになってこの地を開発したのだ。

わたしは由布岳の南にある雨乞岳にのぼった。そこからは由布院盆地のほぼ全容がみえる。秋の朝霧は有名で、雲海が発生すると盆地は「白い雲の湖」一色になるという（写真５）。

北に由布岳がみえる。西には蹴裂権現社がまつられるナベクラの小山がみえる。ウナキヒメと大男つまりヒコとは、雲海をみおろしながら由布院盆地をはさんで、いまも対面しているのである。

10

タケイワタツが阿蘇の岩を蹴裂いた

自然陥没か？　人間の蹴裂きか？

熊本・阿蘇

カルデラ盆地がなぜ乾燥したか？

北海道上川盆地にはじまる「蹴裂伝説」の旅は、日本列島を縦断してとうとう九州は阿蘇山までやってきた。

ここは東北を起点として日本列島を縦につらぬく那須・鳥海・白山火山帯等の終点であり、そして九州を縦断して南海にむかう霧島火山帯の起点である。そこに、浅間山、伊豆大島、雲仙岳、桜島などの活火山とならんで、いまもたえず煙をふいている阿蘇山がある。

しかも阿蘇山はたんに活火山というだけでなく、形の優美さ、鮮明さなどにおいて世界一といわれるりっぱなカルデラをもっている。その大きさは東西一八キロメートル、南北二五キロメートルにおよぶ。

そのカルデラのなかに五つの町村があり、いまも四万人もの人々がすんでいる（図1）。しかもそのカルデラ内の人々の居住は、何千年ものあいだつづいてきたのだ。

もちろん、いままでみてきたおおくの盆地にも人はすんでいた。しかしそれはあたりまえのことで、それらの盆地はたいてい「断層盆地」だからである。それら断層盆地のまわりの山々には幾筋もの亀裂がはしっていて、盆地にふった雨はその亀裂にそって海にながれだしていく。しかしその亀裂が土砂で糞づまったり、あるいはその土砂を土石流が押しながしたりしてきたのがいままでみてきた盆地である。

　ところが、である。

　カルデラという名前がスペイン語の「大鍋」ということからもわかるように「カルデラ盆地」は、火山活動によってふきだしたマグマが陥没してできた擂鉢状の大鍋である。その底はマグマが冷えかたまった火成岩だ。したがってそこには断層盆地のような亀裂はない。そのカルデラ盆地に穴があいたり傾いたりしないかぎり、そこにふった雨は蒸発するか、地下に浸透するか以外には行き場がないのである。

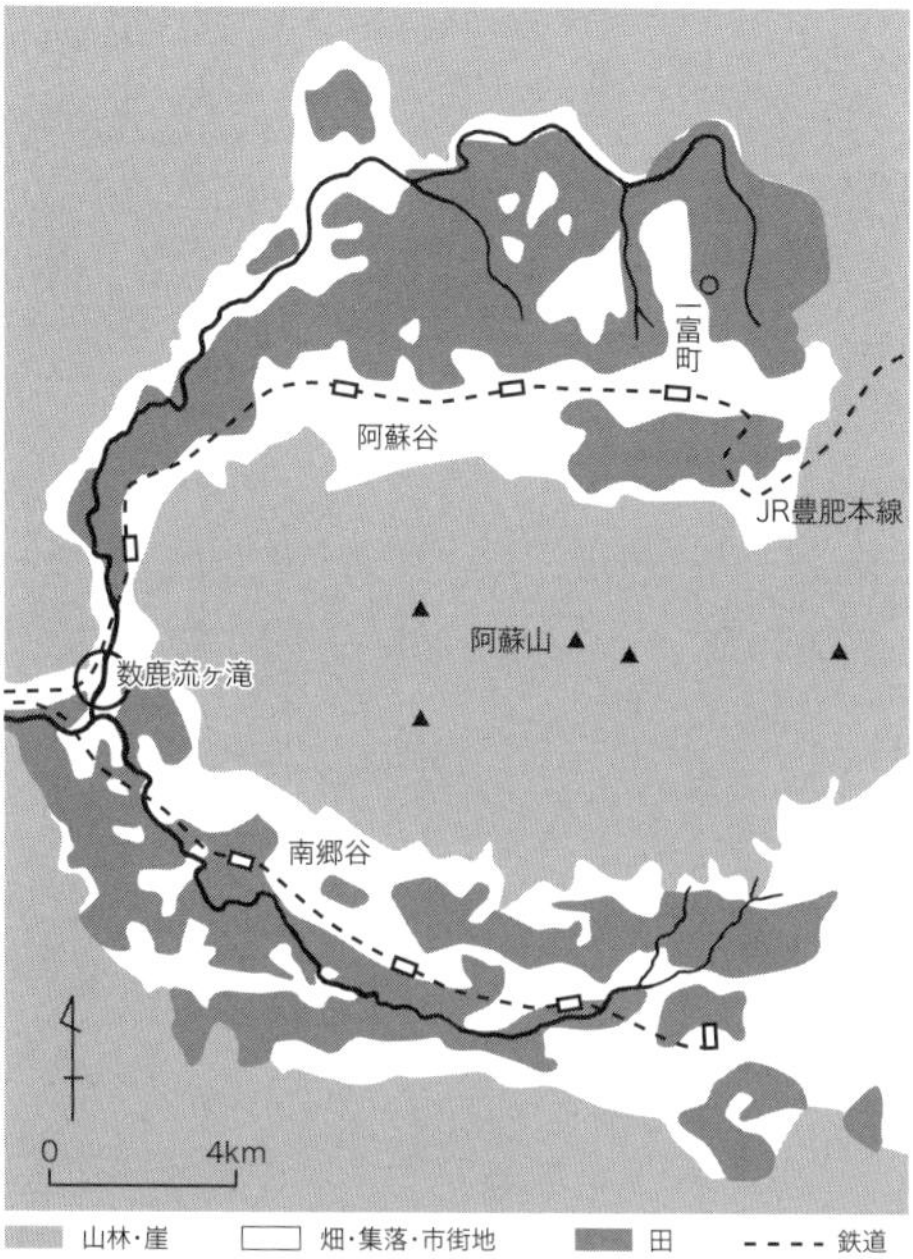

図１　阿蘇カルデラの土地利用

　そういうわけで、擂鉢《すりばち》状のカルデラ盆地は日本にたくさんあるが、箱根の芦ノ湖や東北の十和田湖などのようにたいてい湖のままである。

　ところがここ阿蘇山では「カルデラ盆地

内が古くから乾燥していて、いまも四万人もの人間がすんでいる」というのだ。

どうしてだろうか？

阿蘇のカルデラは、二万八千年ほどまえに山体中央部のマグマがへこんで巨大なカルデラを形成し、そこに雨水がたまって大きな湖が出現した。そうしてそれから一万年ほどたって、カルデラ中央部でふたたび大きな火山活動がおこり、西側のカルデラの壁面がやぶれて火口瀬から湖水がながれだした。その結果、湖水が干あがり陸化した、とされる。

しかしそういう自然現象だけで、カルデラ盆地が今日のように「完全に乾燥化」するものだろうか？

地元に一つの伝説がある。

それはむかし大和からやってきた一人の男が「阿蘇山の壁体を蹴裂いて水をながした」というものだ。「蹴裂伝説」である。

これは、聞きずてならない話ではないか？

ある春の日、わたしは伊丹空港から飛行機にのった。行く先は、もちろん熊本空港である。

「火の国」の阿蘇

まず、熊本の県立図書館でいろいろ文献をあさる。いつもの行動である。

県史、市町村史、地史、民話、伝説、郷土の物語、子どものお話などを手あたりしだいにしらべる。

「京都からきた」というと、あるいはいわなくてもわたしの言葉でわかるのだが、学芸員のみなさんはたいへん親切にしてくださる。そんなユーザーがあまりいないせいか？

そこで「熊本県」である。それは「火の国」といわれる。そのいわれについて『記紀』にいろいろかかれている。主なものはつぎの二つだ。

一つは崇神《すじん》大王というから三世紀ごろのことか、大和朝廷の命にしたがわない打猿《うちざる》、頸猿《くびざる》という土蜘蛛《つちぐも》退治を肥《ひ》の国の王の健緒組《たけおくみ》に命じたとき、現地にでかけていったタケオクミが「八代《やつしろ》の白髪山でみた」という不審火である（「肥後国風土記逸文」）。

いま一つは、崇神より二代あとの景行大王がじきじきに熊襲《くまそ》征伐にのりだし、人吉《ひとよし》、水俣《みなまた》、八代をすぎて夜になって海上でまよった。そのとき誘導してくれた「不審火」である（「景行紀」）。その不審火は「水平線上に横一線にひろがって怪しくゆれた」という。

この二つの話は、ともにこの国に「火の国」という名前があたえられた地名の起源説話になっている。それは八代海や有明海などで、今日もしばしばみられる不審火すなわち「不知火現象《しらぬひ》」であるが、それより「太古のむかしからあがる阿蘇山の中岳噴煙のほうが〈火の国〉とよばれるのにふさわしいのではないか？」とわたしはおもった。

阿蘇山は、さきにのべたように日本の代表的な活火山であるだけでなく、その外輪山の山麓をもふくめると、熊本県の六分の一ほどもしめる大きな山あるいは地域である。そういう大きな地域である「阿蘇」の地名はいったいどこからきたのか？

阿蘇の阿《あ》は「山阿《さんあ》」のアのように隅の意で、蘇《そ》〈襲〉は地域名または族名とみられる（松岡静雄）。『記紀』が「襲の高千穂」としるすように「天孫族」がおりたった日向の国から肥の国にかけて一帯の地名だったろう。すると阿蘇は「ソの国の隅っこ」なのだ。

そこでさきの景行大王の話をつづけると、大王は朝廷にそむいた熊襲を制圧するために、筑紫《つくし》（福岡県）を皮切りに豊前《ぶぜん》（大分県）、日向《ひゅうが》（宮崎県）、肥後《ひご》（熊本県）をへて阿蘇の国にやってきた。しかし、野がとおくまでつづいていて人家がみえなかったので、大王は「この国には人はすんでいないのか」といわれた。

すると、阿蘇都彦《あそつひこ》と阿蘇津媛《あそつひめ》という二柱の神さまがあらわれて「われら二人がいるのになぜ人がいないというのか」と抗議して姿をけしてしまった、という。そこで大王はその国を「阿蘇」と名づけられた。

このアソツヒコとアソツヒメも、前章でのべた「ヒメ・ヒコ」だったろう。

タケイワタツの「蹴裂き」

さて景行大王が「人がすんでいないのか?」とたずねたときにアソツヒコとアソツヒメが憤然としたのにはわけがある。地元につたえられる伝承によると、阿蘇をひらいたのは神武大王の孫の健磐龍命《たけいわたつのみこと》とされるからだ。景行大王の祖先である。

このように阿蘇につたわる伝承等をまとめた本はおおいが、そのなかの一書に「二重峠《ふたえのとうげ》」というのがある。

神武天皇は、孫のタケイワタツに九州平定を命じた。タケイワタツは大和をたって海路、豊前の国に上陸し、阿蘇にはいった。そして外輪山の一角にたって阿蘇をみあげた。すると噴煙がたかくのぼっていた。その下に大きな湖がみえた。

タケイワタツはこの湖をなくして沃野にしようとかんがえた。そこで湖の縁をみてまわり、外輪山の西のひくいところを蹴った。しかしやぶれない。しらべてみると山が二重になっていた(図2)。

さらに西へすすんで「数鹿流《すがる》ヶ滝」のうえを蹴った。すると岩がくだけて湖の水がどっとながれおちた。蹴ったとき、足の指先についていた土のおちたところが「津久礼《つくれ》」で、小石の飛んだところが「合志《こうし》」（現合志町）、大きな土の塊がおちたところが「小山戸島」である。

タケイワタツは二重峠を蹴破った翌朝、水のひいた跡をたしかめようと「手野の風追《かざおち》」という丘のうえにたった。すると西半分は干あがっていたが、東半分は水面のままだった。

そこでよくみると、両者のあいだの泥水のなかに大ナマズが横たわっていた。大ナマズは髭《ひげ》を蹴《け》落坂《おとしざか》の松にまきつけ、尾びれを杵島岳の麓までとどかせて水を堰きとめていた。

タケイワタツが押しても引いても動かないので、カズラのツルで太いナワをつくり、ナマズの鼻の穴にとおしてひっぱった。さしもの大ナマズも巨体をくねらせ落ちていった。湖はやっと干上がった。ナマズのひきずられていった跡が黒川で、ナマズのながれついたところが喜島町の鯰である。

水がひいたので、タケイワタツはアマツカミの教えどおりに稲作をはじめた。しかしイネの稔りがおもわしくなかったのでアマツカミに伺いをたてたところ、「ナマズの祟りである」ことがわかった。人々はナマズの霊を手野にまつり、いご、ナマズをとることを禁じた。

それいらい、阿蘇の人々はナマズをとることも、たべることもしない。国造《こくぞう》神社の境内には「ナマズ社」という祠があってナマズの霊をまつっている。（『阿蘇町史第二巻資料編・阿蘇神話伝説民話編』）

わたしはさっそくイワタツが蹴ったとされるスガルヶ滝にむかった。

スガルというそのかわった地名は「隙間がある」ということばのつまったものといわれる。すると、そこは「阿蘇カルデラ」の隙間か？

レンタカーで、熊本市内から国道五十七号線を東へはしると、大津町あたりから急な登り坂になる。

両側から山がせまり、正面には阿蘇の外輪山が立ちはだかる。道路の右下では白川の渓流が音をたてている。

やがて「立野《たての》火口瀬」につく。タテノというかわった地名は、イワタツが蹴裂きをおこなって尻餅をついたとき「立てんのう」といったから名づけられたという。

前方に渓谷をひとまたぎする大きなアーチ橋がみえる。全長二〇〇メートルの「阿蘇大橋」だ。

車をおりて河原にいこうとこころみた。蹴裂いた場所をこの目でたしかめたかったからだが、生いしげる樹々にはばまれて谷も川もみえない。一帯はシイ、ヤブツバキ、タブノキなどの照葉樹林や、ケヤキ、カエデなどの落葉樹がひろがる阿蘇の原始林だった。

結局、あきらめて車で阿蘇大橋をわたる。

すると、原生林におおわれた台地の壁に白くかがやく一筋の滝がみえた。高さ五〇メートルの切りたった断崖からほとばしりでるスガルヶ滝だ。それは崇高ともいえる「光」だった（写真1）。

写真1　数鹿流ヶ滝

わたしはしばらくその滝をながめつづけていた。そしておもった。
「この滝があと数メートル高かったら、阿蘇カルデラ盆地の大半はいまも湖だろう」（図2）。

古墳の集中する里

黒川という川にそって阿蘇谷にはいる。盆地の南側は白川に添う南郷谷だが、北側は阿蘇谷である。阿蘇谷の内部は農地がひろがり、家がたち、町となり、国道や電車が縦横にはしっている。ふつうの日本の田園とかわるところはない。

さらにすすむと、ひろびろとした田園のなかに「小島」がポコポコとうかんでいる。「なんだろう?」とおもったが、近づいてみるとみな古墳だった(写真2)。一面の田んぼのなかにたくさんの古墳がまるで松島のようにひろがっているのだ。とりわけ盆地の中心である阿蘇谷東北部には古墳が集中する。

写真2　中通古墳群にある車塚1号古墳

ここで、いったい阿蘇谷の開発はいつごろからはじまったか、をかんがえる。

縄文時代のカルデラ内部は、かつての火山活動によって湖水が流出したとはいうものの、なお水面や湿地がひろがっていて人々の生活の場にはならなかった。のこされた遺跡をみると、縄文人は外輪山の北側の端部、大観峰から湯浦といわれるあたりの北側にすんでいたようだ。

弥生時代にはいると、カルデラ内の湖水はほとんどひいてしまい、水たまりがそこここにみられる芦原となったろう。

ところが古墳時代になると、カルデラ内部にたくさんの古墳が出現する。カルデラから水面がきえ「人々は周辺の山麓から中央の低地へ移住した」とかんがえられる。すくなくとも四世紀には、阿蘇火山の南外輪山と阿蘇五岳とのあいだにはさまれた南郷谷の急斜面で開発がはじまる。そこから「柏木谷の古墳群」がみつかっている。

さらにのこされた遺跡から、古墳時代以前に、つまり大和朝廷の影響がおよぶ以前にこの南郷谷あたりに豪族が居住し独自の勢力をふるっていたことがかんがえられる。先住族だろう。縄文人だったかもしれない。

そして四世紀代の終わりごろになると、古墳の中心は南の南郷谷から北の阿蘇谷へうつる。

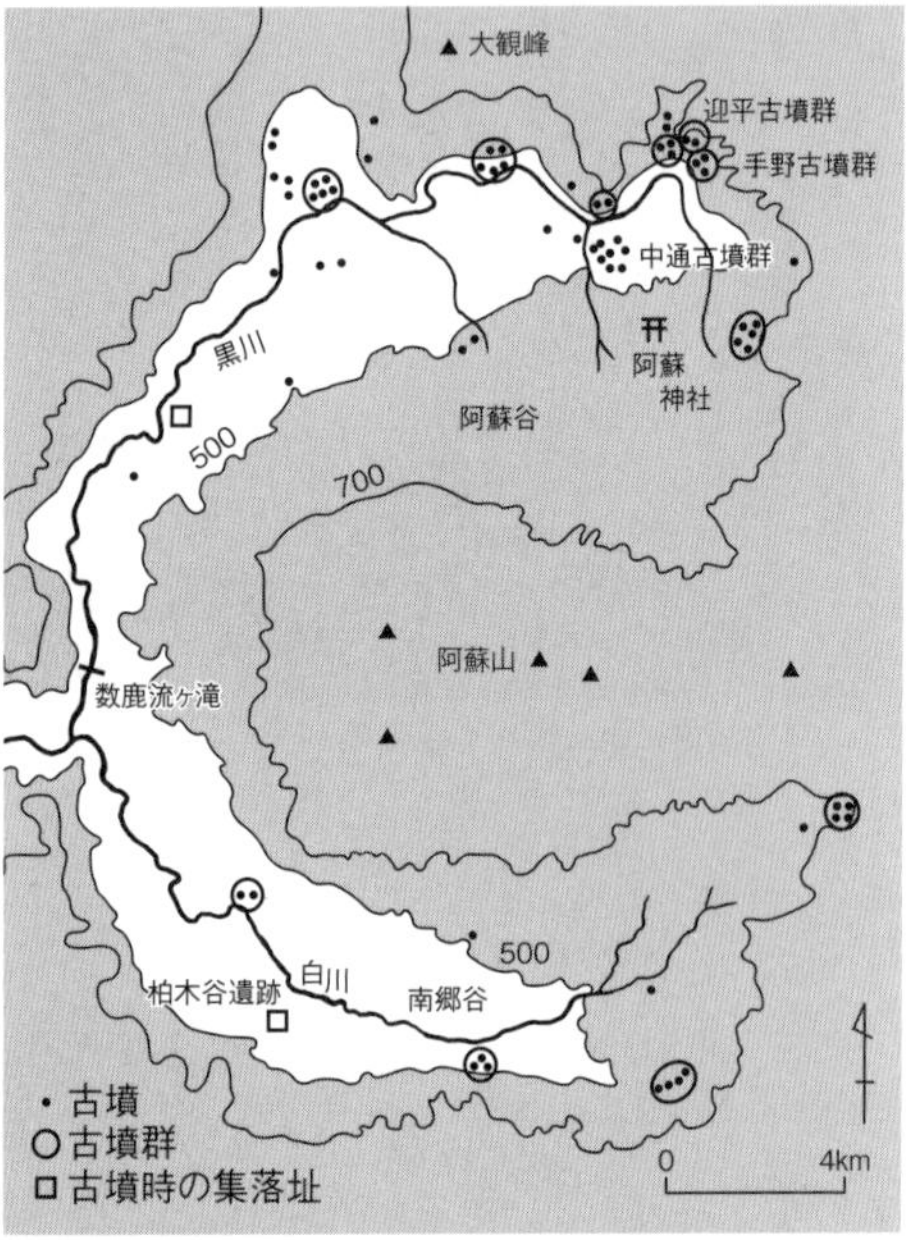

図２　阿蘇カルデラの古墳（グレー部分は標高 500m 以上の高地）

阿蘇谷は、南郷谷にくらべると土地ははるかにひろい。

とりわけ阿蘇谷東北部にある一の宮町手野地区の中通古墳群には、全長が一二九メートルもある熊本県最大の前方後円墳である長目塚古墳がある。いまはなくなったがもとは周濠も外堤もあった。被葬者は阿蘇地方の開発者だったろう。

その長目塚古墳を中心に、手野古墳群、中通古墳群、迎平古墳群などおおくの古墳がひろがる（図2）。築造は四世紀ごろとされる。

さらに国造神社というヤシロから西へ六〇メートルばかりいったところに、上御倉、下御倉という二つの円墳がある。それらはふるくから阿蘇国造夫妻の墳墓とつたえられる。築造は六世紀中ごろとされる。

前方後円墳の築造は大和朝廷の許可を必要としたが、こういう古墳群があるところをみると、大和朝廷とこの阿蘇谷とは関係がふかかったのだろう。

阿蘇神社から泉が湧きでる

古墳そのものは漢大陸や朝鮮半島にもある。むしろ漢大陸や朝鮮半島のほうが本家である。

しかし「古墳の周囲に濠をめぐらして水をはる」という形は、日本の前方後円墳のおおいなる特徴だ。周濠にたくわえた水をそのまま田んぼにながせば、広大な田畑をうるおすことができる。というところからそれは稲作開発と関係がある、とみられる。

ただ古墳づくりは、何年も、ヘタすると何十年もかかる大土木工事である。「人々はなぜそのような古墳づくりに精をだしたのか？」というと、それは王の墓のみならず、開墾した田畑に、古墳の周濠の水をひいてきて米づくりができたからではないか？

そこでかんがえる。それは古墳だけではなくじつは神社もそうだ。

阿蘇の開発神とされるタケイワタツをまつる阿蘇神社は、一の宮町南方の阿蘇五山からのびてくる扇状地のいちばん下にある。ヤシロがなぜここにたてられたか、というと、それは「阿蘇五山の湧水」利用のためだろう。いまも境内の手水舎には「銘水・神乃泉」と墨書した板がかかげられている。その下の三本の竹筒の先からは冷水が勢いよくながれでている。参拝者はこの水で手や口をきよめて神さまにまいる。

また湧水は阿蘇神社の境内だけではない。神社の周辺のどこをほっても水がでる。阿蘇神社の門前町では「水基《みずき》巡り」と称して水飲み場を十五カ所も設置し、観光客に水を提供している。

しかし、どうして阿蘇神社にはゆたかな湧水があるのか？

阿蘇山の地層には、何度もおきた噴火で堆積した砥石《といし》熔岩なるものがあり、これがフィルターの役目をはたして巨大な地下水の貯蔵庫となっているそうだ。とりわけ扇状地にふった雨は火山礫などがあつく堆積しているため地表をながれることができず、地下にもぐって伏流水となり、扇状地の末端にきて地表に湧きでる。

阿蘇神社はその中岳扇状地の扇下に位置している。泉が湧きでるわけである。

タケイワタツとは何者か？

わたしは「このあたりを上からながめたい」とおもった。そして北外輪山の山麓にあるヤシロにむかった。さきの国造神社である。

熊本県には延喜式による式内社は四つしかないが、そのうちの三つが阿蘇山にある。その一つがさきの阿蘇神社であり、いま一つがこのヤシロである。ふといりっぱな杉木立でおおわれている。

参道の石段をあがってふりかえると、いままでみたこともないような雄大な風景が眼前にあらわれた。手前に阿蘇谷の田園風景がひろびろとひろがっている。そのなかにさきほどの多数の古墳が松島のように点々とみえる。少々大きな森がある。さきほどまいった阿蘇神社だ。

そしてそのむこうに、阿蘇五岳が屏風のようにそそりたっている。東から根古岳、高岳（一五九二メートル）、中岳、杵島岳、烏帽子岳の五岳である。五岳もあるのは阿蘇山の大爆発の多さをしめすものだろう。そのうち現在も噴火をつづけているのは中岳だけである。その噴火によってカルデラの底は、北部の「阿蘇谷」と南部の「南郷谷」にわけられた。今日のカルデラ盆地の姿である。

ところで、よくよくみると阿蘇神社と中岳とがほぼ重なってみえる（写真3）。それは、いま立っている国造神社と阿蘇神社と中岳とが一直線につらなっているからだ（図3）。

写真3　阿蘇神社の鳥居から中岳をみる

この国造神社には速瓶玉命《はやみかたま》がまつられている（『阿蘇家伝』）。タケイワタツとアソツヒメの子とされる（『阿蘇大宮司系図』）。ほかにその子と弟と妻もいっしょにまつられている。

崇神大王のとき、そのハヤミカタマが大和朝廷にみとめられて国造すなわちクニノミヤツコになったという（『先代旧事本紀』）。

すると、国造神社と阿蘇神社と中岳とが一直線につながる、ということは、国造になったタケイワタツの子と、タケイワタツと、そして中岳とが一直線につながる、ことではないか？

では、タケイワタツとはいったい何者か？「神武の孫」といい「大和朝廷から派遣された」というが、それなら景行大王も知らないはずはなかったのではないか？「神武はあまりふるいことで忘れてしまった」というのなら、タケイワタツの子のハヤミカタマが崇神のときに国造になっているではないか？　崇神の孫の景行が知

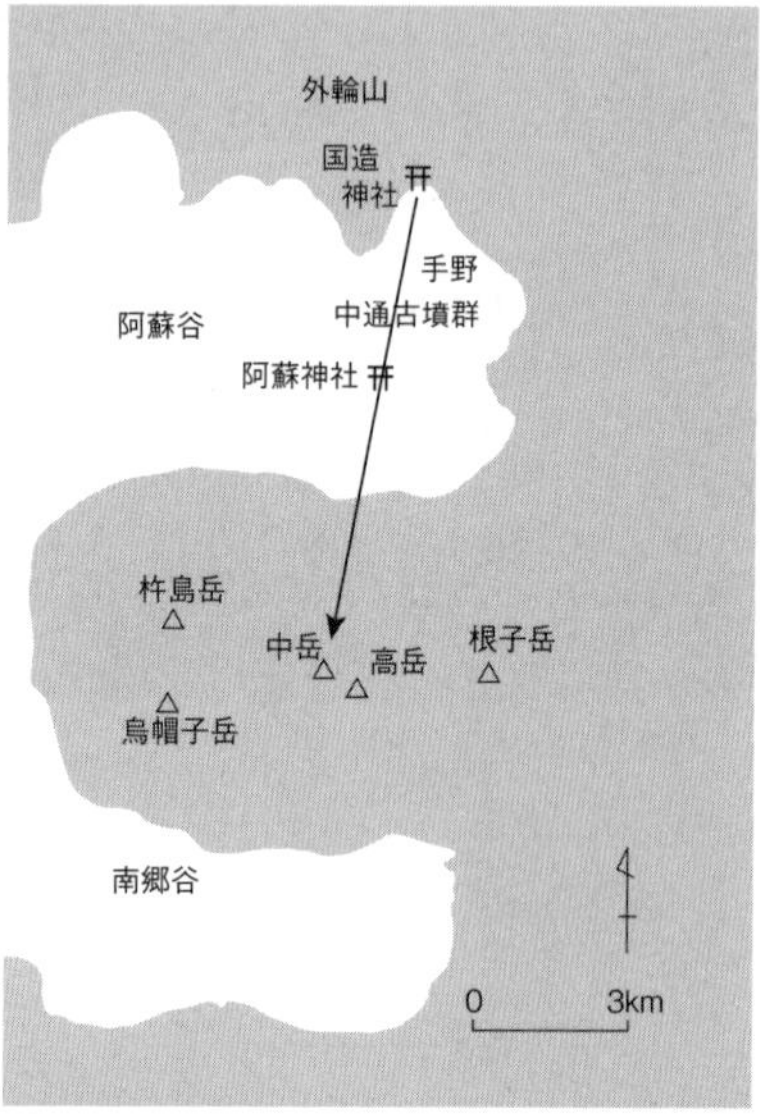

図３　一直線に並ぶ国造神社・阿蘇神社・中岳

らないはずはないだろう。

とかんがえると「タケイワタツはほんとうに大和朝廷から派遣された人間か?」という疑問がわいてきたのである。

タケイワタツとはいったい何者か?

タケイワタツは「茂賀の浦」にもあらわれる

じつは「タケイワタツ伝承」は阿蘇山にかぎらない。

その一つはこうだ。

阿蘇山の北西部の菊池から山鹿にかけての広大な地域は、弥生時代に「茂賀《もが》の浦《うら》」とよばれる湖だった。

土地にのこる話では、湯町の東南にある南島村、長坂村、白金村あたりから玉名郡中富、菊池《きくち》郡にかけて「田底三千町」といい、ふるくは「茂賀の浦」とよばれていたそうだ。地質学者の中原英さんと歴史学者の堤克彦さんもここに湖があったことを否定されない。とくに中原さんは紀元後三世紀まで湖があったことをみとめている、わたしがあった地質学者で湖をみとめていただいた初めての人である。わたしは感激した。「縄文湖」と「弥生湖」という名前までつけていただいていた(図4、5)。

その茂賀の浦にこういう話がある。

むかし阿蘇大明神が狩りの途中に山鹿のハナビ坂〈今はなまって花見坂という〉にこられた。

そのとき「茂賀の浦」の水面がとてもしずかだった。そこで大明神は「海神よ、わたしがだれだか知っているか」とたずねられた。すると水中から竜灯があがり「カーン、コーン、シーン、ソーレ、リー、コーン、ダケーン」という声がした。

そこで大明神が「鍋田の石壁」を蹴ると、湖水は滄海（有明海）にながれでて、そのあとに八頭の大亀があらわれた。（『肥後国誌』上「大宮大明神」）

阿蘇大明神とは、阿蘇谷を開発したタケイワタツのことである。タケイワタツは阿蘇谷だけでなく「茂賀の浦」をも蹴裂いて沃野をひらいたのである。現在の「菊鹿《きくか》盆地」だ。

そのタケイワタツが蹴ったところは「鍋田《なべた》の石壁」で、いまそのあたりを「志々岐《ししき》」といい「茂賀の浦」の水の出口、今日では菊鹿盆地の水をあつめた菊池川の流出口になっている。そこにたくさんの龍灯があがったので「花火坂」といったそうだが、今日、その名はない。

ただし現在、山鹿では紙と糊だけでつくる「山鹿灯籠《とうろう》」が有名である。その由来は、千三百年まえ景行大王が菊池川をさかのぼって山鹿に巡幸されたとき霧がたちこめてゆく手をはばんだので、里人が炬火《たいまつ》をかかげていまの大宮神社まで案内したことにある。いらい里人は毎年灯籠を献上している、という。

八月の夜におこなわれる「千人灯籠踊り」は、女性が紙でつくった灯籠を頭にのせて歌にあわせて踊る。それは夏の夜にうかぶ幻想的な光景だろう。

そしてこのタケイワタツの「蹴裂伝説」もまた龍灯や花火である。つまりともに「火」なのである。

このように「蹴裂き」において火が重要な役割をはたしたとすれば、それは縄文人がやった可能性がたかい。「はじめに」で上田がのべているように縄文人は土を火で焼いて土器をつくり生きのびた

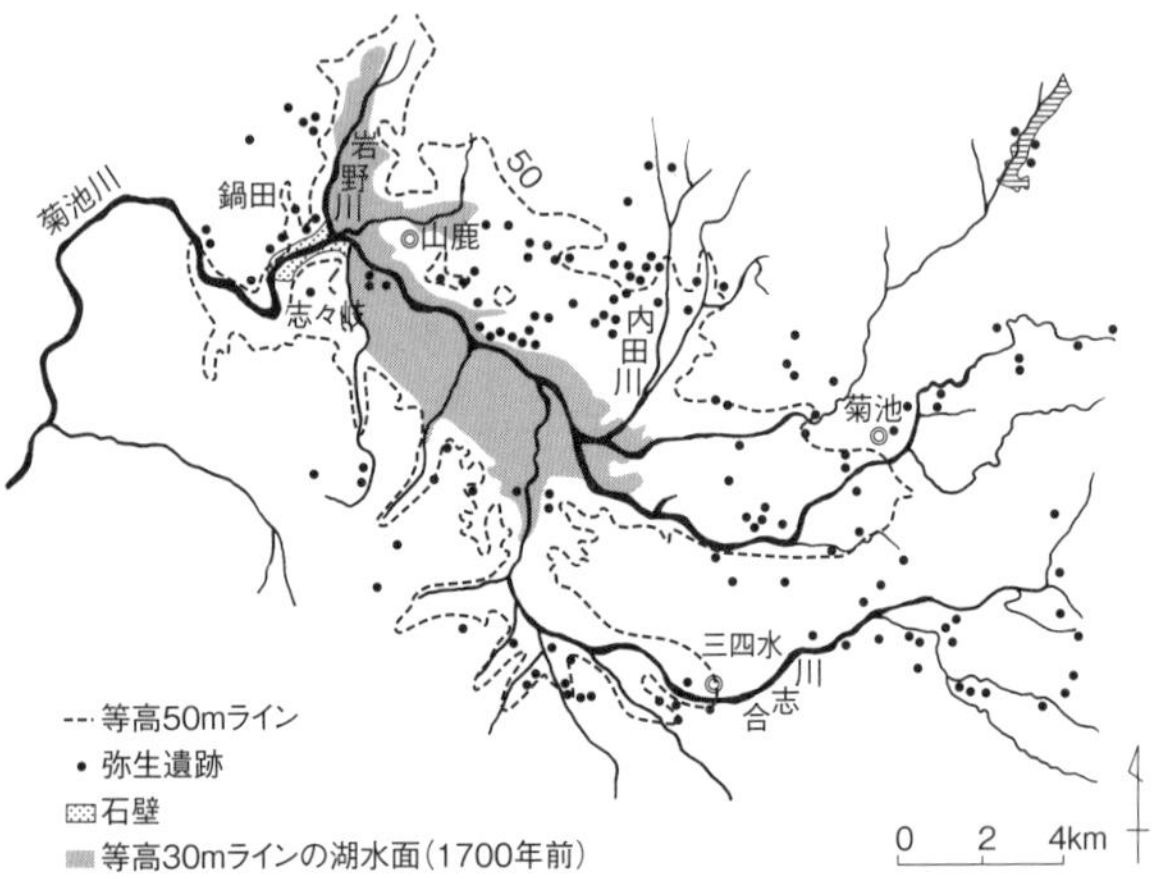

図４　「茂賀の浦」の弥生時代の推定湖水面
（中原英「阿蘇カルデラ西麓（菊池川周辺）の歴史」をもとに作成）

からだ。火は縄文人にとっての神さまである。

わたしは、熊本バスセンターから山鹿温泉行のバスにのった。五十分ほどで終点の山鹿についた。

山鹿はふるくからの温泉町としてしられるが、また古墳の密集地でもある。横穴古墳、前方後円墳などおおくの古墳がある。なかに装飾古墳というめずらしいものもある。古墳がおおい点は阿蘇に似ている。

しかしわたしの関心は、目下のところ「茂賀の浦」という湖にある。さらにそれを蹴裂いた場所にある。

わたしは、蹴裂いた可能性がある志々岐《しじき》台地のうえの「保養センター」に泊まった。

景行大王が沼を干あがらせた

このように「タケイワタツが鍋田の岩壁を蹴裂いた」という話とはべつに、四世紀ごろ景行大王もまた茂賀の浦にやってきた、という。

景行十八年三月、景行大王は筑紫の国にこられ、四月には熊県《くまのあがた》（熊本県）に到着されてこの地の熊津彦を平げられた（『日本書紀』）。このとき地元につたわる伝承では、景

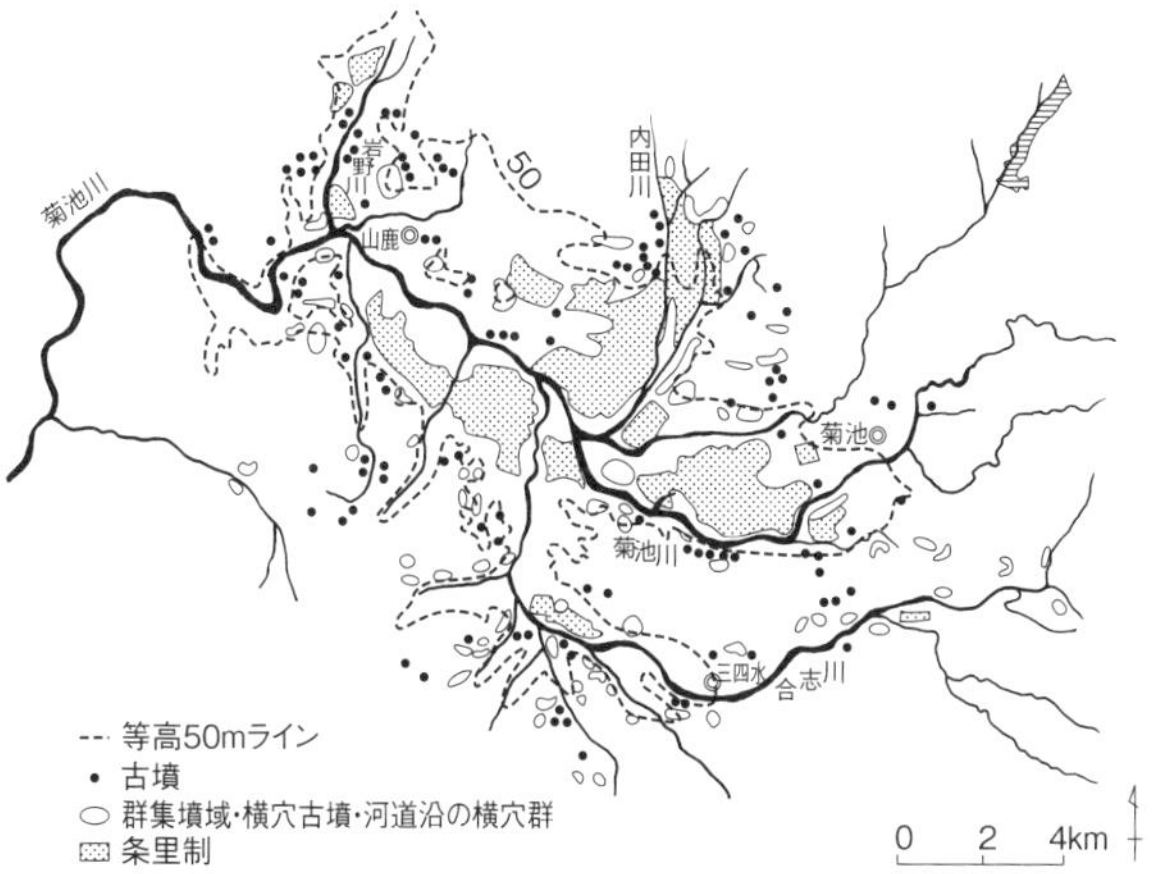

図５　菊鹿盆地の古墳と条里
（堤克彦〈「神話・伝承の「茂賀の浦」を科学する」をもとに作成〉

行大王は「沼の主である八頭の大亀を退治し、沼を干あがらせた。そして千田の里に八頭の亀をかたどった八つの島をもうけ、八神をまつった」という。あるいはつぎのような話もある。

いまの奥長（山鹿市奥永）表に湖はないが、昔、湖があり、主の八首のカメがすんでいた。（中略）奥長の湖より八つの龍燈がでて右之宮（住吉大明神＝今の菊池市泗水）にとどまり、そこから当郡岡山（田嶋＝今の菊池市泗水）、（中略）打越（今の菊池市）へ飛びさり、（中略）、山鹿表（不詳）を飛びまわり、高麻山（火ノ岡山＝今の山鹿市鹿本町）へいったがここにも留まらず、（中略）景行天皇によって退治された。カメは千田村に葬られた。その塚は「八頭の塚」といわれる。　（『合志川芥』「住吉大明神」）

亀が飛びまわったのは「茂賀の浦」だろう。そして景行大王が退治したという「八頭のカメ」はこの地方の原住の豪族ではなかったか？

しかしこの話は「沼を干あがらせた」つまり「蹴裂き」をおこなった、という点で、さきのタケイワタツの話と似ている。「タケイワタツ伝説」が景行大王の業績にすりかわったのかもしれない。

いずれにしても、この地に「蹴裂伝説」が存在したことはたしかである。たとえば、この「八頭の塚」はいまも千田村にある聖母八幡の鳥居のそばにある。鳥居の横には、濠でかこまれた島が点在している。島は亀の背中のように丸みをおび、小橋でつながっている。それぞれに小さな祠がある。かぞえてみると、景行大王が退治した「八頭の大亀」とおなじく八つあった。

そこに「八島公園」という看板がたっていた。

湖は自然陥没でなくなったか？

さて、タケイワタツとは何者か？

「タケイワタツは神武天皇の第二皇子の神八井耳命《かむやいみみ》の子で神武天皇の孫にあたる。神武天皇は大和に都をさだめてまもなく、九州地方が不穏になったのでタケイワタツに九州平定の命をくだした」（『肥後風土記』）といわれる。

しかしいままでみてきたように、しばしば景行大王の話と混線している。

そこで「むかしから地元にあった話が神武大王や景行大王の話と、つまり大和朝廷の話とすりかわったのではないか？」という疑念がわいてくる。その「むかしから地元にあった話」というのは、先住民いわば縄文人の話である。

そうおもう根拠の一つは、その名前だ。

第一に『記紀』にタケイワタツという名前はない。唯一「神々の生成」のところで「石拆神《いわさき》、根拆神《ねさき》」がでてくるぐらいだが、それらの神々についても具体的な記述はない。

第二に、タケイワタツの「タケ」は猛々しい、イワは「石」とかんがえられる。すると縄文人が「立石」を信仰したことは、今日、おおくの考古学者が立証している。そこで「健磐龍はもと健磐立と書いたのではないか?」(井上辰雄『日本の神々・1』)つまり岩が立つ=立石である。というところから「タケイワタツは縄文人ではなかったか?」とおもわれる。地元でも阿蘇山火口部の「石」に霊がある、とされ「タケイワタツは阿蘇山そのもの」とかんがえられている。

第三に、さきにみたように「茂賀の浦」で火がつかわれていることだ。縄文人はいまのべたように火を神さまとかんがえ、火の扱いには習熟している。蹴裂きをやるばあいも火をつかった可能性がたかいのである。じっさい、しばしば雷火のなかでおこなわれている。

そこで「そのことをもうすこししらべたい」とわたしはかんがえた。

まず蹴裂いた場所をたしかめるために、山鹿市の地図を確認する。

蹴裂いた場所は伝説によると「志々岐台地」である。その台地のうえに保養センターがある。わたしの泊まったところだ。

屋上にでると山鹿盆地が一望できた。ゆたかな田園がひろがる。熊本の米どころだ。その盆地の真ん中を東南からながれてきた菊池川が、台地の下で北からきた岩野川と合流し、大きく半円をえがいて西の玉名方面へながれでているのがみえる。

つぎに、タケイワタツが蹴裂いたとおもわれる場所にむかう。

保養センターをでると下り坂だ。川の反対側に石の壁がつづいている。志々岐—小原の「石壁」の一部だ。なかに涅槃《ねはん》岩という巨大な岩がある。

菊池大橋の土手から菊池川の下流をみる。

写真４　菊池川左岸から上流の鍋田をみる

川をはさんで、さきほどの志々岐台地の涅槃岩と右岸の鍋田の石壁を線でむすぶと、伝説の「茂賀の浦の石壁（写真４）」がイメージできる。その間の距離は二、三〇〇メートルぐらいか？

菊池大橋をあとにして「鍋田の石壁」へむかう。

岩野川の橋をわたって、川ぞいに切りたつ数十メートルもの「石壁」をみる。かたくて大きな岩塊だ。地面から三メートルぐらいのところに横穴古墳がならんでいる。長年月のあいだに下方の土がけずられて地面がさがったのかもしれない。見あげると、木や草が石壁におおいかぶさるようにしげっている（写真５）。

しかし、茂賀の浦の「鍋田の石壁」はどうして崩壊したのか？

地元の地質学者は「南北の縦断層に直行する石壁に、地震によって亀裂が生じたため」「茂賀の浦の水が抜けたのは断層によるもの」（中原英「阿蘇カルデラ西麓の歴史」）と推定している。

おなじく歴史学者は「茂賀の浦の水圧によって割れ目が生じ、その脆弱な箇所がさらに侵蝕を拡大し、いご、山津波か大豪雨、大地震等によって一挙に崩落した」（堤克彦（前書））とする。

つまり、石壁が崩壊したのはいずれも「自然の力であって人間の力ではない」というのだ。

しかしわたしがしらべたかぎりでは、阿蘇山から八代にかけては活断層群がたくさんあってもこのあたりにはあまりない（活断層研究会『日本の活断層図』）。また「石壁」の岩盤に亀裂がはいっても、それを契機に岩がくずれるだろうか？　むしろすぐに土砂で埋まってしまうのではないか？　あるいはせいぜい亀裂から滝が生まれるぐらいか？

またもし「石壁」の岩盤が自然に陥没した、としたら、その地下に空洞でもあったのか？　かんがえられるのは地下水脈だが岩盤の下に地下水脈などありえない。

写真５　鍋田の石壁

結局、岩盤であればその岩を人間が取りのぞかないかぎり「茂賀の浦」の水が一挙にながれでる、ということはないのではないか。自然のままにしておけば、むしろ亀裂などはふさがれてしまうことのほうがおおいのではないか？

いずれにせよ「石壁」の岩盤の崩壊についての疑問は解けない。

蹴裂いたところはみな岩だった！

タケイワタツが阿蘇湖の外輪山を蹴ったところは数鹿流ヶ滝という石壁である。また「茂賀の浦」の蹴裂いたところも「鍋田の石壁」である。つまり阿蘇も山鹿も、蹴ったところはみな「岩壁」だった。

あたりまえのことだが、どんな巨人でも足で蹴ったくらいで大きな岩など割れるはずがない。何十メートルもの石を金属で割ることもできないことはないが、気のとおくなるほど労力と時間がかかるだろう。

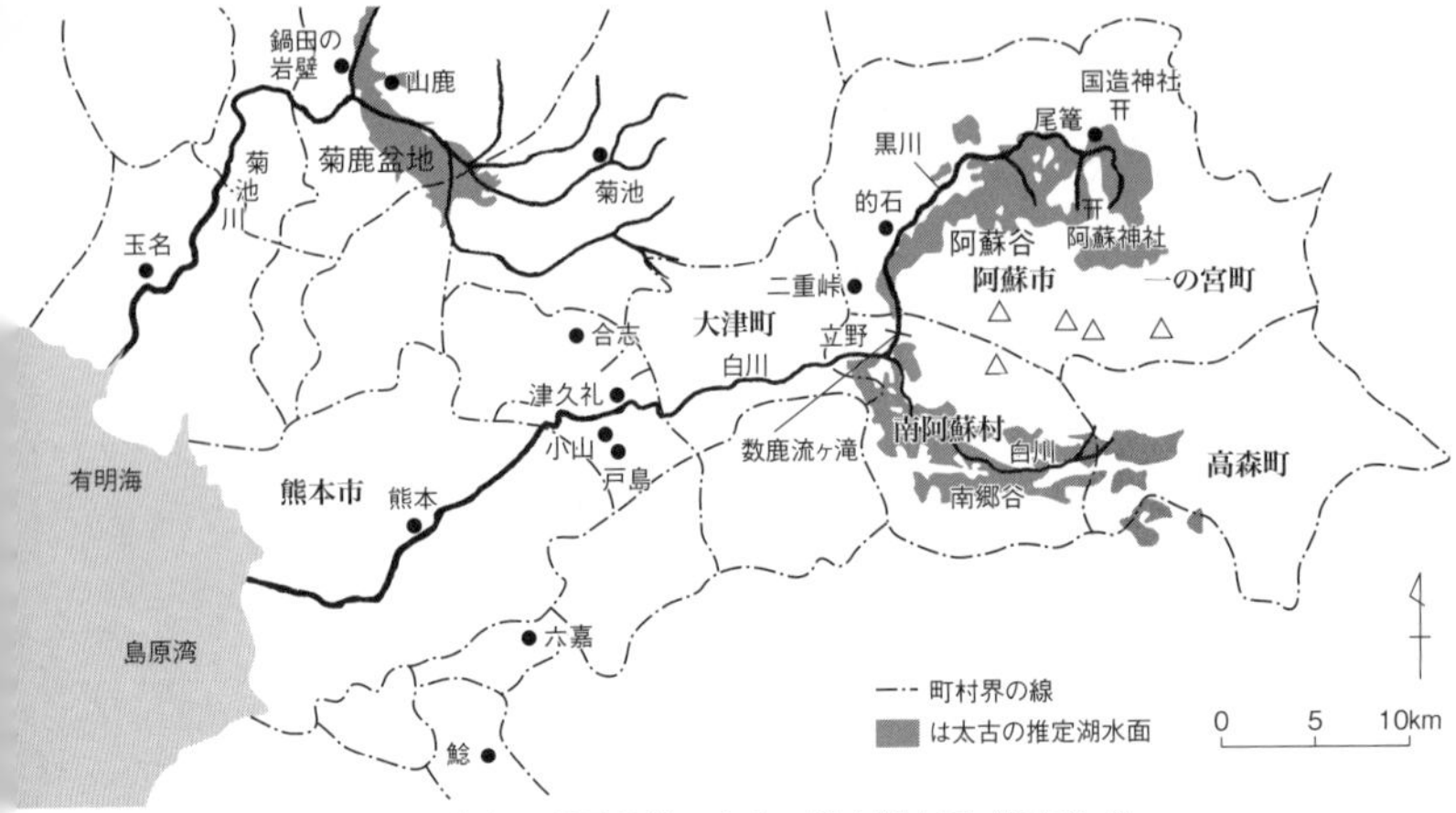

図6　阿蘇のカルデラ盆地と菊鹿の断層盆地の太古の推定湖水面（筆者作成）

とすると、のこりは火をつかって岩をくだくしかない。

二百年まえの江戸時代に火をつかって岩をくだいたという記録がある。

「肥後の人吉から八代までの球磨川の急流をくだるのに、岩石が水中につきだしていて船路をさまたげていたので、岩石のうえで火をたき、充分に熱したところへ水をかけて岩をくだいた」という話である（『日本周遊奇談』）。

しかし地質学者も土木学者も、みな「蹴裂きはたんなる伝説であって、自然陥没によって湖盆の水はながれでた」とする。おしなべて「自然陥没説」である。

しかしかりに自然陥没だとすると「なぜ古墳時代という一定の時期に、東西二〇〇〇キロメートルもある日本列島のあちこちで、何十、何百とある湖盆がいっせいに〈自然陥没という地質現象〉をおこしたのか？ そして今日のような乾燥した盆地になったのだろう？」

またいまみてきた阿蘇湖と茂賀の浦という片やカルデラ湖で片や断層湖である二つの湖が、ほとんどおなじところに自然陥没したのか？（図6）

こういうわたしの素朴な疑問にこたえて、地質学者や歴史学者が「もっと〈自然陥没〉について納得のいく説明していただかないとわからない」というのが、各地の「蹴裂伝説」の現場を見てまわったわたしの心境である。

むすび　「蹴裂伝説」と国づくり

神功皇后の「蹴裂伝説」

田中は以上のように、「蹴裂伝説」が所在する全国十五、六ヶ所の地をとりあげて多方面から検証し、大なり小なり国土の改変と人間とのかかわりを論じたのであるが、ほかにも「蹴裂伝説」なるものはわたしの知るところ十以上もある。

たとえば「胆沢《いざわ》の淡水《あわみず》とヒトコノカミ伝説」「庄内の泥沢開拓とアコヤヒメ伝説」「伊豆白浜の幽谷開発とイコナヒメ伝説」「越中別所七山開削と龍蛇伝説」「越前三国の湖水落しとオホド王伝説」「大余呉《よご》湖の干拓と坂口郷の山切りの鉛練比古《えれひこ》伝説」「姉川瀬水の滝落しと覚然法師伝説」「大堰《おおい》川の開削と松尾神伝説」「薩摩迫戸《さこと》の開門と隼人《はやと》神伝説」などなどだ。これらはそれぞれに興味深いが、紙数の関係でとりあげられなかった。

ただし、なかに『日本書紀』にも記録され「蹴裂き」の開削技術の秘密を解明できるとおもわれる説話があるのでつぎに紹介する。

いまから千七百年ほどまえの四世紀ごろのことか、とおもわれる。崇神《すじん》大王が各地に四道将軍を派遣し、孫の景行大王が九州遠征をおこない、その息子のヤマトタケルが日本列島を東奔西走し、そのまた息子の仲哀大王が筑紫にでかけて客死したあと、仲哀の妃の神功皇后にまつわる物語である。それは「裂田《さくた》の溝《うなで》開削伝説」といわれる。「神功皇后が北九州の那珂《なか》川の上流の裂田というところで水路を開削した」話である。『日本書紀』のその個所の現代訳をみる。

皇后は（中略）神田を定められた。那珂川の水を引いて神田に入れようとおもわれ、溝《うなで》を掘られた。迹驚《とどろき》岡におよんで、大岩が塞《ふさ》がっており溝を通すことができなかった。皇后は武内宿禰《すくね》を召して、剣と鏡を捧げて神祇《しんぎ》に祈りをさせられ溝を通すことをもとめられた。そのとき急に雷が激しく鳴り、その岩を踏み裂いて水を通じさせた。時の人はそれを名づけて裂田溝といった。

（宇治谷孟『日本書紀』）

この記述にしたがって、ある日わたしは現地をおとずれた。

那珂川の下流には日本の稲作創始にかかわる有名な板付《いたつけ》遺跡がある。「いまから二千四百年まえごろ、日本ではじめて稲作がおこなわれた」という地の一つだ。

だから那珂川での神田の開発すなわち田づくりは珍しい話ではないのだが、板付から七百年もたつと、海岸低地ではなく内陸でも田づくりがおこなわれるようになったことには注目させられる。というのも、海岸低地のような湿地帯なら水に不自由はなかっただろうが、那珂川上流の山地となると恒常的な水供給が課題となるからだ。山にはつねに安定した水があるとはかぎらないからである。

そこであらためて水路の開発が必要になった。しかし、そこにはいろいろの難問があった。たとえばこの話のように「水路の途中に大岩があって工事が難渋した」という事件である。そこで神功皇后が天にむかって祈りをささげると「突如、雷がおちてきてくだんの大岩が裂けた」という。

火をつかって石を割る

現地は美しい田園地帯だった。

そこには、この伝説にみる那珂《なか》川の分水口も、裂田《さくた》の溝《うなで》も、迹驚《とどろき》岡も、それぞれ一の井堰《いぜき》、裂田《さくた》川、安徳台などとしていまもあった。

その安徳台のかたわらに大きな岩がデーンとすわり、その上に裂田神社という社が建っていた。神功皇后が蹴裂いたところを記念してのちにつくられたものという。

ところで、その神社の建っている岩を那珂川町教育委員会がしらべたところ、このあたりの岩がみな花崗岩の砂礫か阿蘇山の火山岩魂であるのに、この裂田神社の建つ岩だけは未風化の花崗岩だった。裂田川はその未風化の花崗岩の周りを迂回している。その迂回しているところの一部が蹴裂かれたのである。

では、どうして「未風化の花崗岩」を蹴裂くことができたのか？

じつは、古代人の岩を割る技術を想像させる一つの話がある。称徳天皇のころ（宝亀元年、七七〇年）、西大寺の東塔の心礎とするために人々が東大寺の東にある飯盛山から三メートル四方もの巨石をはこんできた。ところが「この巨石には祟りがある」と一人の巫女がいったので、人々は「柴をつんで石を焼き、その上に三十石あまりの酒をそそいで細かくくだいて道路にすてた」という（『続日本紀』）。

つまり「石を長時間熱しておいて酒や水をぶっかけ表面を急冷させれば、石の内部は膨張したままだが表面は収縮するので、石の内外に亀裂が生じて石を割ることができる」というのだ。それは古代日本人にはよくしられた技術だったのだろう『続日本紀』にも格別の注釈がない。

神功皇后も、地元の伝承によると祈念するだけでなく「岩の上で芋がらを焚いた」といわれる。梅雨どきだったからやがて雷がなり、雨がふりだし、そして岩が割れたのだ。

人々はそれを雷神のせいにした。

すると神功皇后にかぎらず、いままで報告された「蹴裂伝説」のおおくもこのような技術がもちいられたではないか？　蹴裂かれたところは、田中も報告しているようにいずれも土層ではなく岩層だからだ。それにしばしば雷火や雷雨がからんでいる。

土は熱したり冷やしたりしても壊すことはできないが、岩だと種類によってはさきのような破壊が可能である。じじつ「蹴裂かれたところは花崗岩がおおい」という。風化されにくい石英と風化されやすいカリ長石をふくむ花崗岩は割れ目がおおく、破砕には効果的だったのだろう。

するとこういう技術をもちいればだれでも巨石や岩盤をかんたんに割ることができる。

ここでおもいおこされるのは『記紀』のなかで、イザナミは火の神を生んで陰《ほと》を焼いて死んでいる、神々はアマテラスを天の岩屋戸から出すとき庭で火を焚いている、コノハナノサクヤヒメは天孫ニニギの子どもを猛火のなか生んでいる、といったように「蹴裂き」を彷彿とさせるような「火の神話」がいろいろあることだ。

古代日本人は火の技術をよく知っていたのだろう。

しかしこういう技術の伝承があるのは日本だけではない。たとえばおむかいの漢大陸にも、古くから「山の引裂《ひきさき》伝説」がある。「古都西安の手前にある陝西省華山と山西省首陽山とはもと一つの山だったが、黄河がその山を迂回していたため人々は難儀していた。黄河の神さまがそれを哀れにおもい、この山を引き裂いて二つの山にし、そのあいだに黄河をとおした」というのだ。「華山にはそのときの神さまの手の跡が、首陽山には足の跡がのこっている」とされる（東晋・郭縁生撰『述征記』）。

漢大陸にはおなじような伝説がほかにもあるが、しかし漢大陸にかぎらない。たとえば「ネパールの首都カトマンズはもと湖だったが、神さまがその湖岸の一角に穴をあけて湖の水をながして沃野にした」という説話があるからだ。わが国の蹴裂伝説とそっくりではないか？

というふうにみてくると蹴裂伝説はわが国の専売特許ではなさそうである。そこで「いったいどこから石を焼くなどという発想や技術がおきたのだろう？」ということをかんがえてみよう。

おもいうかぶのは「焼畑農耕」である。

日本の焼畑農耕は古くからの山地民の生業だった。その習俗はいまも奈良の「若草山の山焼き」などにのこされている。それは「いまから三、四千年まえの地球温暖期の終わりごろ、南方からアワ・ヒエ・ソバ・ダイズ・アズキなどの雑穀やマメなどをともなう照葉樹林文化の一環としてもたらされた」とされる（佐々木高明『稲作以前』など）。そこで土地のない日本では山の斜面の森林を焼いてこれらの作物の種をまいた。そこから畠という漢字にたいして「畑」という国字がうまれたのも理解できる。

そうしてかれら「焼畑農耕民」は森林を焼いて畑をつくっただけでなく、雑草や害虫を除去しあるいは灰を肥料にするために春の始めなどに野を焼く慣行まで成立させたのである。

このように焼畑農耕民は、日常、山野に火をかけて火の扱いに習熟していたから、山野を焼いたあとに雨がふれば巨石が破壊できることを熟知していただろう。したがってかれらが岩を割ることなどむずかしいことではなかった、とおもわれる。

火の根元は太陽にあり

さらにそれは焼畑農耕民にかぎらない。膨大な土器や土偶を制作した縄文人一般についてもいえることだ。

たとえば4章でみたように、景行大王の子のヤマトタケルが駿河にやってきたとき土地の豪族から「野のなかに悪い神がいる」ときいて退治しようと野にはいったら、廻りから火をつけられて焼き殺されそうになった。そこで草薙《くさなぎ》の剣をふるって草を薙《な》ぎはらい九死に一生をえた」という事件である。これは「鉄が火に勝った」つまり「鉄の民が火の民に勝利した」とみられる説話だが、すると土地の豪族は「火の民」で縄文人だったとおもわれる。「鉄の民」はヤマトタケルなど日本列島にあとからやってきた「軍事部族」のアマツカミだったろう。

では、なぜ「火の民」が縄文人か？

いまから一万三千年ほどまえにウルム氷期がおわると、日本列島の周辺にあったゆたかな草原の大陸棚が水没し、それとともに人間が食料としていたゾウやオオツノジカなどといった大型哺乳類も絶滅し、人間たちも消滅する運命にあった。ところが人間は「火を再発見」し、火で土を焼いて土器をつくり、そのなかにとぼしい食物をいれて煮炊きをし、食料を長時間保存させる方法を発見して生きのびた。そのとき人々は、壊われやすい土器が割れないようにその表面に縄の文様をえがいて土器に「縄の魂《たま》」を刻印した。縄のもつ緊縛力をマナすなわち超自然力とみ、その威力を土器に注入しようとしたのである。

こうして火の民は「縄文人」となった（拙著『日本の都市は海からつくられた』）。

だから氷河時代がおわって暖かくなったときかれらは「竪穴住居」とよばれる「北方系建築」をつくったが、それは人間の住まいというより「火を保存するための聖所」だったといえる（拙著『呪術がつくった国日本』）。

そもそも縄文人のこのような火をマナとする信仰は、太陽からきた。

その理由は海である。日本全国に無数にある貝塚をみてもわかるように縄文人の大きな生産舞台は海だった。縄文人は舟を駆って海上でおおくの魚介類をとった。しかしそれもすべて太陽のおかげである。というのも海にでた縄文人は太陽が陰ったら陸地を見うしない、日本列島の早い海流にながされて舟ごと太平洋の藻屑と消えるからだ。

そこで男たちが海にでかけると、女たちはつねに陸上から天候を監視した。天候が変わりだしたら、女たちはその異変を海上で漁に熱中する男たちにつたえた。そういうとき、女は肩布《ひれ》という白い布をもって海岸をはしった。くらくなったら火を焚いた。火は太陽が消えたあとの「第二の太陽」だった。

こうして女たちは「おなり神」つまり男たちを庇護する霊魂となった（沖縄）。

さらに女たちは「第二の太陽」である火で土器や土偶をつくった。食糧を煮炊きした。火をあつかうのは女たちの仕事となった。日本列島各地にのこされた古代歌謡や沖縄の祭などにそのことが数おおくしめされる。

じっさい、さきのヤマトタケルが相模の野で危難にあったときも、脱出するためにタケルがもちいた剣と火打石は伊勢の倭姫《やまとひめ》からさずかったものだ。つまりヤマトヒメとヤマトタケルの関係は「ウナキヒメと大男」（9章）でのべた「ヒメ・ヒコ制」という男女の相互扶助システムだった。さきの「おなり神」が発展したものである。「のちにそれは「男女共同統治体制」にまで進展していくが、そのヒメ・ヒコをむすびつけるものは太陽であり、また火であったのだ（拙著『一万年の天皇』）。

「花綵列島」

このようにわたしたちの祖先は「太陽と火」とともに生きのびてきた。しかし「太陽と火」だけで生きのびたのではなかった。そこにもう一つ大事なものがあった。それはこの国の土地の形、すなわち島国という「風土」である。

そのことはわたしたちのすむ日本列島が「花綵《かさい》列島」といわれることに象徴的にしめされる。花綵列島という名は「日本列島が野の花を編んでつくった綱のように弓なりにアジア大陸と太平洋のあいだにかかっている」ことからドイツ人ペシェルが命名したものだ。それは弓なりということだけでなく、いみじくもその名の「花綵」のように「一つの花」ではない「たくさんの花の集合」だった。しかも綾絹のように美しい花々の集合だ。そうなったのもこの列島は山がちで、谷あいの湿地には毒虫や黴菌がおおく人の住める土地がほとんどなかったことに起因する。

そこでこの一万年来、アジア大陸のあちこちからこの列島にやってきた人々は、上陸するやいなやそれまでの部族を解体し、各地にわずかな高みの土地をみつけて小さな生活空間をつくって生きのびた。そうしないと生きていけないほど日本列島は土地と食料に乏しかった。

そのような小さな生活集団は大家族あるいは複合家族だったとみられる。たぶん伝説上のグランドマザーなどを始祖とする母系社会だったろう。アメリカ原住民の原始社会をしらべたヘンリー・モーガンのいう「氏族社会」だったとおもわれる（拙監訳『アメリカ先住民のすまい』）。それら氏族社会がいわば個々の花となり、それら個々の花が集合してこの国土に一つの社会がつくられていったのである。

とはいっても、それらの花々の集合が即花綵ではない。いいかえると、たんなる生活空間の集合が日本列島社会になったのではなかった。というのは花々の集合が花綵になるためには、おたがいの花が縄のようにしっかり結びあわせられなければならない。たんなる花の寄せあつめでは花綵にならない。

そういう花々が縄のように結びあわされていったいきさつについてわたしはいままでいろいろ書いてきた（拙著『一万年の天皇』）。一口にいうと、それはこの国の男たちの「妻問い行動」である。またそれを待ちうける女たちの「里の営み」でもあった。

つまり、氏族社会あるいは大家族社会にあって充たされない若い男女の性の欲求が、若い男女を一か所の生活空間にとどまらせなかったのである。そういう若い男女の積極的な性の交流が日本列島を「花綵列島」に仕上げていったのだ。のちの日本社会の歌垣の慣行も、夜這い（呼び合い）の習俗もみなその名残りである。

そこに、日本の国土の「人文的成りたちの姿」をみる。

それは今日、日本のどんな辺鄙な生活空間も若い男の一日交通圏のなかにあることをみてもわかる。つまりお互いの生活空間が離ればなれであっても、それらのあいだの交通や情報はしっかり確保されていた。お互いのあいだに距離があっても、人々の連帯意識が失われることはなかったのである。日本列島の北から南まで、三千キロメートルにまでひろがる地域にみられる縄文文化の同一性、さらに日本語という単一言語への収斂性などをみればそのことはよういにうなづけるだろう。

そこに縄文人がたった十万、おおくても三十万というわずかな人口だったにもかかわらず、一万年余も滅びずに固有の文化をたもちつづけてきた秘密があったのだ。それは今日の「日本文化の一体性」にも通じるものである。

こうして日本列島すなわち「花綵列島」は、人々の手によってつくられてきた。それはなんどものべるように、そもそもこの日本列島がおよそ人間の住めない「ヘタ地」だったことに起因している。そのヘタ地をわたしたちの祖先は人間の生活空間につくりかえた。花綵つまり「花の綾絹」のようにたがいに結びあわされた、いわば「人間の汗と叡智の結晶というべき国づくり」をおこなってきたのだ。

それがわたしたちの国土の姿である。

本篇各章でみてきた「蹴裂伝説」にみる人々のさまざまな営みもその例外ではない。

自然災害を文化にした

さらにこの「花綵列島」には、いまのべた「花の綾絹」をつくる人々の努力のほかに、もう一つ重要なことがある。それはこの国土の厳しい自然条件だ。

たとえば「プレート・テクトニクス理論」によると、地殻を構成する地球上の大きなプレートは六つあるそうだが、そのうちの四つまでが日本列島でせめぎあっている。その四つとは何度ものべるようにユーラシア、アメリカ、太平洋、インド＝オーストラリア（その一部のフィリッピン海）の各プレートで、日本列島にないプレートは南極プレートとアフリカ・プレートだけだ。おかげでこの国では、いつもどこかで地震や火山、津波などがおこっている。地殻変動はいたって激しいのだ。

またこの花綵列島が、アジア大陸と太平洋という地球上の二大地塊のあいだにヒラヒラとかかっているために、冬にはアジア大陸の寒気団がじかに押しよせ、夏には太平洋の熱帯低気圧がまともに吹きつけてくる。おかげで大寒・大暑といった気温の激変があるだけでなく、大雪や台風などといった気象の異常の絶え間がない。

さらに日本列島の南側は冷涼なオホーツク海高気圧と高温多湿な太平洋高気圧との境にあるため寒冷前線が発達し、それらが停滞する五～七月には梅雨前線を形成し、列島各地に長雨や集中豪雨をもたらす。

そのほか日本列島が北半球の中緯度地帯にあるために、アジア大陸の黄土地帯の草が芽生えない早春に偏西風が発達すると大陸の黄砂がまともに列島にふきつけてくる、などといったおまけまであるのだ。

世界中のどの国も寒いなら寒いなりに暑いなら暑いなりに気象は安定しているのに、日本列島は地球上において稀にみる気象の激変地域になっている。そしてそのような気象激変のおかげで「はじめに」でのべたように、氷河時代が終わると砂山である日本列島はその形をどんどん崩していった。「自然災害の多発国」になっていったのである。

しかし、そういう気象激変の姿を永年観測しつづけてきた日本人は、たんにそのような自然の変化を知るだけでなく、またそれがもたらす災害を耐えしのぶだけでなく、それら自然の推移をみずからの生活のなかにとりいれて生活を豊かにする方法をかんがえだしてきた。

たとえば、世界はふつう一年の季節の変化を「四季」とするが、日本では激変する気象の推移からそれを「三十六旬」とみる文化を発達させたのである。旬とは十日間のことで、日本の季節は十日間ごとに変化するからだ。そこでそれにあわせて人間生活をも変化させる。

じっさいイギリスではバラの花は半年間つづけて咲くが、日本の花の盛りは、サクラのようにいっぱんに十日間ぐらいである。ために平安時代の十二単《ひとえ》はそれぞれ旬の風物をあしらい、女たちは旬ごとに、つまり十日間ごとに着替えた。

日本料理はほとんど「旬」の料理である。いまも板前は、客が椀をとったとき旬の香りが味わえるよう工夫している。菓子でさえおおくは旬の菓子だった。

また住まいでは掛軸を旬ごとに換え、花、香、節会の飾り、座布団、簾《すだれ》、網戸、砂紋、雪吊り、生垣にいたるまで季節や旬の変化に工夫をこらしてきた。

それは文学にもおよぶ。

俳句は自然観察の多様さ、自然の変化にたいする人間の生きざまなどをいろいろえがいてみせる。たとえば、春には、

梅一輪一輪ほどの暖かさ　　服部嵐雪

細かな自然の観察力が人々に春への喜びをふくらませる。

夏になると、

大雨に獅子を振りこむ祭かな　　村上鬼城

祭は、暑い夏を耐えぬく文化だ。にわか雨などものの数ではない。

秋にはいると、

猪もともに吹かるる野分かな　　松尾芭蕉

イノシシだって野分つまり台風に吹かれている。人間だけではないのだ。

冬には、

古利根や鴨の鳴く夜の酒の味　　小林一茶

たまらないではないか、この楽しみは！「冬が待ち遠しくなろう」というものである。

そしてとうとう日本人は「はじめに」でのべた和御霊《にぎみたま》にたいする荒御霊《あらみたま》といった信仰までもつくり

だした。つぎの句などはその好例だろう。

今朝の夜の嵐をひろう初紅葉　宗長

嵐は「九月のサンタクロース」だ。庭石の上に「秋」をおいていってくれる。

さいごには、

冬枯れや垣に結いこむ筑波山　小林一茶

筑波山という「神さま」をわが家の番人にしてしまったのである。

枕詞をかんがえる

さらに俳句だけではない。和歌にいたると、いっそう厳しく自然の本質をつく。その例をわが国の歌の修辞である枕詞にみる。

枕詞は古典の和歌にとってたいへん重要なものである。にもかかわらずその発生についてはいまだに定説がない。これは国文学者や国語学者の責任だが、そのような既成の学問にたいして比較的あたらしい学問である民俗学の立場からする一つの問題提起がある。民俗学者の勝村公が提示するものだ（『枕詞と古代地名』）。

勝村は「枕詞は地名と一対のものである。それは弥生時代初頭に人々の共同体祭祀のなかから生まれてきた」とする。そういう枕詞がかかる古代地名は「飛鳥」や「春日」など意味不明のものがおおいが、それを、意味ある語幹に接頭語や接尾語がついた「膠着語」とみる。するとその語幹は、しばしば「崩壊地名あるいは冠水地名であることがおおい」という衝撃的な結論にたっするのだ。

たとえば「隠口《こもりく》の」という枕詞がある。「泊瀬《はつせ》」という地名にかかる。泊瀬は大和の聖山の三輪山のうしろにあり、西国三十三所観音の八番目の札所として有名な長谷寺があるところだ。

問題はそのハツセの地名のいわれである。

それは長谷とも初瀬とも書かれたりするがいずれも当字であって、勝村によるとそれは「解《はつ》る」という語の語幹ハツに、場所を意味する接尾語セがついた膠着語である。つまりハツル・セ↓ハツ・セとなる。そしてそういう「解《はっ》せ」は「崩壊地」をあらわした地名だという。

それにかかる枕詞の「隠口の」も、ふつうその字義から「籠った場所」などと解されるが、勝村は「〈毀《こぼ》れ朽《く》つ〉の連用形の〈毀れ朽ち〉が、ボ↓モの子音交代によってコモレクチになり、さらに〈五音化〉にともなってチが落ちてコモレクノになった」とする。それも傾斜地などの崩壊しやすい地勢をいう。

すると地名も、それにかかる枕詞もともにおなじ内容、つまり「崩壊地名」をさしているではないか？

また大和はふつう「山の門《と》」などといわれるが、勝村はそれを「止《や》む処《と》」とみる。「水の止《とど》まるところ」である。「冠水地名」だ。それにかかる枕詞の「蜻蛉島《あきづしま》」は「飽き霑《つし》む」とする。「ドロドロになった泥濘地または冠水地」である。おなじく枕詞の「敷島の」も「敷き沁《し》む」である。「一面に水がひろがって沁みわたる」意である。

つまり「地名も枕詞もみな〈冠水地名〉をいっている」というのだ。

するどい指摘である。

なぜ「崩壊地名」や「冠水地名」がおおいか？

もっとも、勝村は「古代地名のおおくがなぜ〈崩壊地名〉であり〈冠水地名〉であるか？」ということについてはあまりかたっていない。

しかし以上のべてきたわたしの文脈からすれば、そこは自然災害がおきる場所、つまり荒御霊がやってくる地ではなかったか？　つまり「神さま」が降臨される場所ではなかったのか？　するとそこは「日本の聖地」なのである。

であるからこそ、その聖地を人々の記憶にとどめようとして「崩壊現象」や「冠水現象」をそのまま地名とし、さらにそこに枕詞までくわえて一種「意味のリフレイン」として「神さま」の行動を顕彰しているのである。

そうして古代の歌人たちはそういう崩壊地や冠水地、つまり「枕詞のある聖地」にでかけていって歌を詠んだ。あるいは「枕詞のある聖地」を頭にえがきつつ都で歌をつくったのであった。

「なぜそんな面倒なことをしたのだろう？」というと、それは国文学者でかつ民俗学者でもあった折口信夫《しのぶ》がいうところの「歌は神さまをたたえる呪言《じゅごん》」（『古代研究』）である。歌は「呪言」であるから、歌を詠む対象となるところは「神さま」のおられる場所、つまり聖地でなければならなかったのだ。さらに「神さま」のおられる聖地を褒めそやすのだから、地名だけでなく枕詞までも修辞として動員されたのである。

ここに日本歌謡の伝統である「反復法」が「枕詞とそれにかかる地名」という「修飾法」を生みだした。人々はこのような修飾法を呪言として「神さま」にささげ「神さま」の加護を祈ったのである。「歌は芸術というより〈呪言〉だった」とする日本文化の本質をしめすものである。

古代地名を膠着語から解く

さらに勝村の地名解釈にしたがっていくと、大和には「冠水地名と冠水枕詞がたいへんおおい」ことがわかる。

たとえば「あおによし奈良」のアオニヨシは「溢水寄《あふみよ》し」のミ→ニの転訛で、ナラは「舐《な》＋ラ（接尾語）」である。また「味酒三輪《うまさけ》」のウマサケは「埋まる＋盛《さか》る」という語幹の合成であり、ミワは「満《み》＋ワ（場所をしめす接尾語）」となる。

両者とも「冠水もしくは浸水の枕詞と地名」である。

さらに地名だけにかぎっていえば、春日は「掠《かす》むの語幹カス＋ガ（接尾語）」であり、三諸《みもろ》は「水盛《みも》るの語幹ミモ＋ロ（接尾語）」となるほか、飛鳥は「塡《あ》す＋カ（接尾語）」である。いずれも水難に関係する。

これらはいささか強引な字句の解釈のようにみえるかもしれないが、しかし古代にはいまのべたようにカスガ、ミモロ、アスカなどといった、今日では意味不明の地名がおおかったことを想起すべきである。

じっさい古代の国名がほとんどそうだ。わたしのすんでいるまわりの「古代の国々」をみても、イセ、シマ、イガ、キイ、ワカサ、タンバ、イナバ、ホウキ、タジマ、ハリマ、サヌキ、アワ、トサ、イヨなどどれ一つをとってみても現代人にはその意味は不明である。もっともみなそれなりの漢字をもちいてはいるが、しかしそれらはすべて大和朝廷の命令によって好字として適当にあてられた当字《あてじ》にすぎず「人々がそれらの土地をなぜそうよんだのか？」ということは、今日までほとんどわからないままにきているのだ。

たしかに言語学者らは「アイヌ語や朝鮮語などで解く」などといった試みを数おおくおこなってい

るが、しかし、いずれも個々のことばの発音の共通性を論ずるような現象面の解釈にとどまり、しかもつごうのいい語だけをとりあげていて「それらのことばを例外なしに全面的に解読する構造的方法論」にまではいたっていない。

そういう点で勝村は「一語一語がどこにおかれても石のように頑と変化しない孤立語の漢語」ではなく「性・数・時間などによって語幹がゴムのようにクネクネ変化する屈曲語の印欧語」でもなく「語幹が接頭語や接尾語と膠のようにくっついたりはなれたりする膠着語の日本語」にはっきり視点をすえている。

そういう勝村の方法論は、個々には問題があるにもせよ「大局的には的をえている」とわたしはおもう。

モモソヒメが湖を蹴裂いた

ところで、わたしがここで問題にしたいのは古代地名の解読にとどまらず、いまみてきたことからもわかるように、大和にはたいへん「冠水地名」がおおいことだ。

たしかに、今日、地質学的にも考古学的にも古代大和に大きな湖があったことはたしかめられているが、しかし、それが「どういう経過をたどって陸化したか？」となると、ほとんどの学者は口をつぐんでいる。

だが『日本書紀』の「崇神紀」にそのことを示唆するような一つの神話がある。西暦でいえば三世紀ごろの「モモソヒメ説話」とでも名づけられるべきもので、いままでわたしはたびたびとりあげてきたものだ（拙著『空間の演出力』など）。

簡単にしるすとつぎのようなことである。

古代日本の大王たちはさきにのべた「ヒメ・ヒコ制」つまり男女による共同統治制をとっていたから、ここにのべる倭迹迹日百襲姫《やまとととびももそひめ》はヒコである崇神《すじん》大王にたいするヒメであった。

そのモモソヒメは三輪山の神の大物主《おおものぬし》の妻となる。

しかしオオモノヌシは夜にしかやってこず、朝になったらかえってしまう。それが不満のモモソヒメは「あなたの顔をみたい」という。オオモノヌシも「もっともだ」といって一つの櫛箱をあたえ「明日の朝このなかにいるから見なさい。しかし見てもおどろくな」と釘をさす。

ところがつぎの日の朝モモソヒメが櫛箱をあけてみると、一匹の小さなヘビがはいっていた。モモソヒメはおどろいて大声をあげた。

するとオオモノヌシがあらわれて「わたしに恥をかかせたな。こんどはお前が恥をかく番だ」といって三輪山にかえってしまう。

それをみたモモソヒメは悲しみのあまりうしろにのけぞりかえり、その瞬間「陰《ほと》」に箸がつきささって死んでしまった。

人々はそれを悲しんで、大坂山から三輪山までならんで、大坂山の石を手から手へはこんでモモソヒメの墓をつくった。

それが箸墓である。

この神話を「ははー、そんなものか！」といってただ聞きすごしてしまえばそれまでだが「いや、これはなにかの事件の暗喩ではないか？」とかんがえると、いろいろのことがおもいあたる。

まず大和の主であるオオモノヌシは「小さなヘビ」ということだが、神話などではヘビは通常、川をさす。

するとこの小さなヘビは三輪山のうしろからながれてくる大和の本流である大和川ではないか？「その川が小さい」と笑われたとおもい、オオモノヌシは恥じた。

いっぽうモモソヒメは、夫であるオオモノヌシをうけいれたのだから、その大和川がそそぐ湖である。つまりモモソヒメは古代大和盆地にあった「大和湖」ではなかったか？

しかしつぎの瞬間「モモソヒメは箸でホトを突いて死んだ」という。これはどういうことか？いままでみてきた「蹴裂伝説」からすれば、それは湖の一角を蹴裂いて水をながしたことを意味するだろう。たしかに大坂山の山峡には大和川がながれている。そして地元にはその難所の亀の瀬に「むかし大きな滝があった」という伝承がある。

すると「なるほど、その亀の瀬の滝の石を蹴裂いてしまえば、大和湖の水位は蹴裂いた分だけさがる勘定になるではないか？　そのあとに沃野が出現したのだろう」とかんがえれば、モモソヒメは大和湖の暗喩であるだけでなく「じっさいに蹴裂きをおこなった巫女ではなかったか？」とおもわれるのである。

しかしホトを突かれてモモソヒメは死んだ。つまり蹴裂かれた「大和湖」は干上がってしまった。そこで沃野をあたえられた人々は、死んだモモソヒメのために大坂山の石をはこんできて巨大な箸墓をつくった、とかんがえられる。じじつそれを裏づけるように、今日、箸墓の石は人々がはこんできたという大坂山の石であることがたしかめられている。

とすると、この神話はたんなるお伽噺ではなく「モモソヒメが湖を蹴裂いて大和を瑞穂の国にした」事件の暗喩とおもわれるのである。

ヒミコはモモソヒメか？

この「モモソヒメ神話」を「大和湖」を蹴裂いた説話だとすると、古代最大の蹴裂事業が大和においておこなわれたことがわかる。

すると「そういう証拠があるのか？」と問われるかもしれない。

しかし考古学的にみるとその推測を裏づける事実がある。

まず紀元後から二世紀末にかけて、奈良盆地の中央部、今日の田原本町一帯に一大政治勢力があったことがいまにのこる「唐古《からこ》・鍵《かぎ》遺跡」からたしかめられる。

ところが二世紀末になるとそれらの勢力は忽然と消えてしまうのだ。かわって東方の三輪山山麓の箸墓付近の「纏向《まきむく》遺跡」が巨大な姿をあらわす。崇神大王の「磯城《しき》の瑞籬《みずかき》の宮」のあったところである。するとそこは、ヒコ・崇神にたいするヒメ・モモソヒメの都したところではないか？「モモソヒメの箸墓」があるからだ。そこを本拠地としてモモソヒメは「大和湖の蹴裂き」をおこなったのだろう。

そのようなことを推測させるもう一つの史実がある。

漢大陸の史書の『魏志倭人伝』である。

そこに「邪馬台《やまたい》（ヤマト）国の一大権力者だった〈卑弥呼《ひみこ》〉が死んだとき、巨大な墓がつくられた」としるされているからだ。これはモモソヒメの箸墓にそっくりである。じっさい箸墓のような巨大な前方後円墳はとうじの日本に纏向にしかなかった以上「ヒミコはモモソヒメではなかったか？」ともおもわれる。

また「ヒミコとならんで国政をとった男弟がいた」とされるが、それは「モモソヒメといっしょに

〈ヒメ・ヒコ制〉をとって国を支配した崇神大王ではなかったか?」と話は符合する。

さらに「鬼道につかえ、人を惑わす女王」としるされているが、それはモモソヒメが「蹴裂き」をやって大和盆地を豊かな稲作地帯にしたことではないか?「蹴裂き」が鬼道とみられたのである。さきの神功皇后のように、石の上にイモガラを焚いて雨を待ったものかもしれないものが、である。

稲作はヤワなものではなかった

すると「そういう〈蹴裂き〉をおこなってまでやる稲作というものは、いったいどこからきたのか?」と問われるだろう。

たしかに、さきにものべたように「この国の先住民である縄文人たちは〈蹴裂き〉のことを古くから知っていた」とおもわれるが、かれらはついにそれらの技術を稲作開発にはもちいなかった。かれらのおおくは、依然として従来の採集・狩猟・漁撈活動を生活の基本としたからである。

つづく弥生人も稲作をふくむ五穀の生産にとりくんだが、コメづくりについては、揚子江の南の大平原で発達した「溜り水式コメづくり」からはあまりでなかったとおもわれる。平地に発達した「江南稲作」を日本各地の海岸低地などに植えつけただけなのである。したがってその生産性はいたってひくかっただろう。そこではまだ、のちの日本の稲作の基本となる「栄養塩類を大量にふくんだ山の水を利用する」発想や技術にまではいたっていなかった。

ここで「栄養塩類」について若干付言すると、それらはおおく山で生成される。氷河が去ったあとの一万年まえ以降、急増した降雨量が日本の山に森林をつくり、その森林が落葉などの腐食土をつくり、その腐食土がフルボ酸鉄をはじめとする珪酸塩、リン酸塩、硝酸塩すなわち栄養塩類をつくり、それらが山からおりてきて各地の植物に吸収されるのであるが、その山の水をタップリうける日本の田んぼは、栄養塩類を大量に摂取するからイネの連作がいくらでもきく。

これに反し焼畑農業などでは、畑は二、三年たつと放棄しなければならない。それはヨーロッパの農業もおなじである。すると、いかに日本の「山の水稲作」がすぐれているかがわかる。

そういうことができなかった弥生時代は、イネは主要作物にならず、五穀の一つにすぎなかったのである。

しかし弥生人は、イネにかぎらずヒエ、アワ、キビや、イモ、マメなどといった作物の生産には力をつくしたから、山の斜面を開発して焼畑をおこなっただけでなく、蹴裂技術をもって海岸湿地などの開拓をやったとかんがえられる。

では「なぜ弥生農業が今日のような本格的稲作にまでいたらなかったのか？」というと、栄養塩をふんだんにふくんだ山の水を利用する「田んぼ」を構築することができなかったからである。

じっさい自然の水溜りなどを利用する「江南稲作」は「農業」だが、山の水を順番に田んぼに分けていく「灌漑稲作」は農業というよりほとんど「工業」にちかい。田んぼはほとんど「工場」なのである。ただの水溜りではないのだ。「天の垣《かき》田」（『神代紀』）などといわれるわけである。このばあいカキタは「掻き田」であろう。「耕した田」である。

そしてそのカキタを維持するのには、たいへんな組織力と管理力、それに保安力がいった。

そのことを説明しよう。

第一に、稲は種をまいてから刈りとるまで長い時間と労働と忍耐を要する。

第二に、田んぼをつくるのはもちろん、つくった田んぼに順番に水をまわしていくのには高度の組織力が必要である。おおくの人々の不平不満がでないようにしなければならないからだ。

第三に、イネという亜熱帯作物を日本で育てるのであるから、自然の変化等に対応する管理の手間暇は他のいかなる作物にもまして大きい。とりわけ大敵はカビをはじめとする細菌類であり、たくましい雑草であり、うるさいスズメであり、獰猛なイノシシである。

そしてさいごにいちばん恐いのは人間だ。農業に反対する縄文人たちがたびたび田んぼを荒らしにきたからである。それは『記紀』におおく書かれている。その保安対策が重要な課題となっている。

結局「蹴裂き」をやって湖や湿地帯をひらくのはもちろん、そのあと田んぼをつくって大がかりな稲作事業を成功させるためには、強靭な意志力、強力な組織力、強大な武力が必要であった。

そしてそういうものをもっていたのが「軍事部族」のアマツカミすなわち古墳人だったのだ。

古墳人というわけは、かれらは大規模な田んぼを造成するとどうじに、前方後円墳という大きな古墳を築造したからである。それは田んぼをひらいたかれらリーダーの墓であり、かれらの稲作事業の金字塔であり、かつ、田んぼを荒らす先住民にたいする監視塔でもあったのだ。その証拠に、それら古墳の上にたくさんの埴輪人形がかざられるが、それらはたんなる装飾ではなくおおくは武器をもった武人で、田園を侵す者にたいする威嚇のデモンストレーションだったのである。

かれらはそういう意志力と組織力と武力とをもって「山の水の灌漑施設をもつ田園工場」を造成し、管理し、保安し、本格的稲作を実現させた。つきつめていえば「武力」が稲作を成功させた。『記紀』にしるされる軍事部族のアマツカミ一族によって達成されたわけである。

日本の稲作というものはヤワなものではなかったのである。

アマテラスが稲作をすすめた

このような古墳人は、いまのべたようにアマツカミである。そのアマツカミのリーダーは、さきのアマテラスという巫女である。

アマ族出自とみられるアマテラスは、農業の価値をみとめて農業を抹殺しようとした月夜見尊《つくよみのみこと》らアマツカミたちを押しとどめた。そうして「アワ・ヒエ・ムギ・マメを陸田種子《はたけつもの》とし、イネを水田種子《たなつもの》とした」（「神代紀」）という。そのイネをかれらの本拠地の高天原にうえたとき「天邑君《あまのむらきみ》をさだむ」というように村長というリーダーを任命して管理にあたらせている。畠とちがい、田んぼにはさきにのべた管理・保安態勢が必要だったからだろう。

さてここでハタケツモノとタナツモノだが、ハタケすなわち畠という字は「白＋田の合字」で、白は「白」以外に「生地のまま」という意味があり田は「耕作地」だから、畠は「生地のままの耕作地」ということになる。せいぜい鍬や鋤をいれるだけの農地だ。

これにたいしてタナは棚ではないか？「泥の棚」すなわち「水田」である。水が一定期間溜まるように「底を泥」でかためたものだ。

ここに、それまでの自然湿地帯をそのまま田んぼにしたような「江南稲作」とちがって「田の底を泥で塗りかためて、高い土地から低い土地へ順番に水をおくる稲作が登場した」とみることができる。さきの「山の水の灌漑施設をもつ田園工場」だ。カキタである。

そうしてアマテラスが「稲種を天の狭田《さなだ》と長田に植えたら秋に稲がたわわに実った」という。

それまでの揚子江南部の「溜り水式稲作」とちがって、栄養塩を多分にふくんだ「山の水式灌漑稲作」の勝利である。その山の水のおかげで稲の実りがよくなっただけでなく、カキタにおいては何十年、何百年という連作がきくようになったのだ。農地をつくってもすぐ地味がやせてしまって連作がきかないヨーロッパ農業などの対極にあるものである。

アマテラスはたぶん、そういった知識を朝鮮半島南部の倭人から仕入れたものだろう。航海をも職業とするアマ族の手柄といえる。

その稲の実りをみたアマツカミ一族は大いに感心した。そうしてアマ族出自の女であるアマテラスをじぶんたちのリーダーにかついだ、とおもわれるのである。

こうしてアマテラスのリーダーシップのもとに「豊葦原の中つ国を瑞穂の国にかえる」アマツカミ一族の大方針が確立し、いご、それはかれらアマツカミの国家戦略となっていった。

その国家戦略にしたがい、かれらの子孫たちは艱難辛苦のすえ大和にやってきて一大低湿地帯を蹴裂き、平野を生みだし、稲作地帯を造成し、三輪山麓の纏向《まきむく》に腰をすえた。そうして稲作の経済的基盤を背景に廻りの国々をつぎつぎ版図におさめ「一大国家」をつくりあげた。つまり「日本国」を誕生させたのである。

そうかんがえると「大和湖の蹴裂事業は〈日本国家誕生〉の引き金をひいたものではなかったか？」とおもわれる。

四道将軍と国土開発

しかし、その「蹴裂き」は大和とその周辺にとどまらなかった。崇神大王は「四道将軍」すなわち大毘古命《おおびこのみこと》ら四人の男を北陸、東海、西海および丹波に派遣したからだ。

そのとき大王は「民をみちびく根本は教化にある。いま神々をおまつりして災害はすべてなくなった。けれども遠国の人々はまだ王化にあずかっていない。そこで卿らを四方につかわしてわが教《のり》をひろめたい」(「崇神紀」)といっている。

では、ここにいう「教化」とか「王化」とかいうものはなにか？ ノリとはいったいなんのことだろう？ そもそも高天原のアマツカミたちは、高天原のホープのイザナキとイザナミにたいし「日本の国はクラゲのように浮きただよっているのでお前たちがいってよく修め固めよ」といっている。その「クラゲのように浮きただよっている」というのは、いままでのべてきたように「大雨がふれば乱流乱床となる氾濫原」ではなかったか？

すると「それら乱流乱床の氾濫原を修め固めてどういう国にするのか？」というと、イザナキの子のアマテラスがじぶんの子のオシホミミに、さらには孫のニニギノミコトにいっている言葉がある。それは「豊葦原の千五百秋《ちいほあき》の瑞穂の国」すなわち「ゆたかな葦原を千年も万年もみずみずしく稲穂がみのる国にする」ということだ。そのためにアマテラスはニニギに「神の田の稲穂」をさずけている。

といったいきさつからみればアマテラスの血筋をうけつぐ大王たちのノリとは、ようするに「稲作開発をすること」ではなかったか？ 稲作開発によって「乱流乱床の氾濫原を瑞穂の国に変えること」だった、とおもわれるのである。

そうすると四道将軍は、かならずしも大和の周辺の国々を征服するためにでかけたのではない、まして戦争が目的ではない、稲作開発をすすめることが目的だったのだ。そして各地で人々を動員して国土開発をおこない、稲作のための田んぼをつくりだし、そのうちの一定の田んぼを大王の直轄領として人々に献上させた。いままで荒地だったり湿地だったりしたところに池や水路、堤などを築いたり、あるいは蹴裂きをやったりして田んぼを生みだしたのだから、生まれた田んぼの一部を大王にささげても地元の人々からかくべつ不満はでない。

このように四道将軍は「稲作のための国土開発を目的としてでかけていった」とかんがえられるのである。

「国づくり」が日本の政治

またそれは四道将軍だけではなかっただろう。

のちの景行大王の九州遠征も、ヤマトタケルの熊襲や蝦夷の平定などもみなそうだった、とおもわれる。タケルの部下に稲種命《いなたねのみこと》という名の供がいたぐらいである。

じっさいそれはまた、タケルが甲斐の酒折の宮で食事をしたとき人々に、

新治《にいはり》筑波をすぎて　幾夜か寝つる

と、歌で問うたことでもあきらかだ。

つまり新治も筑波もともに「つくられた田」をさしている。ニイハリは「新しく治《は》った田」であり、ツクバはツクハリの転で「筑《つ》いた治《はり》すなわち田」である。

この二つは別々の地名ともされるが、ニイハリが枕詞となってツクバにかかる「同義のリフレイン」ともみられる。日本歌謡に伝統的な「反復法の修辞」である。

そしてそのときだれもこたえられなかったが、一人の火焚きの翁《おきな》が、

かがなべて　夜には九夜　日には十日を

とつづけた。タケルはたいへんよろこんで「その翁を関東の国造《くにのみやつこ》にした」という。

ところで、このカガナベテ以下の歌の意味を現代国語学者はあまりふかくかんがえていないようだ

が、それは字句どおりの「九泊十日」の意味ではないだろう。なぜなら筑波から甲府までは、とうじの交通事情をかんがえると陸行にせよ水行にせよとうていその日数ではいけないからだ。それから千三百年後の江戸時代でさえ、筑波から甲府へゆくのにはその倍の日数をかけても困難だった。

するとこれは何を意味するのか?

難問だが、わたしはそれを「カガ族の九つのエミシ、十のヒナが稲作をはじめた、といった意味ではなかったか?」と憶測している。ヨはユに訛ってユミに通じ、ヒはヒナの原義だからだ。カガ族をふくめていずれも北方狩猟民エミシの異称である。そうでなかったら、タケルの旅行日数をあてたぐらいでその翁が関東地方の長官に任命されるはずもない。第一、その翁は地元の人間でタケルの長旅の日数など知るはずもないからである。

ここで唐突にでてくるカガ族だが、それは「神子《かみこ》」と名のった種族で、加賀、伊賀、伊香など全国に数おおい(拙文「越の国になぜ加賀か」『社叢学研究』)。東日本にも、加賀井、加賀沢、利田《かがた》、加賀野、加々原といった地名をおおくみかける。

このようなわたしの解釈には問題があるかもしれないが、それは措くとしても、崇神のつぎの垂仁大王のときに「天皇の直轄領」となる屯倉《みやけ》制度がはじまっている。ここに大和朝廷の経済的基礎が確立し、大和の統一国家はいっそう大きく羽ばたいていった、とおもわれる。つまり「沃野づくりが日本の政治となり、国家の経済的・社会的安定の基礎になった」ということである。漢大陸の「河を治める者が国を治める」ではないが「水を治める者が国を治めた」のである。

もちろん「蹴裂事業」はアマツカミ一族だけではなく縄文人や出雲族などもやったとおもわれるが、しかしアマツカミにとってはそれは国家戦略だった。であるから各地の「蹴裂事業」も、大和朝廷の国家事業としておこなわれたものがおおかったのである。

「ミッシング・リング」をつなぐ

こうしてみると「蹴裂伝説」というものは、従来おおく謎とされてきた歴史時代以前、とりわけ「前期古墳時代」の日本の姿を大きく浮かびあがらせるものではないか？　じっさい「蹴裂き」はほとんど古墳時代におこなわれている。しかもその古墳時代に、日本は人口は飛躍的に伸びたのだ（拙編著『日本人はどのように国土をつくったか』）。

またその時代に、巨大な前方後円墳である首長墓が数おおく構築された。が、それらもさきにのべたように蹴裂事業とふかく関係するものだったろう。モモソヒメが死んだとき、人々は「昼は人つくり、夜は神つくる」（『崇神紀』）といわれた巨大な個人墓をつくってモモソヒメにむくいているからである。このばあい「夜は神がつくる」というのは「人々の集会」を意味した、とわたしは解している。毎夜、人々は神前に集合して飲食をともにしながら明日の対策を練ったことだろう。なぜなら、そういう寄合による合議はそのごの日本社会のルールになっていったからだ。

こうして人々の努力によってモモソヒメの墓はつくられたが、それが「蹴裂き」と関係することは、このモモソヒメの墓が「蹴裂き」によって開発された沃野の方向をむいていることをみてもわかる。するとそれはたんなる墓ではなく「蹴裂き」をはじめとする大がかりな国土開発のモニュメントではなかったか？　さらにさきにのべたように田園地帯を荒らす先住民の監視塔ではなかったのか？

「蹴裂伝説」は、こうして従来、不明とされた古墳時代前期の姿を大きく浮かびあがらせる、日本古代史の「ミッシング・リングをつなぐ珠」という役割をもになっている、とわたしはみている。

サムライは土地開発の先頭にたった

しかもそれは古代人だけではない。日本の政治はそれ以後もおおく国土開発を基本として発展してきた。外国の政治がしばしば「外敵から国をまもる」国防を基本としてきたのとは対照的である。

じっさい、さきの仁徳大王の「難波の堀江」もそうだが、武列大王のあと皇統がたえたとき「応神大王の五世の孫」と称する継体大王があとを継いだのも、継体すなわち男大迹《おほど》王がその出身の若狭において「大規模な蹴裂事業」を成功させ、沃野を生みだしたからである。そういう実績をかわれて大《おお》伴《とも》金村らによって大王に推戴された、とおもわれる。

つまり、かならずしもアマテラスの血をうけつぐ者かどうか怪しくても、国土開発に成功した者は「天皇」にだってなれたのだ（拙書『一万年の天皇』）。

しかし、奈良朝にはこのような「官民合同の国土開発」の伝統を逸脱して、国家が独占的に国土開発を取り仕切る「班田収受」すなわち「公地公民」政策に突っぱしった。

だがそういった「強制管理策」は人々の勤労意欲をそこなって百姓たちの離反にあい、やがて「墾田永年私財法」（七四三年）に道をゆずる。ふたたび古代いらいの日本の伝統である「開墾した土地は開墾した人々のものになる」慣行が復活した。そしてとうとう私有地開墾を謳歌する荘園制へとむかう。その荘園制という民有化政策のなかから世界的にユニークなサムライという戦士階級が生まれ、サムライの棟梁たちはそれぞれの領国において、土地開発の先頭にたっていったのである。

大河ドラマなどをみると戦国武将は戦争ばかりしていたようにおもわれるが、たとえば武田信玄をみても、かれの大半の仕事は領国における治水対策だったことが本篇4章でくわしくのべられている。

日本の国土が引き裂かれた

そういったわが国の政治的伝統は、明治以降の歴史においてもかわりはない。

近代の政府もまた欧米の科学技術をとりいれて日本中に橋をかけ、トンネルをほり、鉄道をはりめぐらし、大規模な工業開発、港湾開発などをおしすすめた。

第二次大戦後の政府もまた、大規模に山をくずし、ダムをつくり、道路をめぐらし、海をうめたてた。さらに各地に「新産業都市」などをつくった。

そういったこと自体は、かならずしも「公共事業の乱発」といって責められるべきものではないだろう。歴史的にみれば、縄文時代いらいのこの国の人々の「国土改革」のスタイルをうけついだものだからである。

ただし、そこに一つ問題がある。

それは以上のわたしの考察からもあきらかなように、縄文人をはじめとするこの国の先人たちの国土との関わり方は「自然の懐にはいり、自然に逆らわず、ともに生きてきた」ことである。その証拠に、なんどものべるように人々は「災害」のおきる地にヤシロをたてた、過酷な自然を荒御霊《あらみたま》などとしてまつった、「蹴裂き」のあとに古墳をつくった、季節季節に祭をおこなって自然に感謝した、また先人の労苦をねぎらったのである。

ところが今日の国土開発には、そういった人々の心根や行動といったものがみられなくなった。何事もすべて「科学技術」と「行政依存」でわりきり、自然や先人にたいするいたわりも関心もなくなってきている。

その結果、自然の異変がおきるとマスコミは大騒ぎし、インテリは「災害は忘れたころにやってくる」などとしたり顔をし、みんなで行政を突つく。すると行政は行政で「得たりや応」とばかりに予算と人員をふやし、経済的、画一的基準をさだめて自然を鉄やコンクリートでガンジガラメにする。

その結果、かつて人々が「神さま」とたたえた山々に鉄塔が立ちならび「神さま」が来臨したであろう川や海にコンクリート護岸が張りめぐらされている。美しかった日本の自然は鉄やコンクリート漬けの姿へと変わりはて、国土は無機質な形へと変質していっているのである。

自然と方言は死に絶えた

しかし、たとえば日本とおなじように自然にめぐまれた国スイスなどはまったくそうではない。

スイスでは山に鉄塔がたつことはなく、川がコンクリート固めになることもない。それどころかしばしば山の空気を汚さないためにガソリン車の通行が規制され、すべての川で人が泳ぐことができるように汚物の投与が一切禁じられている。

スイスの自然がこのように保護されているのも、スイスではなおおおくの人々が田舎や地方に住んでいるからだ。おおくの人々が田舎や地方に住むわけは、町や村がみな自立していて、町や村にかんすることをすべて住民が決めているからだろう。だから住民は住んでいる町や、村や、その自然を愛する。国の画一的基準や都会の大資本などがはいりこむ余地はほとんどないのである。

そういう田舎暮らしや地方住まいがおおいスイス人だが、そのスイス人の一人当たり国民所得は日本人より高い。「都会が豊かで田舎が貧しい」などという図式はスイスにはあまりあてはまらない。その証拠に、世界の有名スポーツ選手や映画スター、ヨーロッパの王族やアメリカの大富豪などが多数スイスの村々に住んでいる。スイスの村々のおおくは、世界の人々の憧れの的である。とすると、スイスと日本とではなにかが違うようにおもわれる。

それはいったい何か？

そのむかしのスイスの国は、百万年ものあいだ氷河におおわれていたせいでどこもかしこも岩だらけだった。人間が住めるような土地ではなかった。それを営々とひらいて今日のような姿にしたのはスイス人である。だからスイス人はいまも自分たちの土地にたいして誇りと愛着をもつ。

その点では、なんどものべるように日本もおなじだ。日本人もまた山たかく谷ふかい「ヘタ地」ばかりだったこの国土を「蹴裂伝説」にみるような沃野につくりかえてきた。

そういう日本の国土の美しさは明治維新までスイスとまったくどうようだった。その証拠に、明治にきた外国人はみな日本の国土の美しさをほめたたえている。そのうちの一人、バプティスト派伝道師のイギリス人トーマス・クックなどは、日本の山野の美しさに感動して帰国ごに国際旅行会社を設立したぐらいである。今日、世界有数の旅行代理店トーマス・クック・グループである。

しかしそのご日本の国は、欧米文化じつはその一面にすぎない「科学技術主義文化」に幻惑され、自然をおいて「科学技術」にはしった。日本の伝統だった「郷土主義」をすてて「欧米礼賛」を大合唱した。おかげでおおくの人々は田舎の生活を見かぎって都会へむかった。そうして今日、各地にあった「土地に根ざした日本文化」というものが大方すてさられてしまったのである。それも結局は、欧米の科学技術を「日本の未来」と錯覚した明治のリーダーたちの過ちというほかない。今日の「地方蔑視・中央賛美」の結果の国土の無惨な姿はその当然の帰結である。

そういった「近代化賛美」の一つに方言というものがある。スイスでは「山一つこせば言葉がちがう」といわれるほど今日でも方言が生きているが、日本では方言は蔑まれ嫌われてほとんど死にたえてしまった。

日本の美しい自然とともに「見えない自然」だった方言もなくなってしまったのである。

鎮守の森はなくならない！

今日、日本では「ヨーロッパ旅行」がブームである。それは、ヨーロッパの都市のど真ん中に古い街並があるからだ。その中心にそびえる教会を見てみんな感動する。

しかし、かんがえてみると「ヨーロッパは、日本がこの一四〇年、模倣した科学技術主義の国ではなかったのか？　であるのに、なぜそんな古いものが残っているのだろう」とおもう。

そういう疑問をもちだすと、たいていの日本のインテリは「日本は木造都市だったからしょうがない」と弁明する。「ヨーロッパの都市は石造だから保存ができるのだ」と。

だがそういうインテリたちは、レニングラードやワルシャワを見ているのだろうか？「第二次世界大戦で都市の九五パーセント以上を破壊された」というこれらの都市も、十八世紀の姿が完全に復元されているではないか。

今日、日本の大都会のマンションの子どもたち、あるいはその親たちでさえも故郷というものを失い、しばしば「盆正月に帰るべきところがない」という。したがってかれら子どもたち親たちでさえ、鉄とコンクリートのスーパー・マーケットやガラス張りのモール街のことを知っていても「床の間も、縁側も見たことがない」という。こういう日本文化をしらない日本人がふえていくのでは、日本の自然を愛する気分がなくなっていくのも仕方のないことである。

では、どうしたらいいのか？

わたしがここに「蹴裂伝説」をとりあげたのは、蹴裂伝説というものを通じて「日本人は、みずから住む土地をみずから創り育ててきた」ことをおおくの人に知ってもらいたかったからである。「自力自営」が日本人の心と身体に宿してきた哲学だったことを、いま一度おもいおこしてほしいのである。それが一万年の縄文人の歴史であり、二千年前の弥生時代の百姓の智恵であり、つづく古墳時代のアマテラスの戦略であり、そして歴史時代の郷土やサムライの生きざまにほかならない。

しかし明治維新とそれにつづく近代化のなかで、欧米文明を志向するリーダーたちによっておおくの日本人は土地から引きはなされてしまった。柳田國男流にいえば「常民から流民へ」と強制されてしまった。そうして人々は浮草のごとく大都市にかき集められてしまった。その結果が、今日の都市と国土の姿である（拙書『西郷隆盛ラストサムライ』）。

とすると、これからいったいどうしたらいいのか？

現状をみると絶望的だが、しかし日本人のＤＮＡはそう簡単にはなくならない。卑近な例をあげれば食べ物一つをとってみても、どんなにアメリカ料理やフランス料理、イタリア料理や中華料理などがはいってきても、日本料理はなくならない。なくならないどころか、おおくの日本人はそれらの料理に接したあとでも「やっぱり日本料理がいいな」と心のなかでおもっている。それが日本人の「ＤＮＡ」である。文化的ＤＮＡなのである。

そういうことは国づくりについてもいえる。

たとえば、どんなに国土改変や都市開発がすすんでも、よく見ていただきたい、なお日本中にはおおくの神社が存在しているではないか？　たとえ「神さまなど存在しない」「政教は分離しなければならない」などとさけばれても、さらに駐車場のために境内を狭められ、落葉を落とさないために木々を切られても、鎮守の森はなくならない。各地の森の祭のおおくもなおのこされているのである。そしてそういうヤシロの記憶のなかに、しばしば「蹴裂伝説」がふかく秘められていることを、さらにはそれをおこなった人々の「自立自営」の意志が垣間みえることをわたしたちは報告してきたのである。

そこでおおくの人が神社にまいったとき、そういうことをちょっとでも思いうかべていただければ、わたしたちの意図は十分達せられるのである。

あとがき

今日、日本の政治・経済・社会は閉塞感におおわれている。

その外的要因の一つに国際社会の混迷ということがあるが、しかし「沖縄の基地問題対策」一つをとってみてもわかるように、ここのところの日本人が「自立精神を失った」という内的要因をも見逃せないのではないか?

そうなったのも、明治政府がプロシアをモデルにした「富国強兵」国家の実現をめざして「有司専制」という名の役人支配体制をつくり「人民をして拠らしむべし知らしむべからず」という政治を百四十年間もおこなってきた結果である。ために今日、国家の政策からマイカーのシートベルト着用にいたるまで人民はすべて役人の命にしたがわなければならなくなった。おかげで人民はすっかり自立精神を失ってしまった。

かんがえてみると、何千何百年ものあいだこの国の僻地や難地をいとわず土地に根ざし、かつ、土地を改変して生きつづけてきた百姓、郷士、町衆たちはみな強固な自立精神の持主だった。であるのに「現代日本人がそれを失った」ということは、日本人が「そういった歴史を忘れた」あるいは「日本の哲学を失った」ということではないか？

その責任の一端は、じつはこの国の学者たちにある。学者たちが「日本の歴史や哲学」を庶民にしめす仕事を怠ってきたからだ。

たしかに学者たちのおおくは明治政府がつくった「官吏養成大学」を出ざるをえなかった。とはいえ一人ずつをみると、おおかたが西洋の学に甘んじこの国の千年余の学問を無視してきた。かれらのおおくは「象牙の塔」という名の洋書のつまった図書館にとじこもり、ひたすら欧米の情報摂取につとめてきた。その証拠に、この国の大学のカリキュラムをみると、江戸時代の学問というもののみほとんど省みていないのである。

その結果「現実の日本社会を見ない」あるいは「知らない」といった学者たちが世にあふれている。日本の歴史や哲学を知るどころではないのである。

しかし、そういう停滞をやぶった学者たちもあらわれてきた。日本史学を例にとると、従来の『記紀』中心の史学ではない「新しい日本歴史学」もつくられてきたのである。

その一人は、明治・大正・昭和に活躍した動物学者の南方熊楠である。南方はわかいころ紀州から東京にでて大学予備門にはいったが、土器や動植物の標本採集に熱中して退学し、アメリカ、中南米、西インド諸島をまわって標本採集をつづけ、それがみとめられて大英博物館の東洋調査部員になり、カビやアミーバなどの粘菌類の研究で世界的に有名になった。その南方によって紹介された西洋民俗学に触発されて、農商務省の役人だった柳田國男は、戦前、日本各地の農山村をあるき、民衆の歴史学ともいうべき「日本民俗学」をうちたてた。南方自身もまた歴史・民俗文化財としての神社に注目し、神社を縮小・統合しようとする明治政府の「神社合祀令」に身を挺して反対して各地の中小神社をまもった。今日、ひと気のない山中にハッとするようなヤシロをみかければ、それは「雑学者」とまで蔑まれた南方のおかげといっていい。

おなじく民俗学者の伊波普猷は、それまで異国扱いされていた沖縄の歌謡『おもろさうし』を研究して古代日本の素朴な姿を人々のまえに浮かびあがらせ、言語学者の金田一京助は北方日本について『アイヌ叙事詩ユーカラ集』を出版して「アイヌ学」「エミシ学」の魁となった。また第二次世界大戦後には東アジア史学者の江上波夫が『騎馬民族征服説』を提起し日本史学会をして「黒船到来」とばかりに震撼させた。いご鎖国的だった日本史学会も、日本だけではなく東アジアにも注目せざるをえなくなったのである。

そのほか推理作家の松本清張は『古代史疑』を書いて北九州の地から日本史の根幹を問い、女性史学者の高群逸枝は女性解放運動家・平塚雷鳥の「原始女性は太陽だった」という主張を『母系制の研究』として実証してみせた。

しかし圧巻は、明治にエドワード・モースが発見した大森貝塚いらいの日本考古学の目覚ましい発展であろう。今日、各地で発掘された無数の考古学的遺跡・遺物によって、日本人の歴史は一挙に一万三千年前までさかのぼった。しかもそれはたんに歴史の古さをしめしただけでなく、日本文化の本質にせまる数々の問題を提起したのである。

といったような「新しい日本歴史学」の展開をみると「今日において日本の歴史や哲学を人々が知るのも問題ない」とおもわれるかもしれない。

ところが、これらの学問の個々の発達のすばらしさにもかかわらず「それらぜんぶを包括する総合の学」というものが、じつはまだ生まれていない。これらの学者はすごいが、しかし専門世界の枠というセクショナリズムがかれらのまえに大きく立ちはだかってそれ以上の発展を扼している。ために全体として日本の歴史や哲学が確立されるまでにはいたっていないのである。

しかしかんがえてみると『大日本史』の編纂にとりくんだ徳川光圀や国学をひらいた本居宣長などには『記紀』のほかにほとんど何もあたえられなかったのだ。現代は「新しい歴史学や哲学」を打ちたてる絶好のチャンスではないか？　若い学徒たちはこれらの諸学の発展を統合し、勇をもってこの閉塞した状況を切りひらくべきだろう。

わたしたちの『蹴裂伝説と国づくり』もまた「蹴裂伝説」というテーマを足がかりに、諸学の総合によって「一万年の日本人の国土創造の歴史と哲学」の一端に取りくんでみたものである。

ただ、その意図はともかく「力およばずしておおくの破綻を露呈しているのではないか？」とおそれるが、しかし破綻はあっても、わたしたちの問題提起の意図をくんでいただき、つづく第二、第三の研究の発展を期待したい。

さいごに、わたしたちにこのような機会を与えてくださった鹿島光一社長をはじめ、橋口聖一、川嶋勝、小川格、南口千穂の諸氏に感謝を申しあげる。

二〇一一年一月の極寒の日に

上田　篤

〈著者略歴〉

上田　篤（うえだ　あつし）

建設省課長補佐（住宅局）、京都大学（人文科学研究所）・大阪大学（工学部）・京都精華大学（デザイン学部）各教授をへてＮＰＯ法人社叢学会副理事長。建築学者、宗教民俗学者。

主な著書に

『日本人とすまい』（岩波書店、日本エッセイストクラブ賞）
『鎮守の森』（共著・鹿島出版会、環境優良賞）
『流民の都市とすまい』（駸々堂出版、毎日出版文化賞）
『水網都市』（共著・学芸出版社、大阪文化賞）
『五重塔はなぜ倒れないか』（新潮社）
『呪術がつくった国日本』（光文社）
『一万年の天皇』（文藝春秋社）　など

田中充子（たなか　あつこ）

京都精華大学教授。国土史。

著書に

『プラハを歩く』（岩波新書）
『鎮守の森は蘇る』（共著・思文閣出版）
『日本人はどのように国土をつくったか』（共著・学芸出版社）

など

作図：舟山貴士

蹴《け》裂《さき》伝説《でんせつ》と国《くに》づくり

発行　二〇一一年三月一〇日　第一刷

著者　上田 篤　田中充子

発行者　鹿島光一

発行所　鹿島出版会
〒一〇四-〇〇二八　東京都中央区八重洲二-五-一四
電話〇三-六二〇二-五二〇〇
振替〇〇一六〇-二-一八〇八八三

編集制作　南風舎

印刷　壮光舎印刷

製本　牧製本

ISBN978-4-306-09410-9 C0021　Printed in japan